数字新媒体营销产教融合型系列教材

数字营销
SHUZI YINGXIAO

主　编　张　海　王　勇
副主编　沈向东　袁雪松

苏州大学出版社
Soochow University Press

图书在版编目(CIP)数据

数字营销/张海,王勇主编. --苏州:苏州大学出版社,2024.5
数字新媒体营销产教融合型系列教材
ISBN 978-7-5672-4633-1

Ⅰ.①数… Ⅱ.①张… ②王… Ⅲ.①网络营销-高等学校-教材 Ⅳ.①F713.365.2

中国国家版本馆 CIP 数据核字(2024)第 088750 号

书　　名:	数字营销
主　　编:	张　海　王　勇
责任编辑:	史创新
助理编辑:	赵默怡
封面设计:	刘　俊
出版发行:	苏州大学出版社(Soochow University Press)
社　　址:	苏州市十梓街1号　邮编:215006
印　　装:	苏州工业园区美柯乐制版印务有限责任公司
网　　址:	www.sudapress.com
邮　　箱:	sdcbs@suda.edu.cn
邮购热线:	0512-67480030
销售热线:	0512-67481020
开　　本:	787 mm×1 092 mm　1/16　印张:16.25　字数:341千
版　　次:	2024年5月第1版
印　　次:	2024年5月第1次印刷
书　　号:	ISBN 978-7-5672-4633-1
定　　价:	49.00元

凡购本社图书发现印装错误,请与本社联系调换。服务热线:0512-67481020

数字新媒体营销产教融合型系列教材编委会

主　任　徐惠钢
副主任　许广举　施　杨
编　委　梁柏松　胡朝斌　尹自强
　　　　田　林　杨　帅　蔡瑞林
　　　　林志明　沈向东　施晓岚
　　　　徐金龙

前言

Preface

数字时代的来临,彻底改变了我们与世界互动的方式。在这个信息爆炸的时代,企业和个人都在积极寻求新的方法来连接和影响他们的受众。正是在这样一个变革的时刻,数字营销崭露头角,成为推动商业成功的关键力量。数字营销不仅是一门学科,更是连接企业与市场的纽带。随着互联网的普及和数字媒体的崛起,营销策略正在经历翻天覆地的变革。数字营销不再是一个选择,而是一种必要。数据、社交媒体、搜索引擎优化等元素交织在一起,塑造着企业在竞争激烈的市场中的形象和地位。

本书诞生于对数字时代商业实践的深刻思考和对市场趋势的深入洞察,是常熟理工学院与上海路捷鲲驰集团紧密合作的结果。这次校企合作为本书的编写提供了丰富的实践案例和行业洞察,使得本书更加贴近实际应用,更具可操作性。

本书的编写不仅是对数字营销工具和技术的梳理与思考,更是对商业传播本质进行的思辨和反思。本书的主要目的是为读者提供全面深入的数字营销知识,培养他们在实际工作中运用这些知识的能力。我们希望读者通过本书,能够更好地理解数字营销的本质,掌握数字化时代的营销策略,为自己的职业生涯奠定坚实的基础。

本书分为13章,每一章都涵盖了数字营销领域的关键主题。从数字营销概述、数字营销组合、数字时代的消费者到详细的数字营销类型,再到数字营销效果测评和伦理法规,我们将全面介绍数字营销的方方面面,以帮助读者建立起一个完整的知识体系。

我们要由衷感谢参与本书编写的上海路捷鲲驰集团COO王勇先生、常熟理工学院沈向东和袁雪松老师。本书在编写过程中参阅了大量中外文献资料,在此谨向这些文献资料的著者、译者、编者表示衷心的感谢。由于编者水平有限，书中疏漏或不足之处在所难免，恳请同行专家批评指正。

  我们希望这本书不仅是知识的传递，更是思想的碰撞。愿您在阅读过程中，不仅找到了解决实际问题的方法，还能够激发出更多创新的思考。数字营销的舞台上，每个人都是演员，每个品牌都是故事的主角。让我们一起探索这个充满机遇和挑战的数字世界，创造属于自己的数字传奇。

编者

2023 年 12 月

目录

- 第1章 数字营销概述 /1
  - 1.1 数字转型下的营销环境 /2
  - 1.2 数字营销的定义及特点 /4
  - 1.3 数字营销的发展历程 /9
  - 1.4 数字营销战略 /13
- 第2章 数字营销组合 /20
  - 2.1 产品战略 /21
  - 2.2 价格战略 /26
  - 2.3 渠道战略 /30
  - 2.4 数字促销战略 /33
  - 2.5 从4P到4C再到4R /35
- 第3章 数字时代的消费者 /39
  - 3.1 谁是数字消费者 /39
  - 3.2 消费者心理洞察 /40
  - 3.3 消费行为分析 /43
- 第4章 数字广告 /52
  - 4.1 数字广告的定义和发展 /53
  - 4.2 数字广告相对传统广告的优势 /56
  - 4.3 数字广告的媒体选择 /60
- 第5章 社会化媒体营销 /66
  - 5.1 社会化媒体概述 /69
  - 5.2 微博营销 /71
  - 5.3 微信营销 /84
  - 5.4 SNS营销 /96

- 第6章 私域营销 / 107
  - 6.1 私域营销概述 / 109
  - 6.2 私域营销的底层逻辑 / 111
  - 6.3 私域营销的运营流程 / 115
- 第7章 内容营销 / 127
  - 7.1 内容营销概述 / 129
  - 7.2 内容营销的方法 / 135
  - 7.3 内容营销创作技巧 / 139
- 第8章 移动营销 / 144
  - 8.1 移动营销概述 / 145
  - 8.2 二维码营销 / 147
  - 8.3 APP营销 / 151
  - 8.4 移动广告 / 155
- 第9章 微电影营销 / 163
  - 9.1 微电影营销概述 / 165
  - 9.2 微电影营销策略 / 169
- 第10章 电子商务营销 / 172
  - 10.1 电子商务概述 / 173
  - 10.2 电子商务营销模式 / 181
  - 10.3 电子商务营销策略 / 185
- 第11章 搜索引擎营销 / 192
  - 11.1 搜索引擎营销概述 / 194
  - 11.2 搜索引擎营销策略 / 199
- 第12章 直效营销 / 203
  - 12.1 直效营销概述 / 205
  - 12.2 直效营销策略 / 208
- 第13章 数字营销效果测评和伦理法规 / 223
  - 13.1 数字营销效果测评模型的进化史 / 224
  - 13.2 数字营销测量指标 / 230
  - 13.3 数字营销的绩效管理与测量 / 236
  - 13.4 数字营销伦理法规 / 242
- 参考文献 / 249

第1章 数字营销概述

【导入案例】

世界杯落幕，懂数字营销的品牌这次彻底不慌了

世界杯结束后，数字营销成为品牌提升知名度的得力工具。例如，投入 2 000 万美元，传统广告只能使品牌知名度提升 1%，而通过体育赛事可使知名度提升 10%。

本届世界杯，中国企业的赞助费达 13.95 亿美元，超过美国，赞助商蒙牛和海信的支出分别达 6 000 万和 3 500 万美元。

在数字营销时代，体育赛事进入短视频时代，卡塔尔世界杯堪称"数字化世界杯"，数字的应用已经从赛场中心延伸到场边的品牌营销。从观看的阵地和分享方式，到内容消费行为的不同路径，再到商业消费的转化链路，相较四年前，2022 年的世界杯营销环境已经发生了颠覆性的革命。40.7% 的全球体育迷通过数字平台观看直播，中国的抖音成为营销新战场，相关话题阅读量已达 620 亿，品牌选择与短视频平台合作，实现多场景转化。通过数据分析，蒙牛实现了 11% 的液态奶花费增长。

粉丝互动数据和带货转化率成为品牌关注的焦点，数字化技术通过科学、精细的分层拆解，实现了精细化运营。品牌如饿了么在抖音平台上充分利用数字化手段，通过多种广告形式形成闭环引导链路，提高点击率和转化效果。

数字化舆情监测工具使品牌能够及时响应舆情，调整营销策略，实现私域流量的转化。数字时代，赞助商希望在每一步衡量投放效果，包括预测投资回报率、赞助带货效果等。数字化舆情监测工具是营销公司和品牌主拿到预算的必要工具。

在新技术方面，蒙牛和快手合作打造 3D 写实虚拟人"奶思"，降低品牌营销成本，提高流量点。世界杯期间，"奶思"还以新媒体运营员工的身份，在蒙牛的官方微博上实时发帖互动。蒙牛相关负责人表示，"奶思"今后将主要应用于电商直播、新媒体互动、品牌拟人化宣传等场景。

总体而言，数字营销已成为世界杯品牌竞争的关键，如何在有限时间内释放赛事资源价值、转化为品牌数字资产，将是品牌脱颖而出的关键之一。

1.1 数字转型下的营销环境

1.1.1 数字环境

发展数字经济意义重大，是把握新一轮科技革命和产业变革新机遇的战略选择。数字经济是继农业经济、工业经济之后的主要经济形态，是经济增长的新引擎。随着5G、大数据、人工智能、虚拟现实（VR）、增强现实（AR）等数字技术的广泛应用，我们在享受数字化便利的同时也意识到数字化变革迫在眉睫。数字化技术迅速覆盖现代社会的每一个角落，新技术盛行且被快速应用，消费者乐于拥抱数字时代的到来。这些都为市场营销带来了革命性变化，各种新颖的数字营销工具、方法和策略不断涌现。

2012年，谷歌在其发表的《多屏世界报告研究》中提出：在各种屏幕，包括手机、个人电脑、平板电脑、电视等新兴数字媒体上的互动已经构成了消费者日常媒体互动的主要部分。相比传统的广播、报纸、杂志，新兴数字媒体的互动占比已经达到了90%。上班时间之外，人们平均每天要用4.4个小时使用各种屏幕。消费者世界中的很大一部分被数字世界占领。耐克宣称"现在，一切皆数字"，最优秀的企业与机构不再单独谈论数字，它们将数字与营销放在一起讨论。

现如今，消费者已经转变为"数字为先消费者"，数字已经贯穿于消费者购买行为和决策全过程。这样的消费者不仅包含伴随着数字设备成长的新消费群体（如"90后""00后"），而且包括其他原本不采用数字媒体的消费者。越来越多的消费者已经在新兴技术的发展中找到了"甜蜜点"，开始转变传统的消费行为链：90%的人在屏幕前进行消费；90%的人会连续使用多个屏幕，如个人电脑、平板电脑、手机、电视，从互联网的一个节点跳到另一个节点；65%的人首次购物始于网购，造就了阿里巴巴、京东销量的神话；61%的人在智能手机上使用社交媒体，微信、微博等数字媒体在人与人之间的交往中发挥了极大的作用；59%的人尝试用智能手机做理财；58%的人在开始个人理财决策时使用搜索引擎。

随着新技术不断涌现，可将数字环境总结为"三化"：信息交换数字化、客户互动数字化和数据存储数字化，如图1-1所示。

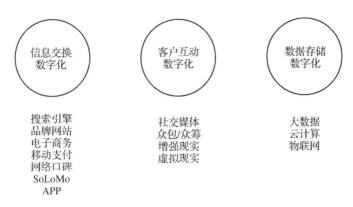

图 1-1 数字化环境

在这种数字化环境下,企业应该以数字营销为先,只有以传统营销工作配合数字营销工作,才能适应当前以数字为先的消费时代,才能在消费者进行消费决策的系列过程中,在正确的地点、正确的时机输出正确的营销信息以吸引他们。同时,企业还必须构建以数字为先的营销路径,形成以数字网络为主的营销网络。通过已经大规模普及的智能手机、平板电脑等数字设备,数字消费者永远在线,并且通过这些设备与数字世界发生互动。企业如果不能构建数字营销路径,就无法在数字消费者的生活中抢占时间与注意力。另外,企业还需要构建专门团队、投入专业资源以创造富有吸引力的数字营销内容。这些内容必须具有实用性,能够获得消费者关注,吸引消费者参与网络社区,并鼓励他们分享到各自的社交网络中,形成以消费者为核心的传播网络。

1.1.2 数字消费者行为

哈佛大学商学院约翰·戴顿教授将 21 世纪的商业模式归结为三种力量:移动搜索、社交网络和电子商务,如图 1-2 所示。移动搜索实现了消费者对于信息的主动搜集,消费者可随时随地获得以前无法获取的资源;社交网络实现了消费者对商品和服务的评价,消费者更多地通过口碑效应获得更真实、准确的信息;电子商务实现了物品和人流之间的分离,人们可以在线上比价、看评论、征询意见。

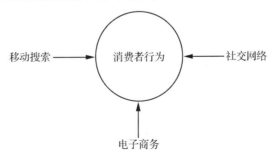

图 1-2 21 世纪的商业模式

消费者行为研究是市场营销战略的基础。正如上面约翰·戴顿教授所言,受 21 世纪的商业模式以及数字技术的影响,消费者行为发生了巨大变化。此处通过戴维·埃德尔曼和马克·辛格提出的消费者决策旅程来看消费者的数字消费行为变化（图 1-3）。新的消费者决策旅程认为，在数字化的影响下，传统的考虑以及评估阶段将会加速，品牌不再是被动地对消费者的决策旅程施加影响，而是能够在数字营销工具的帮助下主动重塑消费者的决策旅程，压缩消费者考虑以及评估阶段，让消费者基于品牌喜爱度决定是否再次购买。这个数字化的自动过程不但能够提升客户的忠诚度，而且能够在规模化以及定制化之间取得平衡。

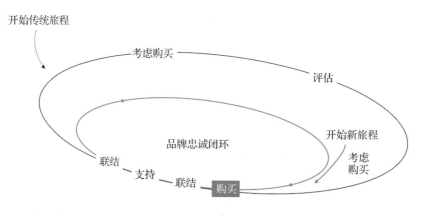

图 1-3　数字消费者的决策旅程

阳翼在《数字消费者行为学》一书中将数字消费者行为定义为：数字个体或群体为满足其需要和欲望而对数字产品、数字服务、数字体验、信息知识等进行搜索、评估、选择、获取、使用、处置及分享的过程。

1.2　数字营销的定义及特点

近年来，数字经济作为全球经济的重要内容，已成为经济发展的主线，并在逐步推动产业界和全社会的数字化转型。数字营销作为企业数字化转型的重要突破口，市场需求不断增长，人工智能、大数据等新一代信息技术的发展不断推动着营销技术、营销架构、营销方式的变革，同时，以消费者为核心的数字营销也推动了技术的发展、产品的创新与迭代，不断扩大的数字营销市场不仅是数字经济发展的新风口，也成为互联网巨头及创新型企业竞相追逐的新蓝海。世界范围内的企业数字化转型正在加速，时代变革已经来临，数字营销风口已然形成，谁先把握先机，谁就将成为行业的颠覆者、引领者。

1.2.1 数字营销的定义

数字营销理论的发展与互联网的商业化应用同步而生,最早可追溯到1994年。乔比在1994年发表的《数字时代的营销计划》中,首次使用了"数字营销"的概念,并讨论了互联网时代数字营销的兴起及数字营销成功的十大策略。此后,数字技术日新月异,数字营销工具层出不穷,数字消费者行为不断变化。经过近三十年的发展,数字营销理论已颇具规模。

对于数字营销的定义,各机构、专家、学者莫衷一是。随着时代和技术的发展,数字营销的内涵和外延也在不断变化。

帕森斯(Parsons)、蔡瑟(Zeisser)和怀特曼(Waitman)认为数字营销包括两类:一是利用新的交互媒体,在消费者和营销商之间建立新的互动和交易形式;二是将交互式媒体与营销组合的其他工具结合起来。① 克里斯蒂安(Cristian)、艾琳娜(Elena)和卡梅利亚(Camelia)把数字营销定义为:用相关的、个性化和成本效益的方式,使用数字分销渠道送达消费者,以促进产品和服务销售的一种营销方式。② 数字营销包含互联网营销中的许多技术和实践,还包括不需要连接互联网的其他数字渠道,如户外数字广告牌。还有学者认为数字营销是利用数字分销渠道推广产品和服务的实践;或认为数字营销是一种适应性强、由数字技术支持的流程,通过该流程,企业可以与客户及合作伙伴协作,共同为所有利益相关者创造、沟通、交付和维持价值。

美国市场营销协会(AMA)如此定义"数字营销":数字营销是使用数字技术来营销产品和服务,包含了很多互联网营销(网络营销)中的技术与实践,但它的范围更加广泛,还涉及手机及数字展示广告等各种数字媒介。

与美国市场营销协会的定义不同,曹虎等在《数字时代的营销战略》一书中更强调数字营销不是一种渠道或技术,它首先需要营销战略思维的升级,同时拥抱技术,尤其是大数据技术,在实施过程中还需要建立内容平台和数字平台,整合这些工具与应用。

阳翼在《数字营销》一书中指出,数字营销是使用数字媒体推广产品和服务的营销传播活动,主要包括社会化媒体营销、移动营销、微电影营销、虚拟游戏营销、搜索引擎营销及电子商务营销等。也有学者认为,数字营销是在线营销,是利用网络技术、数字技术和移动通信技术等技术手段,借助各种数字媒体平台,针对明确的目标用户,

---

① Parsons, Andrew Zeisser, Micheal & Robert Waitman. Orgranizing Today for the Digital Marketing of Tomorrow [J]. Journal of Interactive Marketing, 1998(1).

② Cristian Morozan, Elena Enache, Vechiu Camelia. Digital Marketing: An Opportunity for the Modern Business Communication [J]. Annals of the University of Oradea, Economic Science Series, 2008(4).

为推广产品或服务、实现营销目标而开展的精准化、个性化、定制化的实践活动，是数字时代与用户建立联系的一种独特的营销方式。

我们认为，所谓数字营销，就是指借助于互联网络、计算机通信技术和数字交互式媒体来实现营销目标的一种营销方式。数字营销将尽可能地利用先进的计算机网络技术，以最有效、最省钱的方式开拓新的市场，挖掘新的消费者。

数字营销的目标是：让我们的企业用最低的成本和最快的速度走向市场，满足客户的需求。数字营销就是充分发挥现代通信技术、计算机技术的巨大作用，把营销的全过程都置于现代通信技术和计算机技术的掌控之下，让企业的神经遍布产品营销的每个角落，让企业营销的每一个终端都布满产品营销的传感器，从而改变企业和营销之间的信息不对称状态，实现每件商品销售的可统计、市场变化的可预知，从而达到用营销数字来指导企业的生产，用营销数字来指导营销策略的制定和实施的目的，使企业在市场经济中做到"知己知彼，百战不殆"。

数字营销不仅是一种技术手段的革命，而且包含了更深层的观念革命。它是目标营销、直接营销、分散营销、客户导向营销、双向互动营销、远程或全球营销、虚拟营销、无纸化交易、客户参与式营销的综合。数字营销赋予了营销组合以新的内涵，其功能主要有信息交换、网上购买、网上出版、电子货币、网上广告、企业公关等，是数字经济时代企业的主要营销方式和发展趋势。

1.2.2 数字营销的特点

1. 营销技术化

营销技术化的演进几乎重构了整个营销体系。随着人工智能、增强现实（AR）、虚拟现实（VR）、物联网、大数据等技术的成熟，部分领先的营销企业已经开始应用这些数字技术提升消费者的体验，并降低运营成本。

从人工智能到新零售，数字技术在驱动消费变革的同时，也驱动品牌营销的升级，品牌营销亟待重构用户体验，力争做到以消费者需求为核心，实现品牌与消费者之间更紧密的连接。这也要求企业必须掌握更多的营销技术。

当下，技术开始影响品牌营销的更多环节，形成了技术与营销逐渐融合的新局面。技术之所以越来越多地影响营销，核心在于数据。利用大数据来"读懂"每个消费者的需求，可以进行更精准的个性化营销，提升消费者体验。

事实上，只将数据、技术和营销效果关联是极为片面的，数据、技术可以从客户关系管理、营销决策、投放等多个方面渗透到品牌营销全链路。数据可以驱动更加智能、更加协同的跨屏营销，一旦跨屏资源被打通，对多方数据进行分析及挖掘可以完成更加精细的人群数据处理，这将成为企业最为宝贵的资产。

2. 深度互动性

营销大师菲利普·科特勒指出，如今的营销正在实现以产品为中心向以消费者为中心，再向以人为中心的转变，如何与消费者积极互动，如何使消费者更直接地参与品牌价值的构建过程，是企业在数字营销时代的营销新课题。这也带来了两个方向性的转变：一是消费趋势的转变，由功能导向型转变为参与体验式导向型；二是营销趋势的转变，由信息告知式转变为参与互动式。

互动性是数字营销的本质特征。在数字技术的推动下，绝大部分数字媒体都具有互动的功能，信息在其中沟通交互，使消费者能够拥有双向或多向的信息传播渠道。此处的互动与传统传播模式中的反馈有一定的差别，它是存在于信息传播过程中的一种特性，在通过媒介完成两者之间的信息传达后，受众不仅用信息反馈的方式做出回应，而且在此基础上完成与传播者之间的信息交流。

在数字营销时代，传播模式由直线模式转变为循环互动模式，使创意、营销与传播协同一体化。消费者在拥有更多权利的情况下，可以完成从信息的搜集、参与互动到购买、反馈的一系列行为。

3．目标精准性

随着技术的进步，互联网时代的大数据技术解决了以前未解决的诸多问题，主要表现在两个方面：第一，技术上的进步使得大数据技术应用的成本大大缩减，降低了使用门槛；第二，数据的容量更大、速度更快、多样性更好、价值更高。

如何通过精准定位消费者实现资源的方向性投放，避免浪费，从而使得效果最大化，逐渐成为企业追求的目标。因此，目标精准性成为数字营销的又一特征。国内的众多一站式营销平台通过对大数据价值的智能挖掘，将消费者需求与企业的品牌营销目标有效结合，使品牌更积极、更主动地触达消费者。

目前，国内众多营销平台借助专业大数据分析技术，通过对渠道的投入产出比进行数据分析，再依据不同品牌的推广需求，对渠道进行再评估及整合优化，实现最大限度的精准营销。精准营销包含 DSP（Digital Signal Processing，数字信号处理）、用户画像、程序化购买、智能推荐等概念。精准数字营销可分为两个阶段：第一个阶段是通过精准推广获取更多数量的新客户；第二个阶段是通过精准运营实现新用户的成功转化，并在形成交易的同时提升消费者对企业品牌的忠诚度。

精准营销的应用具体包括以下几个方面。

（1）个性化搜索。个性化搜索不仅直接推荐用户想要的，还会猜测用户想要的，然后进行推荐，相当于门店促销员的角色。

（2）社交传播。以微信广告为例，微信广告不是向所有人推送所有的广告。微信后台会有一个分析系统，它分析出有些人经常看汽车信息，就会给这些人推送汽车广告；有些人经常浏览衣服，就会给这些人推送衣服广告。自己收到的广告，周围人不一定都收到，这就是基于用户画像推荐的广告。

（3）热图工具。热图工具是企业内部使用的基于大数据进行分析的工具，主要显示哪些地区热度高、哪些品类用户比较关注等实时状态。

(4) 会员营销。传统意义上的会员营销主要有发送短信、发送邮件、发放宣传单等方式,这些其实都是会员营销的应用,是基于大量数据分析的会员营销。

(5) 智能选品。当用户打开网站或者手机 APP 时,一个网站页面或者一个手机登录页面上,哪些东西呈现在前面,哪些东西呈现在后面,就是智能选品的结果,也是根据用户画像来做的,甚至显示的定价也是智能定价。

(6) DSP 广告。DSP 广告就是需求方的广告平台,简单地讲就是用户主动看过什么就会给用户推送相应的广告。比如,某用户看了一个杯子,接下来去浏览新浪、搜狐、微博等门户网站时,就会看到杯子的广告。

(7) 个性化推荐。个性化推荐与网站推荐类似,不太一样的地方在于它是实时的。电商行业的转化率平均值是 3%,许多电商平台的个性化推荐转化率达到了 17%~18%,有时候甚至能达到 20%。转化率高说明推荐比较准确,核心就是用户画像比较准确。

4. 平台多样性

数字时代,数字营销的渠道和平台逐渐多样化,除了传统的网站、APP、微博、微信等社交媒体外,还有迅速走红的移动直播平台、短视频等。

移动互联网的崛起,使得媒体进入了社交化时代。人人都是内容生产者,任何一个移动终端都成为传播渠道,而微信、微博、今日头条、抖音、快手、VLOG(视频日志)等各种移动化应用成为用户交流消费信息的平台。

媒介融合的生态环境下,数字化信息的承载与表达呈现多样化的特征,话语权的下放推动"人人都是自媒体"时代的来临。在这种大背景下,数字营销在丰富企业营销触角的同时也带来很多新问题,如多入口、多平台的管理与整合问题,以及各种渠道沉淀下来的数据分析与利用问题等。企业在营销传播的过程中,需要关注每一类营销传播的主体和接触点,积极构建全方位的营销传播平台,从而打造品牌独有的信息传播生态系统。

5. 服务个性化与定制化

服务个性化与定制化是伴随网络、电子商务、信息等现代数字技术的发展而兴起的数字营销特征。随着市场环境与消费者需求的变化,个性化消费、品牌体验式消费已成为消费升级的趋势,企业和产品营销需要与消费者进行更为深入的沟通及交流,打造"千人千面"的营销服务体验。服务个性化与定制化就是在大数据分析的基础上,从策略层面精准定位数字时代的消费者,从而制定适合消费者的最佳营销方式。

以服务换数据的互联网产品设计思路,使得品牌能够获取多个平台上的用户数据,这成为提供个性化服务的前提。同时,消费者更加相信来自朋友和 KOL(Key Opinion Leader,关键意见领袖)的口碑传播,购物社交化的倾向越来越明显,这也为品牌构建全维度的用户画像提供了社交数据。

1.3 数字营销的发展历程

1.3.1 营销的发展历程

战略性的营销思想在过去50年中发生了巨大的变化，在2015年的东京世界营销峰会上，营销之父菲利普·科特勒将营销发展历程分为七个阶段：战后时期（1950—1960）、高速增长期（1960—1970）、市场动荡期（1970—1980）、市场混沌期（1980—1990）、一对一时期（1990—2000）、价值驱动期（2000—2010）、价值观和大数据期（2010年至今）（图1-4）。

科特勒又将营销分为营销1.0、营销2.0、营销3.0和营销4.0（图1-5）。

营销1.0就是工业化时代以产品为中心的营销，始于工业革命时期的生产技术开发。当时的营销就是把工厂生产的产品全部卖给有支付能力的人。这些产品通常都比较初级，其生产目的就是满足大众市场的需求。在这种情况下，企业尽可能地扩大规模、标准化产品，不断降低成本以形成低价格来吸引顾客。

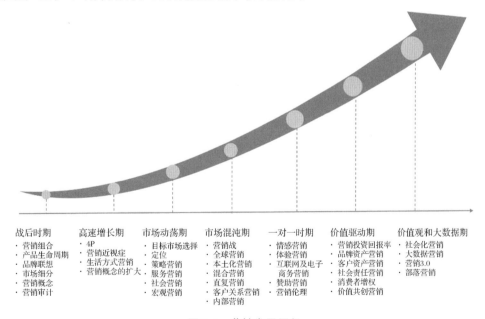

图1-4 营销发展历程

图 1-5　从营销 1.0 到营销 4.0

营销 2.0 是以消费者为导向的营销，其核心技术是信息科技。20 世纪 70 年代，西方发达国家信息技术的逐步普及使产品和服务信息更易为消费者获得，消费者可以更方便地对相似的产品进行对比。营销 2.0 的目标是满足并维护消费者，企业获得成功的黄金法则就是"客户即上帝"。

营销 3.0 是合作性、文化性和精神性的营销，也是价值驱动的营销。和以消费者为中心的营销 2.0 时代一样，营销 3.0 也致力于满足消费者的需求。但是，营销 3.0 时代的企业必须具备更远大的、服务整个世界的使命、远景和价值观，它们必须努力解决当今社会存在的各种问题。换句话说，营销 3.0 已经把营销理念提升到了一个关注人类期望、价值和精神的新高度，它认为消费者是具有独立意识和感情的完整的人，他们的任何需求和希望都不能忽视。在营销 3.0 时代，企业靠彼此不同的价值观来区分定位。在经济形势动荡的年代，这种差异化定位方式对企业来说是非常有效的。因此，科特勒也把营销 3.0 称为"价值观驱动的营销"（Values-driven Marketing）。

营销 4.0 是菲利普·科特勒对其最近提出的观点的进一步升级。在丰饶的社会中，马斯洛需求中的生理、安全、爱和归属感、尊重这四层需求相对容易被满足，但是客户对于处于较高层级的自我实现需求形成了很大的诉求，营销 4.0 正是要解决这一问题。随着移动互联网以及新的传播技术的出现，客户能够更加容易地接触到所需要的产品和服务，也更加容易和那些与自己有相同需求的人进行交流，于是出现了社交媒体，出现了客户社群。企业将营销的中心转移到如何与消费者积极互动、尊重消费者作为"主体"的价值观上来，让消费者更多地参与到营销价值的创造中。而在客户与客户、客户与企业不断交流的过程中，由于移动互联网、物联网所造成的"连接红利"，大量的消费者行为、轨迹都留有痕迹，产生了大量的行为数据。这些行为数据背后实际上代表着无数与客户接触的连接点。如何洞察与满足这些连接点所代表的需求，帮助客户实现自我价值，是营销 4.0 所需要面对和解决的问题，它以价值观、连接、大数据、社群、新一代分析技术等为基础（表 1-1）。

表1-1 从营销1.0到营销4.0

发展阶段	营销1.0 产品中心营销	营销2.0 消费者定位营销	营销3.0 价值驱动营销	营销4.0 共创导向营销
目标	销售产品	满足并维护消费者	让世界变得更好	自我价值的实现
推动力	工业革命	信息技术	新浪潮科技	价值观、连接、大数据、社群、新一代分析技术
企业看待市场的方式	具有生理需求的大众买方	有思想和选择能力的聪明消费者	具有独立思想、心灵和精神的完整个体	消费者和客户是企业参与的主体
主要营销概念	产品开发	差异化	价值	社群、大数据
企业营销方针	产品细化	企业和产品定位	企业使命、愿景和价值观	全面的数字技术+社群构建能力
价值主张	功能性	功能性和情感化	功能性、情感化和精神化	共创、实现自我价值
与消费者的互动情况	一对多交易	一对一关系	多对多合作	网络型参与和整合

1.3.2 数字营销的发展历程

阳翼在《数字营销》一书中以标志性的数字技术应用为重要节点,将数字营销的发展历程分为四个阶段。

1. 数字营销1.0:基于Web 1.0的单向营销

1994年10月27日,AT&T在HotWired.com上投放了世界上首个网络广告,开启了一个新的广告时代(图1-6)。

图1-6 世界第一个在线横幅广告

中国第一个商业性网络广告出现于1997年3月,由Intel和IBM共同出资,投放于ChinaByte网站(图1-7)。

图 1-7 中国第一个在线横幅广告

早期的互联网广告以单向传播为主特征,即消费者只能被动接受广告内容,主要为在线横幅广告,广告以销售产品为主要目的。这一阶段从 1994 年开始,可称为数字营销 1.0 时代。

2. 数字营销 2.0:基于 Web 2.0 的互动营销

与 Web 1.0 不同,Web 2.0 的内容通常是用户创作发布的,用户既是网站内容的浏览者,又是网站内容的创作者,即 Web 2.0 为用户提供了更多参与和互动的机会。

SNS(社交网络服务)热潮的兴起开启了 Web 2.0 时代。社会化媒体的互动性、社交性、及时性等特点,使得用户不仅能接受信息,还能随心所欲地发表自己的观点,与其他用户或商家互动。

这一时期的数字营销依托于社会化媒体的兴起形成互动营销,企业和消费者在社会化媒体上平等对话,在建立品牌与消费者良好关系的基础上达到促进销售的目的。这一阶段从 2002 年开始,可称为数字营销 2.0 时代。

3. 数字营销 3.0:基于大数据的精准营销

随着大数据技术的发展以及在各行各业的广泛应用,数字营销进入了一个新的阶段。

这一阶段的数字营销跟前两个阶段的显著区别在于:通过对大数据的挖掘,企业可以做到比消费者自己更了解他们,也就是说,基于消费者在门户网站、搜索引擎、电商平台等留下的数据,企业可以了解他们的消费习惯和偏好,其营销可以有的放矢,更加精准,在减少无效营销的同时,大大提升消费者体验和营销效果。

从 2013 年开始,学界和业界都开始聚焦大数据,数字营销进入 3.0 时代。

4. 数字营销 4.0:基于人工智能的智慧营销

基于人工智能的数字营销相较前三个阶段数字营销的显著特征在于其拥有类似人类的智慧。基于人工智能的数字营销除了更加精准之外,还更加智能化和自动化,这让消费者的体验和使用便利性都得到了巨大的提升。数字营销开始进入 4.0 时代。

1.4 数字营销战略

1.4.1 数字营销的战略框架

曹虎等在《数字时代的营销战略》一书中将现代营销分为两个阶段（图1-8）。第一阶段是分析与策略，即"3C + STP"阶段。"3C"是战略分析的基础，即企业（Corporation）、顾客（Customer）、竞争（Competition）。在制定战略时，企业应充分利用其相对竞争优势，更好地满足顾客需求，努力与竞争对手形成绝对的差异化。

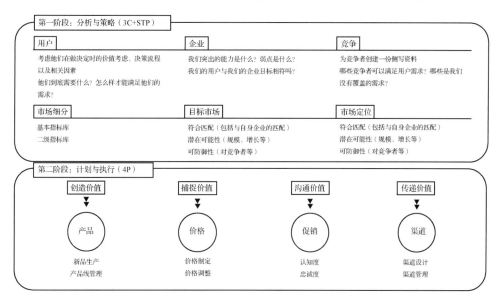

图 1-8 营销管理框架

STP是营销学中营销战略的三要素。在现代市场营销理论中，市场细分（Market Segmentation）、目标市场（Market Targeting）、市场定位（Market Positioning）是构成公司营销战略的核心三要素。

市场细分是指营销者通过市场调研，依据消费者的需要和欲望、购买行为和购买习惯等方面的差异，把某一产品的市场整体划分为若干消费者群的市场分类过程。每一个消费者群就是一个细分市场，每一个细分市场都是由具有类似需求倾向的消费者构成的群体。

目标市场就是通过市场细分后，企业准备以相应的产品或服务满足其需要的一个或几个子市场。市场定位就是企业根据目标市场上同类产品的竞争状况，针对顾客对该类产品某些特征或属性的重视程度，为本企业产品塑造强有力的、与众不同的鲜明个性，并将其形象生动地传递给顾客，求得顾客认同。市场定位的实质是使本企业与其他企业严格区分开来，使顾客明显感觉和认识到这种差别，从而在顾客心目中占有特殊的位置。

第二阶段可称为营销4P阶段，或者称为创造价值、捕捉价值、沟通价值和传递价值的过程，具体包括：产品策略，决定开发哪些新产品，如何开发，产品线应该如何整合，在数字时代如何做出一款有"感染性"的产品，引爆市场；价格策略，包括价格制定方针，如何针对市场需求动态调整定价；促销策略，指的是促销目标、渠道、媒介的组合，以及如何建立品牌形象、品牌认知和忠诚，进一步形成品牌资产；最后是渠道策略，包括渠道设计、渠道管理及相应的销售策略。

"3C+STP+4P"是营销管理的框架，是50多年来经过实践检验的理论成果，虽然也有人提出4C、4V之类的概念，但是从本质上只是基于其他角度的阐释，并没有改变传统营销战略与管理的框架。

1.4.2 营销战略STP的数字升级

1. 市场细分战略

市场细分是营销的核心环节，根据消费者的共同愿望和需求来划分，围绕最有可能的触点和各种媒体渠道，设计和实现营销策略。市场细分能让企业找到更有针对性的产品和服务，把产品在正确的时间卖给正确的目标群体，因为目标群体有着共同的需求，他们更有可能响应具体的营销活动。

数字营销扩展了这一做法，因为数据将此过程加速，营销人员可以从搜索引擎、移动设备和社交网络上得到相应信息，研究出更深层次的基本人口状况和地理细分。现在的营销人员可以利用大量的诸如位置信息，包括社会、社区、移动端的行为互动和行为指标、移动搜索和浏览数据、SMS（短信）文本、用户评论、网络和社会内容以及微观电子邮件活动，重新定位营销目标人群。过去受限于技术，营销人员只能关注其中一部分高潜力用户的转换，但是大数据时代允许对用户进行更深层次的分类，并且通过网络、搜索、社会和移动端传递相同的信息，进行实时交互。

因此，数字营销流行的市场细分是在每一个目标群体网络里，吸引、激励、激活有影响力的人，他们会传播相互支持的消息给他们的社会接触者。

营销发展历程中，对市场细分概念与划分标准经历了多次演变：从20世纪50年代的人口统计学特征、60年代的区域人口统计学与行为特征、七八十年代的心理统计特征数据（个性与生活方式）、90年代的客户忠诚度与收益数据，直至当下使用经济学数据，进展到一对一用户画像。精准营销甚至使一对一营销在今天大数据挖掘与分析技术的支持下可以得到最大程度的落地与应用，结合细分模型与客户调研对细分的客户进行精准化描述（图1-9）。

第 1 章　数字营销概述

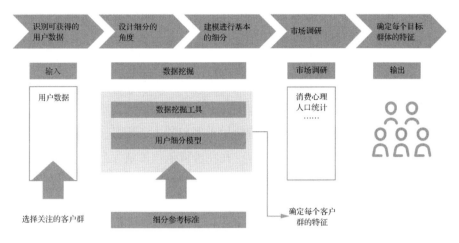

图 1-9　数字时代的市场细分

2. 目标市场选择战略

在供给趋向无限可能的今天，消费者的各类需求都可以被及时满足，但更多个性化、超细分的需求开始显现，消费者正处于一个更加多元化的社会，这就使得目标市场的选择出现了变化，比如将小众市场作为目标市场正在兴起。

选择小众作为目标市场需要比以前更深入地靠近消费者，贴近客户，以客户增长取代以前的市场扩张。通过与客户对话、让客户参与来扩大企业的边界，提供更深度的内容。同时，需要增加营销的创造力，要通过想象力打开新的市场空间。王赛等在《小众营销》一书中提出了小众营销的战略实施框架，并分为七步：特定客群—快速连接—产品众创—圈层推介—跨越扩散—分项衍生—附加盈利（图1-10）。

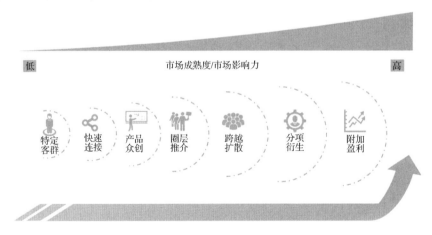

图 1-10　小众营销战略实施框架

小众营销的第一步是找到特定客群，找到特定客群之后要利用互联网与特定的人群快速连接，迅速与目标客群形成可以产生持续交流和交易的基础。越是精准的特定客群，在实现快速连接后越可以更"深潜"地实施产品众创。只要企业能与小众用户产生持续交流与交易基础的社区，后期就能实现各种将消费者从"消费者"（Consumer）

变成"参与生产的消费者"（Prosumer）的手段。以上提到的手段，包括众筹、众推等，都是众创手段之一。众创可以有效地帮助企业在产品生产出来之前，测试到小众消费者的需求。

圈层推介的核心目的在于最大化地实现小众产品对小众客群的渗透率，即使之高度认同、深度占有、具有高的客户推荐度。同时，圈层推介是实现小众营销走向大众市场的一个过渡，很多企业都是先通过小众营销切入客户的生活场景，然后再扩大消费群。

跨越扩散是小众走向大众的必要过程，往往极度依赖价值，尤其是企业创造的可感知的社会价值。

分项衍生可理解为对不同客群提供不同的产品，也叫产品扩容。

附加盈利指通过分项衍生性的产品或者构建更广泛的生态圈形成附加性的盈利。

3. 定位战略

（1）战略逻辑

从公司战略上看，定位＝价值链定位＋业务模式定位＋品牌心智定位。

价值链定位指顶层资源配置的逻辑与取向，它决定了企业进入哪些领域参与竞争、价值链如何分布与延伸、价值链上的每个模块如何布局资源等。

业务模式定位最核心地解决企业"我究竟是什么"的问题，即德鲁克的"What is your business"之问。

品牌心智定位指的是通过设计公司的产品和形象，公司能在目标市场中占据一个独特的位置，实现区隔化，目标是将品牌留在消费者心中，以实现公司的潜在利益最大化。定位的结果就是成功地创立以顾客为基础的价值主张，即给出为什么目标市场应该购买这种产品的一个令人信服的理由。

（2）品类逻辑

品牌定位战略中的品类逻辑指的是，品牌应通过有效的差异化与区隔，开创新品类，或成为某个品类的代名词，品牌和品类一旦产生捆绑，就完成了品牌的创建。其核心以成为潜在客户心智中的品类代表为目标，通过把握商业发展趋势，发现品类机会，成为客户心智中的品类代表，并推动品类不断发展、进化，最终主导品类，创建真正强大的品牌。

（3）连接逻辑

如果说品类逻辑是纵向深潜，那么连接逻辑指的是横向生长，在深潜的垂直思维下，以水平思维进行补充，增加营销的创造力，通过想象力打开新的市场空间。以豆瓣为例，豆瓣一直坚持着最初起家的"书影音"媒介基因，成了所谓"中国文艺青年"的大本营。进入移动互联网时代后，豆瓣的几个有想象力的动作都在有效地横向扩大产品边界："豆瓣东西"用创意商品导购来进军电商，"一刻"迈入媒体化，降低姿态，占据大众用户的碎片化时间。数字化时代实现的是"连接红利"，品类是成功的第一步,但是可以再升级,在连接的基础上扩展,甚至变成一家生态型的企业。当然,这是更高层面的战略思维。

【案例】

可口可乐"兔"出重围,AI 营销来助力

随着人机交互方式的演进发展,AI 技术已经全面渗透到用户生活的方方面面,同时也为营销创造更多触点。对于广大的品牌而言,这是实现营销创新和增长突破的新机会。因此,可口可乐将目光投向了 OPPO 小布助手,小布助手作为 OPPO 智能手机和物联网设备上内置的 AI 助手,零距离陪伴消费者度过每个节日温情时刻,也成为新的营销流量入口。

这次可口可乐和小布助手一起以奇制胜,以新抢占先机,借助智能助手的多重能力进行发力,以层出不穷的年味彩蛋和颇具新意的智能互动,捕捉年轻一代的新科技生活气息,渗透品牌价值于交互玩乐之间,进一步渗透到消费者的日常交互当中。在这个不一样的新春之际,小布和消费者玩在一起,通过 AI 玩法欢喜过新年的同时,成功为可口可乐品牌带来 3.7 亿的流量曝光。

声色相随,布小可润物无声

小布助手与可口可乐推出了专属的音色和形象——布小可,一只戴着可口可乐红帽子和大大黑色眼镜的小兔子,抱着经典玻璃瓶可乐出现在用户的生活中,这是属于兔年和可口可乐的专属音色和形象。声音是营销中极容易被忽视的点,但声音又是极其重要的感官影响元素。

除却音色,那个陪伴用户的可爱小布和数智人家族成员也都穿戴上可口可乐独有的兔年新春装扮——兔耳朵、红围巾,让新年在科技世界中同样拥有仪式感。

可口可乐在小布助手中以一种让人更易接受的方式达到"先声夺人"的目的,恰如其分地融入用户的智能助手使用模式中,在新年来临之前率先传达出一丝年味。每当用户在这期间唤醒小布或者打开互动空间,听到的、看到的都带有品牌的印记。

在实时的陪伴中,为消费者烘托年味,正是品牌营销对消费者最大的尊重。

年味十足，过年就要玩在一起

如何与用户产生进一步的沟通？可口可乐与小布助手抓住过年期间的"年味"场景，调动小布助手的 AI 能力，构建一个可自由玩耍的互动平台，将营销的"发起权"交给用户，和用户玩在一起。

烟花是新年最重要的点缀，但很多地方无法燃放烟火，云烟花于是成为近些年的网络特色之一。新春期间，用户对小布说"放火树银花"，就可以在手机端看到可口可乐与小布带来的烟花秀，还有热闹的鞭炮、充满童趣的窜天猴等。简单的互动，带来微小的感动，让年味在一点点细节中成为这段时间的一部分。

还有新年必备的红包，用户对着小布说"红包雨"，小布就会携带可口可乐前来派发红包，在点点戳戳的欢声笑语中，抢一份对新一年"好运气"的祝福。

除却这些新年定制的年味玩法，在很多不经意的互动中用户也可发现可口可乐的踪迹。当用户在对小布说"你喜欢我吗"，用户会收到"小布对你的爱就像可口可乐一样，你喜欢小布吗"的回答，还有随话语掉落的可口可乐小兔子。这些小彩蛋不确定会藏在哪里，用户就像一个被重新唤起好奇心的小孩子，在与小布的对话中，发现不一样的回答与彩蛋。

营销也能出"汽"制胜

对于品牌而言，春节是不容错过的营销节点，也是激发创新的好契机。品牌在不断探索寻觅新的流量洼地，撬动新的活水。OPPO 小布助手就是可口可乐发现的那片新的优质流量洼地，通过小布打造 AI 定制玩法，品牌获得兔年春节营销出"汽"制胜的 3.7 亿流量曝光。

小布助手累计激活设备数超过 3 亿，月活跃用户数突破 1.4 亿，月交互次数达到 30 亿，其本身就是一个活跃的流量入口。其背后的使用者，更是一群具有科技属性、愿意接受新鲜事物的用户。无论是作为便捷性的工具、日常生活的管家助手，还是作为情感陪伴的伙伴朋友，小布助手在他们的生活和工作中扮演着越来越重要的角色，而他们从智能助手那里获得更多信息、知识、娱乐和陪伴的同时，也意味着更多智能终端设备的覆盖和更多样化的消费场景。这些场景对于品牌方而言，都是极为有效的沟通桥梁。

在越来越注重品牌长线运营的当下，单次场景的触达已经越来越无法满足品牌与消费者的有效沟通。可口可乐与小布助手的新春彩蛋，则像是一个个春节场景的伴随品，用户可以在任何时候、任何地点、任何心情调用，完成一次"双向奔赴"的有效沟通。在某种程度上而言，这些彩蛋就是场景本身。

而借助终端的优势，可口可乐的自有用户阵地"可口可乐吧"小程序也完成了与小布助手的无缝衔接。当用户对小布说"新年快乐"时，两只兔子在烟花中出现，邀请你开启一次可口可乐全家团圆的合家拍。

消费者做营销主角

在热热闹闹的新春欢聚中，真正的主角永远是用户，品牌的营销更多的是一种外围的年味点缀，去契合这团圆新年，唤醒用户不经意的幸福，一起许愿美好的未来。此次可口可乐和小布助手打造的全新AI新春玩法，真正做到了将主动权交给用户，在一次次主动的交互和玩耍中完成了品牌价值的传递。

时代技术的发展一直推动着新的营销方式、与消费者沟通的方式。以小布助手为代表的智能助手正是在越来越重视"消费者主体价值"的当下，品牌与消费者同行的路径之一。未来，智能助手强大的AI能力与无感服务将为品牌与用户构建更精准、有趣、个性化的服务，达成以消费者为主题的营销新阵地。

2023年可口可乐与小布助手的联合创新，或将让更多品牌开启关于AI智能助手营销的全新思考。

第2章 数字营销组合

【导入案例】

三只松鼠的新品促销

2012年上线的三只松鼠一直是食品类目的领先者,近几年来,其领跑姿势愈发显现。2015年"双十一"期间,三只松鼠实现了2.51亿元的日销售额,成为食品类目的销量四冠王。同年,三只松鼠旗舰店单店销售额突破18亿元。2015年"6·18"年中大促时,三只松鼠推出果干类产品,与坚果产品的促销同步展开。

利用大数据扩充促销品类

2015年年初,三只松鼠运营团队通过数据分析发现,坚果类目增幅趋于平稳,但与坚果强关联的品类如果干、肉类等快速崛起。为了进一步验证,三只松鼠利用阿里巴巴生意参谋平台,获取了顾客分布与流量地图、同行业产品交易销售量、销售额变化等信息。从数据得出,2015年5—6月,果干类目的交易指数较2014年同期上升了25%,与坚果类目相当,这表明其市场空间巨大。由此,运营团队决定以果干作为尝试,试水产品品类扩充。

通过大数据对促销对象画像

三只松鼠利用阿里巴巴生意参谋平台的人群画像工具,对行业内消费者在全国的分布区域、站内外流量数、身份特质等数据进行分析,发现坚果与果干/肉脯等品类的受众人群惊人地相似,主力消费人群都是学生,分别占到46.83%和47.21%,其次是公司职员、个体经营/服务人员。

受众人群吻合度高,坚果类产品的促销对象同样也是果干类产品的促销对象,三只松鼠利用数据画像锁定了促销的目标。

2015年"6·18"年中大促时,作为果干上线后第一战,三只松鼠果干类产品当天销售额高达600万元,良好的市场效果充分印证了促销新品类的正确性。自上线以来，果干类目总销售额突破 4 亿元，增长稳定。三只松鼠通过松鼠云质量平台，利用数据连接上游厂商和下游服务者，根据用户评价方面的数据对品质实施倒逼改善，促进食品安全的提升。果干的促销成功让三只松鼠迅速进行品类扩充，最终创造年销售额 18 亿元的奇迹。

借力大数据进行后续广告植入

三只松鼠通过对网络搜索词的分析发现，热播电视剧对在线销售的影响十分明显。例如，在电视剧《琅琊榜》的播出时段，淘宝上的零食搜索随着剧集步入高潮而达到峰值，并且在网络点播以及重播的影响之下，后期依然会有可观的搜索流量。

三只松鼠立刻进行布局，通过大数据对销售人群进行画像分析，成功将广告植入《欢乐颂》《好先生》《小丈夫》等热播剧，获得良好的销售业绩，在电视剧热播期间，品牌词搜索指数上升非常明显，成为全零食类目热度最高的零食。

2.1 产品战略

产品是企业市场营销组合中的一个重要因素。产品管理直接决定着其他市场营销组合因素的管理，对企业市场营销的成败影响重大。

2.1.1 产品整体和产品数字化

1. 产品整体的概念

产品是指能提供给市场，用于满足人们某种欲望和需要的任何事物，包括实物、服务、场所、组织、思想、主意等。产品的概念已经远远超越了传统的有形实物的范围，思想、策划、主意也是产品的重要形式，所以，凡是能满足消费者的有形产品及服务均为产品。现代市场营销理论认为，产品整体的概念包含核心产品、有形产品和附加产品三个层次（图 2-1）。

核心产品是指消费者购买某种产品时所追求的利益，是顾客真正要买的东西，因而在产品整体的概念中也是最基本、最主要的部分。消费者购买某种产品，并不是为了占有或获得产品本身，而是为了获得能满足某种需要的效用或利益。

有形产品也称形式产品，是核心产品借以实现的形式，即向市场提供的实体和服务的形

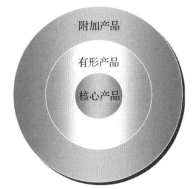

图 2-1 产品整体概念

式。如果有形产品是实体物品，则它在市场上通常表现为产品质量水平、外观特色、式样、品牌名称和包装等。产品的基本效用必须通过某些具体的形式才能得以实现。市场营销者应首先着眼于顾客购买产品时所追求的利益，以求更完美地满足顾客需要，从这一点出发再去寻求利益得以实现的形式，进行产品设计。

附加产品是顾客购买有形产品时所获得的全部附加服务和利益，包括提供信贷、免费送货、安装、售后服务等。附加产品的概念来源于对市场需要的深入认识。因为顾客购买产品的目的是满足某种需要，因而他们希望得到与满足该项需要有关的一切。美国学者西奥多·莱维特曾经指出："新的竞争不是发生在各个公司的工厂生产什么产品方面，而是发生在其产品能提供何种附加利益（如包装、服务、广告、顾客咨询、融资、送货、仓储及具有其他价值的形式）方面。"

产品整体的概念以消费者的基本利益为核心，指导整个市场营销管理活动，是企业贯彻市场营销观念的基础。只有通过产品整体概念的三个层次的最佳组合才能确立产品的市场地位。营销人员要把为消费者提供的各种服务看作产品实体的统一体。对于营销人员来说，产品越能以一种消费者易觉察的形式来体现消费者购物选择时所关心的因素，越能获得好的产品形象，越能确立有利的市场地位。产品差异构成企业特色的主体，企业要在激烈的市场竞争中取胜，就必须致力于打造自身产品的特色。这种差异或表现在功能上；或表现为设计风格、品牌、包装的独到之处，甚至表现在与之相联系的文化因素上；或表现在产品的附加利益上，如各种不同的服务，可使产品各具特色。总之，在产品整体概念的三个层次的任一层次上，企业都可以形成自己的特色，从而与竞争产品区别开来。

2. 产品数字化

产品数字化的本质是使企业的产品符合数字时代的要求，使产品在消费或使用过程中具备智能化，并能实现企业与客户的互动。产品数字化包括产品生命周期全过程的用户获取、用户活跃、用户留存、付费转化、口碑传播的闭环流程数字化。数字化产品则是为满足产品数字化要求而匹配的使用形态，可以在产品整体概念的3个层次的任一层次上打造。

产品数字化需要跨越两个鸿沟。第一个鸿沟是用户鸿沟，即需要理解用户。解决用户的痛点是产品数字化的最基本需求。企业需要大数据+大情感，需要跨越用户鸿沟，需要打造大产品。数字时代强调大产品、大社交，强调服务。打造大产品必须基于大数据——产品的信息数据、服务数据，构建产品的全体性。例如百度筷搜，这是一款智能产品，拥有智能检测地沟油等功能，检测数据可传到互联网上，百度根据数据发布一个地沟油餐厅榜单，客户就不会再去这些餐厅就餐了，餐厅也就不敢再用地沟油了。

现在的数据是情感数据，是社交数据。企业打造产品需要创新思维，产品需要情感化。2013年，洛可可设计了一款分离式移动电源，做成巧克力的样子，如果有人手机没电了,可以掰一块分享式电源给他,如分享巧克力一般。这就是产品数字化设计,让设计充满情感,让用户分享情感(图2-2)。

数字时代是一个充满想象力的时代,是一个人人都是设计师的时代,未来的产品使用过程是一个客户自我实现的过程。

产品数字化需要跨越的第二个鸿沟就是服务鸿沟,即打造大服务和大社交。第一,产品打造要有社群化思维。几百个人一起研发、几千个人一起制作、几万个人一起营销,是数字时代全新的方

图2-2 洛可可分离式移动电源

式。人类需要找到自己的社群:"吃货"找到"吃货"社群,爱美的人找到爱美的社群,喜欢运动的人找到喜欢运动的社群。第二,产品打造要有共享思维。数字时代让商业变得民主化就是共享,当人们智力共享的时候,就实现了价值垂直共享。第三,产品打造要有动态"尖叫"思维。产品最重要的是使用户"尖叫"。"尖叫"本身是一种用户情不自禁的自我表达,意味着二度传播,是一种自营销概念,塑造"尖叫"KPI(关键绩效指标)服务是一种流量的变现。

未来的企业组织没有部门构架,生产流程包括研发、设计、生产、营销以及话题、社区、活动、服务。企业要做的创新产品设计流程是懂用户、找话题、建社区、用户参与体验、挖痛点、用户参与研发、用户参与设计、用户参与推广、用户参与测试、用户参与传播。

3. 产品开发与生产的数字化

传统产品的开发与生产是从市场出发的,数字化产品的开发和生产也是从市场出发,但强调的是更广泛地与客户互动,甚至直接让使用者参与到产品概念提出、产品功能设计和产品体验中来。例如江小白的表达瓶即让消费者参与概念的提出过程。小米手机的成功真谛之一,也是让网友、"粉丝"一起参与产品内容的创造。从"粉丝"出发,共同提炼用户需求,企业才能创造出适合市场需求的、有生命力的产品。

产品数字化需求源自消费者在市场活动中属性和行为的数字化表现与要求,以此对产品的关键指标进行分析、设计和系统组合。产品数字化的关键问题在于:哪些数据是应该关注的?数据具体应该如何处理?应该从哪些角度分析这些数据,并且使分析结果真正有助于产品或运营的优化?怎样既美观、清晰又有条理地向他人呈现分析结果?流程中每一个节点其实都是对用户行为的激发,以完成每一个阶段的目标。产品所获取的数据也都是用户使用产品产生的数据,所以数据化运营的本质就是通过用户行为分析并指导产品成长。客户行为分析中最常用的模型就是漏斗分析模型,即用户在完成某一项

特定任务时要经过多个步骤，在每一个步骤中都会产生用户流失，为了保证更多用户顺利完成任务，通过漏斗分析模型发现问题所在，优化关键步骤的用户体验，达成最终目标。

企业为客户提供的不是产品，而是产品能够满足客户需求的功能，所以企业营销的核心永远是客户：为你的客户创造产品，为你的客户提供服务。在产品研发和生产时，换位思考是最重要的思维方式，不能站在业内人士的角度考虑问题，要思考一个客户，如一个视力有问题的人、一个老人、一个小孩，在使用这个产品时会怎么样。客户思维不是迁就客户，而是从客户出发引领客户，让客户产生惊喜。产品研发要学会"断舍离"。现在，跟消费者直接沟通的渠道有很多，微博、QQ空间、微信，任何自媒体都可以，客户也可以给企业产品提意见。数字时代主张的是互动参与，鼓励客户对产品提意见，但是让客户参与产品开发时，就会发现难点在于客户需求的不一致，客户在谈到产品的时候，各有各的要求和建议，如果都采纳，最后的结果就是谁的要求都不能满足。所以无论做软件也好，做硬件也好，客户参与互动没问题，但是取舍权要在企业自身。

做产品，视野开阔很重要，一个人见识不够，连什么是好产品都没有见过，怎么可能做出好产品呢？设计师要有情怀，不能只看数据，不能只看商业构架，一个设计师要去做能影响很多人的事，帮助社会。产品数字化开发不能急躁，要回归事物的本质，产品设计要保持匠心。匠心是打造产品完美细节的核心。数字时代，极致的产品才有生命力，好的产品才能避免信息耗散和扭曲，才能打通层层障碍，把情感传递给用户，才能感动客户。价格也是一个因素，但是价格不能主导传播力。传播力一定要建在用户对产品喜爱的基础上，只有真正喜爱，用户才会自发地传播。好产品是这个时代最好的传播力。产品最重要的是客户体验，是性价比，是客户价值创造。

4. 产品创新及其形式

数字时代的市场竞争已经不仅仅是同行业的竞争，还包括跨界的竞争。数字时代，产品迭代的窗口期以周来计算，企业创新是企业的核心竞争力。

（1）产品创新

中国移动和中国联通的竞争正值白热化时，微信横空出世，在功能上足以把这两个巨头的电话和短信功能替代，通信公司恍然大悟，真正的竞争对手不是彼此，而是跨界的腾讯；世界500强企业之一柯达领先世界同行10年，但在2012年轰然倒塌，毁灭它的不是富士、尼康，而是和柯达的业务毫无关联的跨界竞争者——手机；康师傅方便面的销量急剧下滑，对手却不是白象、今麦郎；水饺企业的竞争者有可能不是同行，而是电商平台饿了么、美团。未来，酒吧只能喝酒吗？就医取药还需要去医院吗？衣服还会有其他功能吗？人们还用手机通信吗？酒店只会用来睡觉吗？餐厅只会用来吃饭吗？银行等待办理业务的区域可不可以变成书店？飞机机舱可不可能变成国际化社交平台？一切都充满未知,一切都变得新奇。一旦消费者的生活方式发生根本性的变化,竞争者将不会来自专业领域,而可能来自跨界领域(图2-3)。

图2-3　产品创新

(2)产品创新形式

跨界有两种模式:一种是跨行业组合模式,把两个完全不同的行业整合在一起,比如科技与时尚。例如苹果公司,一直不断强调对高科技的极致追求,还不断强调其产品代表着时尚。另一种是降维攻击模式,用高维文明的思维方式重新定义低维文明思维的商业模式。比如互联网思维就是指用高效的互联网运营模式来改造传统行业低效的运营环节。企业不主动跨界整合资源,或许明天就有人跨界"打劫"。未来十年是一个跨界竞争的年代,竞争已经不再是线性的,而会在全方位、全时空、多维度展开。

数字时代,企业需要把千千万万消费者的差异化需求抽象为统一需求,并将这种抽象需求聚焦到可实现的具体产品和服务上,市场表现为供需关系。网络约车平台设计产品时,需求是抽象的:司机可以载客,乘客有驾照可以代驾,一个人是乘客还是司机都有可能。网络约车平台需要的是最终把供需双方整合在一起,通过设定规则达成一笔笔交易。做互联网产品,设计抽象需求非常重要。产品设计的抽象程度决定了产品的基础架构有多牢固,决定了解决的问题有多深刻,也决定了以后的市场有多大。互联网平台、APP、网站、移动端、PC端基本上都是用一个产品服务所有人。抽象需求是大多数人的需求,要用抽象功能或抽象产品来实现。

精益创新是实现抽象需求的工具。精益创新是一种工具、一种方法论,它的主要核心有三点:第一,用最小可用品去试错,看看市场的反馈,判断能不能继续做下去,这样的投入成本最低;第二,用户反馈;第三,快速迭代。

数字时代,创新增长是由数据驱动的:用最小的成本、最快的时间,把创意变成产品或者服务,然后利用数据来验证假设是否得到了认同,产品好的话,进入下一个决策周期;产品差的话,迅速调整。产品小幅度的迅速迭代、数据验证、迅速改进是精益分析的核心原则,这就要求每个岗位的人都有一套非常庞大的思维体系。比如以前的产品经理只需要写产品的需求文档,但是今天必须要具备全局的思维,包括用户的获取和对核心用户的转化,然后要专注变现,没有变现的公司很难在未来的市场里获得成功。产品的好和坏最终要根据数据来判断。所有的产品经理遇到的最大问题是有太多的需求要做,但是到底帮助用户解决什么问题是有优先级的。不同的销售人员反馈回来的用户需求都不一样,经常会有几十个甚至上百个需求,怎么去选择呢?最终要量化。

数字化产品的打造不是优化而是颠覆,业务优化不过是从 1 到 100,这不能带来格局的变化,只有颠覆式创新才能解决本质需求。满足用户需求比较容易,但是如果要满足用户的本质需求,就要进行颠覆式创新,只有颠覆式创新才能真正满足本质的需求。企业要去思考企业服务的客户群的核心诉求是什么,能不能换一种方式满足他的核心需求。一个业务要有大的突破,颠覆式创新是必须要做的。如果不能做颠覆式创新,只做业务的优化,不可能带来一个大的格局的变动。

数据和量化有百分之百的关联,量化和增长又有百分之百的关联。德鲁克说过,"如果你不能量化,那么你就不能有效增长"。如果想增长就需要能够衡量它,没有一个标准,很难判断是否有增长。

2.2 价格战略

2.2.1 产品智能定价

数字时代,企业要利用大数据为产品智能定价。

第一,定价是一项系统的工程,不仅与商品本身的属性及销售表现有关,也与所属门店的竞争格局、客群构成,以及所属品类的战略定位息息相关。大数据和算法模型应用于从战略、战术到执行、评估的每一个层级,最终实现改善价格形象、提升销售额和毛利额的目标。

第二,要对定价店群分类。在战略层面,以定价店群分类为例,通过 POS 数据、商圈数据、价格调研数据等内外部数据分析每一家门店的客群和竞争属性,利用聚类模型进行店群分类,然后为不同类型的店群根据各自特征分别制定相应的定价策略和目标。针对竞争激烈、客群价格敏感度高的门店,需要加大价格投资的力度和关注度;而针对竞争少、客群价格敏感度低的门店,则可以适当减少价格投资力度。

第三,了解产品的价格弹性。价格弹性是衡量由价格变动引起的市场需求量变化的敏感程度,具体来说是某一种产品销量发生变化的百分比与其价格变化百分比之间的比率。影响商品销量的因素有很多,价格、促销、陈列、门店客流、竞品价格、商品本身的季节性乃至天气都会影响商品的销售。为了更准确地计算价格弹性，企业需要控制除价格外其他因素的影响，因此可以为每个商品都建立一个多变量计量经济学模型，除了价格因素外，还加入前述其他影响销量的因素，利用2~3年的全量商品的历史销售数据和大数据分布式计算平台，分别计算每一个商品的价格弹性因子。通常，一个商品的价格从高位逐步下降，它的销量会逐渐上升，而销售额、毛利额也会相应提升，直到价格下降到某个点，商品的毛利额或销售额开始下滑，这种情况就是通常所称的过度降价。而商品的价格弹性因子决定了价格变化时商品销量、销售额、毛利额的相应变化。通过数学模型，可以计算得到每一个商品销售额最大和毛利额最大时分别对应的理论最优价格，作为定价的基准。

第四，进行商品定价角色定位。通过大数据计算得到每个商品的价格弹性因子后，可以结合商品重要性的维度（综合考量商品的引流能力、销售贡献、毛利贡献、所处生命周期等因素），在品类内为每一个商品制定相应的定价策略。例如，对于价格弹性和重要性都高的重点商品，需要保证有竞争力的日常定价，结合低价促销策略，树立品类价格形象，为品类引流和维护大盘销售；反之，价格弹性和重要性都比较低的商品则可以适当提高商品毛利率，促进品类的毛利平衡。

2.2.2 企业定价策略

数字时代，企业市场定价有着更多的不确定性，信息传播速度的加快和信息透明度的提高也使得企业定价难度增加，尤其是线上和线下同时开展业务的企业，企业定价的难度和灵活性都非常大。

1. 低价定价策略

借助互联网进行销售，比传统销售渠道的费用低廉，因此网上销售价格一般来说比传统的市场价格要低。由于网上的信息是公开和易于搜索比较的，因此网上的价格信息对消费者的购买有着重要影响。根据研究，消费者选择网上购物，一方面是因为网上购物比较方便，另一方面是因为从网上可以获取更多的产品信息，从而以最优惠的价格购买商品。由于产品定价时大多采用成本加一定利润，有的甚至是零利润的方式，因此采用低价定价策略进行定价，在公开价格时就比同类产品要低。制造业企业在网上直销时一般采用低价定价策略，如戴尔（Dell）公司电脑的定价比其他公司同性能的产品定价低10%~15%。另外一种低价定价策略是折扣策略，它是根据原价的一定折扣来定价的，可以让顾客直接了解产品的降价幅度以促进顾客的购买，这类价格策略主要用于一些网上商店，它一般按照市面上的流行价格进行折扣定价。例如，亚马逊的图书价格一般都采用折扣策略，折扣价格达到3~5折。

如果企业要拓展网上市场，但产品价格又不具有竞争优势时，则可以采用网上促销定价策略。由于网上的消费者范围很广而且具有很强的购买能力，许多企业为打开网上销售局面和推广新产品,会采用临时促销定价策略。促销定价除了前面提到的折扣策略外,比较常用的是有奖销售和附带赠品销售。

采用低价定价策略时要注意以下三点:第一,由于互联网是从免费共享资源发展而来的,因此用户一般认为网上商品比从一般渠道购买商品要便宜,不宜在网上销售那些顾客对价格敏感而企业又难以降价的产品。第二,在网上发布价格时要注意区分消费对象。一般要区分一般消费零售商、批发商、合作伙伴,对他们分别提供不同的价格信息发布渠道,否则可能因低价策略混乱导致营销渠道混乱。第三,在网上发布价格时要注意比较同类站点发布的价格,因为消费者通过搜索可以很容易地在网上找到最便宜的商品。

2. 定制生产定价策略

作为个性化服务的重要组成部分,按照顾客需求进行定制生产是满足顾客个性化需求的基本形式。定制生产根据顾客对象的不同可以分为两类。一类是面向工业组织市场的定制生产,如波音公司在设计和生产新型飞机时,要求其他供应商按照飞机总体设计标准和成本控制要求来组织生产。这类属于工业组织市场的定制生产,主要通过产业价值链完成,下游企业向上游企业提出需求和成本控制要求,上游企业通过与下游企业协作设计、开发并生产满足下游企业需要的零配件产品。由于消费者的个性化需求较大,加上消费者的需求量又少,因此企业实行定制生产必须在管理、供应、生产和配送各个环节上适应这种小批量、多式样、多规格和多品种的生产和销售变化。为适应这种变化,现代企业在管理上采用ERP(Enterprise Resource Planning,企业资源计划系统)来实现自动化、数字化管理,在生产上采用CIMS(Computer Integrated Manutacturing System,计算机集成制造系统),在供应和配送上采用SCM(Supply Chain Management,供应链管理)。

另一类定制生产是面向消费者的,是在企业能实行定制生产的基础上,利用网络技术和辅助设计软件,帮助消费者选择配置或者自行设计能满足自己需求的个性化产品,同时承担自己愿意付出的价格成本。Dell公司的用户可以通过其网页了解各型号产品的基本配置和基本功能,根据实际需要和能承担的价格,配置出自己最满意的产品,使消费者能够一次性买到自己中意的产品。目前这种允许消费者定制生产的尝试还只是处于初步阶段,消费者只能在有限的范围内进行挑选,消费者所有的个性化需求还不能得到完全满足。

3. 使用定价策略

在传统交易关系中,产品买卖是完全产权式的,顾客购买产品后即拥有对产品的完全产权。随着经济的发展和人民生活水平的不断提高,人们对产品的需求越来越多,而且产品的使用周期也越来越短,许多产品购买后使用几次就不再使用,非常浪费,制约着许多顾客对这些产品的需求。为改变这种情况,可以采用类似租赁的按使用次数定价的方式。

使用定价策略就是顾客通过互联网注册后可以直接使用某公司的产品，顾客只需要根据使用次数进行付费，而不需要将产品完全购买下来。这不仅减少了企业为完全出售产品而进行的不必要的生产和包装浪费，同时还可以吸引过去那些有顾虑的顾客使用产品，扩大市场份额。顾客只需要根据使用次数付款，节省了购买产品、安装产品、处置产品的麻烦，还可以节省不必要的开销。例如，微软公司曾计划在 2000 年将其产品 Office 2000 放置到网站，用户通过互联网注册使用，按使用次数付费。采用按使用次数定价，一般要考虑产品是否适合通过互联网传输，是否可以实现远程调用。目前，比较适合采用使用定价策略的产品有软件、音乐、电影等。例如，我国的用友软件公司推出网络财务软件，用户在网上注册后可在网上直接处理账务，而无须购买软件和担心软件的升级、维护等非常麻烦的事情（图 2-4）；对于音乐产品，也可以通过网上下载或使用专用软件播放；对于电影产品，则可以通过视频点播系统 VOD 来实现远程点播，无须购买光盘等。另外，采用使用定价策略对互联网的带宽提出了很高的要求，因为许多信息都要通过互联网进行传输，如果互联网带宽不够将影响数据传输，势必会影响顾客的使用和观看。

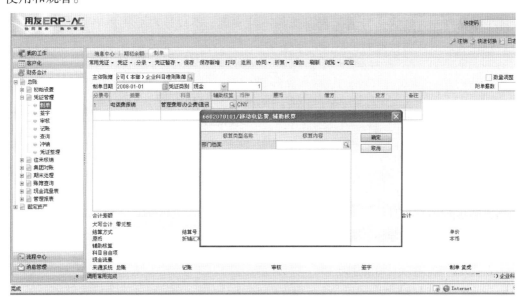

图 2-4　用友财务软件

4. 拍卖竞价策略

网上拍卖是目前发展比较快的业务。经济学者认为，市场要想形成最合理的价格，拍卖竞价是最合理的方式。网上拍卖由消费者通过万联网轮流公开竞价，在规定时间内价高者赢得。

根据供需关系，网上拍卖竞价方式有下面几种：第一，竞价拍卖，包括二手货、收藏品，也可以将普通商品以拍卖方式进行出售。例如，惠普公司曾将公司的一些库存积压产品放到网上拍卖。第二，竞价拍买，是竞价拍卖的反向过程，即消费者提出一个价格范围求购某一商品，由商家出价，出价可以是公开的或隐蔽的，消费者将与出价最低或最接近的商家成交。第三，集体议价，在互联网出现以前，这一种方式在国外主要是由多个零售商联合起来，向批发商（或生产商）以数量换价格。互联网出现后，普通的消费者也能采用这种方式购买商品。集合竞价模式是一种由消费者集体议价的交易方式，这在目前的国内网络竞价市场中还是一种全新的交易方式。提出这一模式的是美国一家著名的在线旅游软件公司。在国内，雅宝已经率先将这一全新的模式引入了自己的网站。

5. 时效产品定价策略

有时效性的产品越接近其可以发挥效用的最后期限，它的使用价值就越小，直到为零。面对即将到期的产品，生产厂商往往会采用打折的方法出售，否则就无法实现其价值。企业服务作为一种特殊的产品，由于其自身的不可储存性，经常面临价值无法实现的情况。酒店客房和飞机、火车的座位一旦空置，就意味着其价值完全没有实现，在一定程度上造成了资源的浪费。如果公开打折促销，一方面会造成已购买客户的不满，另一方面也有损自身的品牌和声誉。此时，就需要中间商在供需双方之间发挥信息沟通、交流的桥梁作用，促成交易的实现。交易一旦实现，不仅让服务提供者获得了经济利益，也让客户以相对较低的价格满足了需求。

2.3 渠道战略

在市场营销学中，渠道策略并非一个单独的组成部分，而是与产品、品牌、价格、促销等密切相关。同时，随着科学技术在日常生活中的广泛应用，无论是全渠道营销还是无缝化购物体验，都有了实现的可能。

2.3.1 渠道演化的阶段

渠道演化可分为四个阶段，分别是实体店时代、电子商务时代、多渠道时代、全渠道时代。其中，多渠道时代还包括跨渠道与O2O（线上到线下）等概念。

1. 实体店时代

实体店时代以实体店为主要营销业态，商场、超市、百货公司、购物中心等都是典型代表。

2. 电子商务时代

电子商务、虚拟网络店铺是互联网发展的产物，亚马逊、淘宝网、京东等电商平台就是其中的典型代表。这些虚拟网络店铺的特点是利用互联网技术创造了一种营销模式，将传统的营销业态搬到了网上。比如，淘宝网的C2C（个人与个人）模式就是传统集贸市场的网络化，天猫商城的B2C（企业面向消费者）模式就是传统百货公司的网络化。

3．多渠道时代

多渠道、跨渠道出现的时间较短。多渠道，顾名思义就是商家通过多种渠道开展经营活动，比如苏宁、国美等由单一的门店经营模式转向多渠道结合，借助实体店、网上商城、移动手机、微信、微博等多个交易平台多方位地开展营销活动。跨渠道营销是多渠道营销的升级版，解决了多渠道未能解决的不同渠道间的融合、衔接问题。

倡导线上、线下结合的O2O模式备受线上、线下企业的青睐。利用O2O模式，企业可在线上汇聚流量，获取顾客，再引导顾客到线下消费。O2O模式所包含的内容非常丰富，如线上企业做电商，线上电商企业在线下开设体验店，线上、线下终端无缝衔接等。

4．全渠道时代

在移动互联网时代，顾客通过各种社交媒体可以自由地选择购物终端，在营销方面占据主导地位。站在消费者的角度，全渠道就是指消费者可以在A渠道选择商品，在B渠道触摸、感受、比较商品，在C渠道下单支付。

站在企业的角度，全渠道就是以多渠道为基础使所有渠道进一步融合，前台系统、后台系统实现一体化，使各渠道实现同步化、和谐化、一体化。各个渠道互通，客流、资金流、物流、信息流、店流可在各个渠道间自由流通，与社交媒体相结合，让消费者获得无缝化的购物体验。

2.3.2 全渠道战略

随着消费需求不断升级，线上与线下深度融合的全渠道营销成为企业的主流发展趋势。而要想实现全渠道营销，最为关键的就是发展O2O，以全渠道营销的思维同时布局线下及线上。企业在加强自身信息化建设的同时，更要提升服务意识，通过优质而完善的服务，赢得广大消费者的认可与信任。

随着消费需求不断升级，电商以及移动电商开始无法充分满足消费者的购物需求，尤其是在购买一些客单价较高、安全性要求较高的产品时，缺乏产品体验的线上渠道很难赢得消费者的认可与信任。而采用全渠道营销模式的企业可以通过社交媒体、电商平台、购物APP、实体门店等十分多元化的购物渠道，让消费者随时随地选购满足自身需求的产品。

企业进行全渠道营销转型将成为主流发展趋势，苏宁、国美等作为国内从实体营销转型全渠道营销的典型代表，两者以全渠道同价、商品独供、增强线下服务体验等方式，通过将线上的庞大流量引入实体门店获取了高额利润。商超百货在巩固线下布局的同时，采用入驻电商平台、自建电商商城、开发电商APP等方式布局线上，进一步扩大交易额。

移动互联网将使营销产生颠覆性变革，企业不仅要重视产品销售价值，更要注重服务价值，而布局O2O则是企业开发服务价值的重要基础。

从当前的发展情况来看，很多国内传统企业对线上营销的布局缺乏足够的重视，部分企业虽然认识到了线上营销的价值，但受制于缺乏足够的专业人才、组织内部缺乏转型积极性、资金匮乏等，全渠道营销转型之路举步维艰。

移动互联网时代，信息及资源的流通阻碍被打破，需求方与供给方能够无缝对接，位于中间环节的代理商、渠道商的生存空间被极大地压缩，很多企业多年建立的传统分销体系被瓦解了。电商崛起后，传统企业遭受了巨大冲击，这也使得很多人将电子商务与传统营销放在对立面，认为两者难以共存。

如今，无论是传统电商还是移动电商都难以解决消费者十分关心的产品及服务体验缺失问题。只有发展线上与线下结合的全渠道营销，才能真正满足新时代消费者的购物需求。

面对日益复杂的竞争环境与不断升级的消费需求，企业一方面要对自身的组织结构、经营模式及管理手段进行变革，为转型全渠道营销模式提供制度基础；另一方面要以开放合作的心态引入更多的合作伙伴，通过打造覆盖产业链上下游多个环节的营销生态来充分满足消费者的个性化需求。

2.3.3 数字时代的全渠道营销

随着互联网整体商业生态的发展和成熟，共享经济、社群经济、大数据经济等各种创新商业形态不断涌现，不仅颠覆了以往的商业模式，也导致了传统商业价值链的解体，取而代之的是一个以消费者体验为中心，拥有全新商业价值、商业逻辑和商业模式的互联网商业时代。在这一背景下，传统实体企业也开始主动或被动"触网"，借助大数据、云原生等移动互联网新技术打通线上和线下，实现全渠道的无缝对接与融合，从而逐渐走向新零售。

1. 呈现新实体零售形态

新实体零售在形式上呈现为互联网、数字化零售的基本特征，内在层面则是对商业价值的重塑和资源重组。

具体来看，新实体零售通过对互联网技术、文化、服务等诸多元素的有机融合，打破专业、技术和服务边界的束缚，为消费者创造出全新价值。传统企业可以利用大数据、云原生等新技术以及开放共享平台，为用户提供优质的场景化、多元化、个性化服务，赢得用户认可与青睐，并以此为基础打造全新的商业价值链，从而改变传统零售模式中价值获取的单一方式,使企业、消费者都能获得更多价值。

当前,社会化专业分工与社会化资源整合在传统企业的互联网化运营和O2O模式转型方面发挥着越来越重要的作用,有助于实体企业改变信息孤岛、各自为战的割裂状态,实现数据互联共享和全渠道营销。

总体来看,新实体零售的特征主要有:以互联网为工具;构建全新的商业价值;重新整合线上与线下资源;注重小众化、个性化的消费诉求;积极利用开放、连接、共享的互联网平台,获取平台经济效应;充分利用新一轮的社会化专业分工;注重数字化运营;摒弃传统商业思维、经营理念与模式,构建更能适应新常态要求的全新商业价值链。

2. 新零售的互联网转型促使渠道发生变革

互联网商业模式对传统实体企业的变革和重塑是全方位的,渗透到实体企业的每一个运营环节。比如,借助互联网、大数据技术和开放性运营平台的有力支撑,传统企业的招商、采购环节的覆盖范围将脱离物理边界的束缚,从区域扩展到全国乃至全球;再比如,终端零售商,借助互联网平台渠道,跳过诸多渠道商直接与上游供应商对接,实现商品和品牌渠道的去中间化,零供关系发生变化。

"零售+互联网"通过对线上、线下的打通与融合,彻底重构了以往的商业供应链。小到便利店,大到综合性的购物中心,能够选择的商品和品牌资源以及可使用的规模都得到了极大拓展。

在新实体零售中,零售商不仅能更快速地发现和找到品牌,而且还能实现更高效、更合理的零售业态组合与品牌组合,从而满足快速变化的多元零售诉求。此外,借助互联网平台渠道,供需两端能够实现直接、高效、精准对接。

总体来看,传统实体企业的互联网化转型带来的渠道变革的主要特征为:传统供应链思维和模式被颠覆,零供关系的权重被重置;以往受制于物理空间的商圈思维与模式发生改变,招商、采购范围从区域扩展到全国甚至全球;网络品牌被纳入零售企业品牌筛选与品牌组合的考虑范围;品牌渠道的去中间化使实体零售供应链大幅缩短。

2.4 数字促销战略

在数字营销中,数字广告是目前较为普遍的促销方式,也是企业首选的促销方式。促销的核心问题是如何吸引消费者,为其提供具有价值诱因的商品信息。根据数字营销活动的特征和产品服务的不同,结合传统的营销方法,有如下数字促销策略。

2.4.1 网上折价促销

折价亦称打折、折扣,是目前网上最常用的促销方式之一。追求利益最大化永远是企业的最终目标,高额的折扣在一定程度上会影响企业的短期效益,但是,在培育市场的阶段,打折仍然是一种非常有效的投资行为。折价促销主要有以下三种:(1)直接折扣促销,它以正常的市场价来定价,然后给予一定的折扣。它可以让消费者直接了解产品的降价幅度以促进消费者的购买。(2)变相折价促销,它是指在不提高或稍微提高价格的前提下,提高产品或服务的品质或数量,较大幅度地增加产品或服务的附加值,让消费者感到物有所值。(3)现金折扣,指在允许买主延期付款的情况下,如果买主能提前交付现金,可按原价格给予一定的折扣,这种办法有利于鼓励消费者预付货款。

2.4.2 网上抽奖促销

抽奖促销是互联网上应用较广泛的促销形式之一,是大部分网站乐意采用的促销方式。抽奖促销是以一个人或数人获得超出参加活动成本的奖品为手段进行商品或服务的促销,网上抽奖活动主要附加于调查、产品销售、扩大用户群、庆典、推广某项活动等。

抽奖促销应注意以下几点:(1)奖品要有诱惑力,可考虑用大额超值的产品吸引人们参加。(2)活动参加方式要简单化,网上抽奖活动要策划得富于趣味性和容易参加,太过复杂或难度太大的活动较难吸引消费者。(3)抽奖结果要公正和公平,应该请公证人员进行全程公证,并及时通过电子邮件、公告等形式向参加者通告活动进度和结果。

2.4.3 网上积分促销

和传统营销方式相比,网络积分促销更加简单和易操作。网上积分活动很容易通过编程和数据库等实现,并且结果可信度很高。积分促销的作用有以下几点:(1)增加上网者访问网站和参加某项活动的次数。(2)增加上网者对网站的忠诚度。(3)提高活动的知名度等。

2.4.4 网上赠品促销

赠品促销目前在互联网上的应用不算太多,一般情况下,在新产品推出试用、产品更新、对抗竞争品牌、开辟新市场的情况下,利用赠品促销可以达到比较好的促销效果。赠品促销具有以下优点:(1)提升品牌和网站的知名度。(2)鼓励人们经常访问网站以获得更多的优惠信息。(3)能根据消费者索取赠品的热情程度总结分析营销效果和产品本身的情况等。

赠品促销应注意：（1）不要选择次品、劣质品作为赠品，这样做的效果只会适得其反。（2）明确促销目的，选择适当且能够吸引消费者的产品或服务。（3）注意赠品的时效性和赠送的时机。（4）注意预算和市场需求，赠品要在能接受的预算内，不可因过度赠送赠品而造成营销困境。

2.4.5　网络文化促销

网络文化促销指将网络文化与产品广告相融合，借助网络文化的特点来吸引消费者。企业可以将其产品和企业形象精确地渗透到每一个对产品真正有兴趣的用户，同时企业可以通过网络交流来影响网络文化，从而制定有效的营销策略。

2.4.6　网络聊天促销

网络聊天促销指利用网络聊天的功能开展消费者联谊活动，通过沟通交流增强感情，或开展在线产品展销活动和推广活动。网络聊天促销是一种调动消费者情感因素、促进情感消费的方式，对消费者吸引力较大。

此外，网络营销者还在实践中探索出了一些颇有成效的促销策略，如建立会员制、一对一营销、网上竞赛、问题征答、畅销产品排行榜、事件促销、免费送货、无条件更换保证等。

2.5　从 4P 到 4C 再到 4R

2.5.1　基于企业视角的 4P 理论

20 世纪 60 年代，著名的市场营销学者麦卡锡（McCarthy）提出了 4P 理论，4P 即产品（Product）、价格（Price）、渠道（Place）、促销（Promotion）。

4P 营销组合理论指相对于企业的可控因素，企业营销活动的实质就是一个不断利用内部可控因素来适应外部环境的过程，即通过对产品、价格、分销、促销的计划和实施，对外部不可控因素做出积极的反应，从而促成交易和满足个人与组织的目标。因此，在 4P 营销组合理论中，市场营销活动的核心在于制定并实施有效的营销组合。

（1）产品策略是指企业以向目标市场提供各种适合消费者需求的有形和无形产品的方式来实现其营销目标，其中包括对产品有关的品种、规格、式样、质量、包装、特色、商标、品牌以及各种服务措施等可控因素的组合和运用。

（2）价格策略是指企业以按照市场规律制定价格和变动价格等方式来实现其营销目标，其中包括对定价有关的基本价格、折扣价格、津贴、付款期限、商业信用以及各种定价方法、定价技巧等可控因素的组合和运用。

（3）渠道策略是指企业以合理地选择分销渠道和组织商品实体流通的方式来实现其营销目标，其中包括对分销有关的渠道覆盖面、商品流转环节、中间商、网点设置以及储存运输等可控因素的组合和运用。

（4）促销策略是指企业以利用各种信息传播手段刺激消费者购买欲望，促进产品销售的方式来实现其营销目标，其中包括对促销有关的广告、人员推销、营业推广、公共关系等可控因素的组合和运用。

然而，4P 理论始终以企业为中心，代表的是企业而非客户的立场。

2.5.2 基于客户视角的 4C 理论

1986 年，罗伯特·劳特伯恩提出了与 4P 相对应的顾客 4C 理论，4C 指消费者（Consumer）、成本（Cost）、便利（Convenience）和沟通（Communication）。

4C 理论强调企业首先应该把追求顾客满意放在第一位，然后努力降低顾客的购买成本，其次要充分注意到顾客购买过程中的便利性，而不是从企业的角度来决定销售渠道策略，最后应以消费者为中心实施有效的营销沟通。

4C 理论的主要内容包括：（1）消费者主要指顾客的需求，企业必须首先了解和研究消费者，根据消费者的需求来提供产品。同时，企业不能仅提供产品和服务，更重要的是由此产生的客户价值（Customer Value）。（2）成本不单是指企业的生产成本，或者 4P 中的价格（Price），还包括顾客的购买成本，同时也意味着产品定价的理想情况，即既低于顾客的心理价格，又能够让企业有所盈利。（3）便利指为顾客提供最大的购物和使用便利。（4）沟通，企业应同顾客进行积极有效的双向沟通，建立基于共同利益的新型企业—顾客关系。不再是企业单向地促销和劝导顾客，而是在互动沟通中找到能同时实现双方目标的通途。

4C 理论与 4P 理论的对比：（1）4C 理论是 4P 理论的转化和发展，它以顾客为导向，是一种由外而内的拉动型营销模式。（2）从关注顾客真正需要的角度上讲，4C 理论比传统的 4P 理论更进了一步，但是该理论被动适应顾客需求的色彩较浓，因此不可避免地存在一些缺陷：由于较多考虑顾客这一外部不可控因素，在实践操作性上比 4P 理论弱。（3）在企业价值最大化的经营目标指导下，企业不可能满足顾客所有要求，过分以顾客为导向使企业的营销活动显得被动，失去了营销主观能动性，而实际上企业是可以驱动市场的。（4）4C 理论未考虑竞争对手的营销策略及反应，容易遭到模仿，故企业需要从更高层次、以更有效的方式在企业与顾客之间建立起有别于传统的新型关系。

2.5.3 基于利益共同体视角的 4R 理论

美国学者唐·E. 舒尔兹（Don E. Schultz）提出了旨在与利益相关者建立长久关系的 4R 营销组合理论，即 Relevancy（关联）、Reaction（反应）、Relation（关系）和 Reward（回报）四个要素的营销组合模型。

4R 理论的主要内容包括：（1）关联（Relevancy），企业与顾客是经济利益相关的命运共同体，建立、保持并发展与顾客之间的长期关联是企业经营的核心理念和最重要的内容。（2）反应（Reaction），经营者要站在顾客的角度及时地倾听顾客的诉求并尽快答复，迅速做出反应以满足顾客的需求。（3）关系（Relation），企业必须与利益相关者建立起合作伙伴关系，形成一张以企业为中心、由利益相关者组成的交易网络。（4）回报（Reward），只有充分利用交易网络，挖掘企业组织间及相连组织间网络的生产潜力，结合各自的核心竞争力进行分工与合作，共同开发产品、开拓市场、分担风险、培育独特的竞争优势，并以合理的回报作为交易，与合作双方正确处理营销活动中的各种问题，才能实现市场营销的真正价值，即获得短期或长期收入和利润的能力。

4R 理论与 4C 理论相比，具有以下优点：（1）4R 理论从更长远的角度来看待企业与顾客之间的交易行为，强调同顾客建立长久持续的关系，实现顾客生命价值最大化。（2）4R 理论注重利益相关者之间的关系，强调企业同顾客、供应商、中间商、竞争者、政府、员工之间的关系，把传统营销单向、单赢的交易关系改变为交互、多赢的营销关系。

4R 理论的不足之处是实际操作性较差，主要有两方面的原因：一是引入了更多的不可控变量；二是缺乏实施工具，企业在实际应用时可能会感到无从下手。

实际上，4P、4C、4R 理论并不矛盾，这三个理论是企业在进行营销组合策略中具体战术、指导思想、战略方向三个不同的层次。4P 是营销的策略和手段，为企业的营销活动指明方向；4C 则属于营销理念和标准，强调顾客的需求以及双向互动沟通的重要性；4R 是企业战略思想，认为企业要从更高层次上、以更有效的方式在企业与顾客之间建立起新型的主动关系。而且，4C、4R 所提出的战略思想和营销理念最终还是要通过 4P 为策略和手段来实现的。

【案例】

扭转假货形象：阿里巴巴利用大数据打假

淘宝曾充斥着 100 元的"耐克鞋"、1 000 元的"爱马仕包"这样的货品，你敢不敢买？淘宝和天猫连续几年举办"双十一"活动，阿里巴巴集团创造了销售奇迹，让人们意识到电子商务的巨大威力,但阿里巴巴也面临严峻的挑战:扭转在用户心目中假货泛滥的形象。

2015年,阿里巴巴安全部正式成立。第三届国家网络安全宣传周于9月19日在武汉开幕,阿里巴巴安全部高调亮相。这个被称为"神盾局"的神秘部门到底是如何通过技术进行打假的?

数据追踪,假球衣制造窝点被打掉

2015年年底,广州越秀区警方根据阿里巴巴集团的线索,打掉两个团伙共5个运动服假货窝点,抓获犯罪嫌疑人9名。

案件回溯到2014年6月,世界杯的火热带动了运动品牌的热销,各国家队球衣尤其畅销。为防止假货泛滥,阿里巴巴加大了对这些产品的筛查。后台监控模型把每个商品的价格数据、投诉数据、商品描述数据纳入监控,每分钟扫描一遍。其中,有几家店铺的品牌球衣信息异常,被系统识别为可疑。阿里巴巴根据系统识别的账号,分别进入店铺审查,发现这些商品的描述中品牌含糊,实物照片没有正面图像,有些商标被打上了马赛克。

为了彻底消除线下假货制造窝点,阿里巴巴并没有对这些店铺进行简单的封店操作,而是锁定了嫌疑人账号继续调查。在阿里巴巴注册网店时会经过18道审核,包括店主手持身份证的照片,这些信息都在阿里巴巴数据库中。利用这些数据,阿里巴巴安全部最终锁定了嫌疑人,并确定了团伙位置和主犯身份。

阿里巴巴安全部首先将销售平台的商品信息、商品图片录入并建立数据库;然后利用智能图像识别、数据抓取与交叉分析等大数据技术,对销售平台上的商品进行实时监测,通过识别图片中商品的品牌判断商品的真伪。当发现异样商品信息时,展开智能追踪,将假货从10亿量级的在线商品中抓取出来。

要摘掉"假货"帽子仍须努力

虽然大数据打假看起来很酷,但是花费不菲。阿里巴巴公布,近两年在消费者权益保障及打假上的投入已经超10亿元。阿里巴巴目前从事消费者权益保障及打假工作的员工超过2 000人,"神盾局"肩负安全技术、数据挖掘、专案打击、品牌合作、消费者保障、投诉受理等数十项职能。阿里巴巴的打假与卖家的售假仍在不断地博弈,安全部表示,有可能根据数据库信息打造全国线下假货分布及流通地图,并对重点区域、类目等信息进行注明。

从成立淘宝到成立天猫,从天猫推出"超级品牌日"再到"神盾局"公开亮相,阿里巴巴为了扭转自己在公众心目中假货泛滥的形象,不断地采取新举措。利用大数据打假,不仅有助于阿里巴巴改变公众形象,更有利于保障消费者权益。到底效果如何,阿里巴巴要继续接受消费者的检验。

第 3 章　数字时代的消费者

第3章　数字时代的消费者

【导入案例】

教育机构通过大数据提升服务质量

国内某知名教育集团曾通过线下小范围的市场调研得知,其目标受众为20～40岁人群。随着数据管理平台的问世和成熟,该教育集团又通过数据管理平台（DMP）对过去项目的投放数据和官方网站的海量数据进行目标受众分析,得到比之前更为细致的结论,即对出国留学有浓厚兴趣的25～45岁女性,集中在东南沿海发达城市。

根据分析结果,该教育集团做了几项改变来实施大数据营销以提高服务质量和效益。首先,在广告创意中更多出现母亲和孩子的画面；其次,对重点营销区域进行调整,加大了对原来重视不够的华南沿海发达城市的投入；最后,在接下来的广告投放中,以25～45岁女性的覆盖效率为核心考核指标和优化目标。在新策略应用期间,其官网的二跳率①提高了2.5倍。

　谁是数字消费者

随着移动互联网的迅猛发展,以生活消费全数字、线上线下全融合为特征的新兴数字消费者快速崛起,成为驱动信息消费扩大升级不可或缺的重要力量。新兴数字消费者每天花大量的时间在手机上刷朋友圈、看视频、玩游戏、发评论,尤其在社交、游戏和

---

① 二跳率,是指当网站页面展开后,用户在页面上的首次点击成为"二跳",二跳的次数为"二跳量",二跳量与浏览量的比值称为页面的"二跳率"。

视频等方面。

与早期信息消费者习惯接受互联网免费资源不同,新兴数字消费者已经形成有偿使用的理念,而且越来越多的人愿意为了优质、个性的视频、音乐、游戏、教育等资源付出一定的费用。我国网络视频付费用户收入占行业总收入的比例由2013年的5.1%提升至19.3%,付费用户的增加也促进了信息消费服务质量的提升。

新兴数字消费者是最活跃和最年轻的消费主体,更是未来信息消费的主导者,未来这种新的消费理念和消费方式将迈入新的阶段,成为经济发展的新动能。信息消费的持续扩大升级离不开这些年轻的数字消费者,他们的消费行为和潜在需求将决定未来信息消费的发展方向。

3.2 消费者心理洞察

3.2.1 动机

心理学理论认为,人的行为是由动机支配的,而动机由需要引起,购买行为也不例外。需要是人感到缺少些什么从而想获得它们的状态,一种尚未满足的需要会令人产生内心的紧张或不适,当它达到迫切的程度,便成为驱使人行动的强烈内在刺激,称为驱策力。这种驱策力被引向一种可以减弱或消除它的刺激物(如某种商品)时,便成为一种动机。因此,动机是推动人们为达到特定目的而采取行动的迫切需要,是行为的直接原因。在一定时期,人们有许多需要,只有其中一些比较迫切的需要才能发展成为动机;同样,人们的动机中,往往只有那些最强烈的"优势动机"才能导致行为。需要是个体缺乏某种东西时产生的一种主观状态,是客观需要的反映。这些客观需要既包括人体内的生理需求,也包括外部的、社会的需求。例如,人体血液中的血糖降低会使下丘脑被激活,经过神经传至大脑,这样人就产生了进食的需要。同样,社会的需求也必须为个人所接受,才能转化为个人的需要。

需要作为客观的反映并不是一个消极的、被动的过程,而是在人与客观环境相互作用的过程中,在积极的活动中产生的。美国心理学家马斯洛在1943年提出了需要层次理论,这种理论把人类多种多样的需要归纳为五大类,并按照它们产生的先后次序分为五个等级(图3-1)。马斯洛在晚年又将需要分为七类。下面介绍马斯洛提

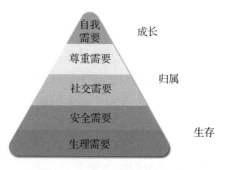

图3-1 马斯洛需要层次理论

出的人类的五类需要。

1. 生理需要

生理需要是人类最原始的基本需要，包括饥、渴和其他生理机能的需要。这些需要如不能得到满足，人类的生存就成了问题。因此，生理需要是推动人类行动的最强大动力。马斯洛说："无疑，在一切需要中，生理需要是最优先的，这意味着，在某种极端的情况下，即在一个人生活上的一切东西都没有的情况下，很可能主要的动机就是生理的需要，而不是别的，一个缺乏食物、安全、爱和尊重的人，很可能对食物的渴望比别的东西更强烈。"

2. 安全需要

当一个人的生理需要得到满足之后，就想满足安全的需要。一般情况下，在一个和平的社会里，"健康的、正常的、幸运的成人，他的安全需要基本上是得到满足的。一个和平、安定、良好的社会常常使得它的成员感到很安全，不会有野兽、极冷极热的温度、犯罪、袭击、专制等威胁……"但是，如果一个人生存在一个不安定的社会中，如果一个人不健康或不幸运，那么他的安全需要就会很强烈，他会要求有就业的保障，有年老或生病的保障，等等。此外，人们对安全的需要还表现为另一种情况，即人们总喜欢选择那些自己熟悉的而不是陌生的，已知的而不是陌生的事情。

3. 爱与归属的需要

"假如生理和安全需要都很好地被满足了，就会产生爱、情感和归属的需要……"显然，我们可以把马斯洛的观点理解成两个方面：一是爱的需要，即人都希望伙伴之间、同事之间关系融洽或保持友谊和忠诚，希望得到爱情，希望爱别人和被别人爱；二是归属的需要，即人希望有一种归属感，希望归属于某一集团或群体，希望成为其中的一员并相互关心和照顾。

4. 尊重的需要

社会上所有的人（病态者除外）都希望自己有稳定的、牢固的地位，希望得到别人的高度评价，需要自尊、自重或为他人所尊重。牢固的自尊心意味着建立在实际能力基础上的成就和他人的尊重。这种需要可分成两类：第一，在所处的环境中，希望有实力、有成就，能胜任和有信心，以及要求独立和自由；第二，要求有名誉或威望（可看成别人对自己的尊重）、赏识、关心、重视和高度评价。尊重需要的满足使人有自信的感觉，觉得自己在这个世界上有价值、有实力、有能力、有用处；而这些需要一旦受挫，就会使人产生自卑感、软弱感、无能感，这些又会使人失去基本的信心，或者企求得到补偿或者趋向于精神病态。

5. 自我实现的需要

运动健将必须争冠军，音乐家必须演奏音乐，画家必须绘画，诗人必须写诗，这样才会使他们得到最大的满足。自我实现的需要指实现个人的理想、抱负，发挥个人的能力与极限的需要。自我实现需要的产生有赖于前面四种需要的满足。这些需要的层次越低，越不可缺少，因而越重要。马斯洛的需要层次理论认为，人们一般按照重要性的顺序，区分轻重缓急，待低层次的需要基本满足后，才设法去满足高一层次的需要。

需要层次理论可以帮助营销者了解各种产品和服务怎样才能适合潜在消费者的生活水平、目标和计划。

3.2.2 感觉和知觉

消费者有了购买动机后就要采取行动，至于采取哪些行动，则受认识过程的影响。消费者的认识过程是对商品等刺激物和店容、店貌等情境的反应过程，由感性认识和理性认识两个阶段组成。感觉和知觉属于感性认识，是指消费者的感官直接接触刺激物和情境所获得的直观形象的反映，这种认识由感觉开始。刺激物或情境的信息，如某种商品的形状、大小、颜色、声响、气味等，刺激了人的视、听、触、嗅、味等感官，使消费者感觉到它的个别特性。随着感觉的深入，各种感觉到的信息在头脑中被联系起来进行初步的分析综合，使人形成对刺激物或情境的整体反应，就是知觉。

由于每个人都以各自的方式注意、整理、解释感觉到的信息，因此不同消费者对同种刺激物或情境的知觉可能是不同的，这就体现了知觉的三个特性：注意的选择性、理解的选择性和记忆的选择性。

人们每天面对大量的刺激物，如广告，但其中大部分刺激物都不会引起人们的注意，也不会给人留下什么印象。一般来说，人们倾向于注意那些与自己当时需要有关的、与众不同的或反复出现的刺激物，这就是注意的选择性。

人们接受了外界信息的刺激，但并不一定会像信息发布者预期的那样去理解或客观地解释这些信息，而是按照自己的想法、偏见或先入之见来理解这些信息，这就是理解的选择性。

记忆的选择性指人们常常记不住所获悉的许多信息，仅记住某些信息，特别是证实了自己的态度和信念的信息。例如，人们可能很容易记住自己所喜欢品牌的优点，而记不住其他同类产品品牌的优点。

感觉和知觉的过程告诉营销者们，必须精心设计促销活动，才能突破人们知觉选择性的壁垒。

3.2.3 学习

人类的有些行为是与生俱来的，但大多数行为是从后天经验中得来的，这种通过实践，由经验而引起行为变化的过程，就是学习。

学习过程是驱策力、刺激物、提示物、反应和强化诸因素相互影响、相互作用的过程。假设某消费者具有提高游泳技术水平的驱策力，当这种驱策力被引向一种可以减弱它的刺激物如游泳衣时,就成为一种动机。在这种动机的支配下,他将做出购买游泳衣的反应。但是,他何时、何处和怎样做出反应,常常取决于周围的一些较小的或较次要的刺激,即提示物,如亲属的鼓励或看到了游泳衣专卖店向社会发布的广告、文章和特惠价格等。他购买了某件游泳衣,如果购买后感到满意,就会经常购买并强化对它的反应。以后若遇到同样的情况,他会做出相同的反应,甚至在相似的刺激物上推广他的反应;反之,如果购买后感到失望,以后就不会做出相同的反应。因此,为了扩大对某种商品的需求,可以反复提供诱发购买该商品的提示物,尽量使消费者购买后感到满意从而强化积极的反应。

3.2.4 信念和态度

消费者在购买和使用商品的过程中形成了信念和态度,这些信念和态度又反过来影响消费者的购买行为。

信念是人们对某种事物所持的看法,如相信健身器材能强健身体。又如,某些消费者以精打细算、节约开支为信念。一些信念建立在科学的基础上,能够验证其真实性,如健身器材能强身健体的信念可以通过测试证实,另一些信念却可能建立在偏见的基础上。经营者应关心消费者对其商品的信念,因为信念会形成对产品和品牌形象的认识,会影响消费者的购买选择。如果因误解而影响了购买,经营者应开展宣传活动,设法纠正消费者的信念。

态度是人们在长期的学习和社会交往过程中形成的观念,是人们长期保持的关于某种事物或观念的是非观、好恶观。消费者一旦形成对某种产品或品牌的态度,以后就倾向于根据态度做出重复的购买决策,不愿费心去进行比较、分析、判断。因此,态度往往很难改变。人们对某种商品的肯定态度可以使它长期畅销,而否定态度则可以使它一蹶不振。一般情况下,经营者应使产品迎合人们已经形成的态度,而不是设法改变这种态度,因为改变产品设计和推销方法要比改变消费者的态度容易得多。

3.3 消费行为分析

在数字时代,物理空间不再是企业的必争之地,电商等线上渠道的出现让企业看到了数字化运营的前景。企业的市场战略也开始从占据物理空间开始向占据消费者的时间及心智转变。

数字时代,企业应致力于与消费者产生更多触点,通过触点更加了解消费者,从而为消费者提供更加个性化的产品及服务,进而让企业品牌及形象深深扎根于消费者的心智模型中，以此来拉近产品与消费者之间的距离，并提升产品的市场占有率。

3.3.1 需求多元，圈层崛起

移动互联网和大数据极大地改变了社会、文化和经济环境，改变了人们的思维、价值观和消费习惯。在这样的环境下，消费者的感性和期望必然受到影响与改变。企业从提供标准化服务向提供定制化服务转变，消费者对所消费的产品也从以前关注产品功用转变为关注产品情感价值，发展到关注产品体验。未来是体现个性消费的时代，随着科技的进步，产品的多样性会满足人们的消费需求，人们对产品的设计和使用的参与将促使个性化消费的成熟与完善。同时，产品的时代特征也由标准化、均质化转向个性化、异质化，最终过渡到产品社会化。有用、好用不再是人们对产品的追求目标，希望拥有才是当代人们通过产品提高生活品质的价值趋向。文化的多元性、价值的多元性、审美的多元性是当前时代的主要特征。

随着社会的发展，消费者的心理需求也将不断被激化和推进，一种需求得到满足，另一种需求又会产生，上一代人的需求满足了，新一代人又会产生更高的需求，如此反复、永无止境地向前发展。需求的无限发展性与科学技术的发展互相作用，成为人类社会发展的重要推动力。消费需求的发展趋势总是由低级向高级，由简单向复杂。

虽然每个消费者的需求各不相同并且千变万化，但在一定时期、一定的社会范围内，由于受到当时社会因素及环境的影响，人们往往会对某一种或某些商品表现出普遍的爱好，具有那个时代的特征。这是消费者需求受到多种因素影响，需求得到满足或实现，也可能被抑制或减弱而呈现出的特征，它因商品或服务的品种、水平的不同而呈现差异。一般来说，对耐用消费品需求的弹性较大，对日用品消费需求的弹性较小。

消费者心理需求的产生、发展和变化与现实生活环境有密切关系。生产技术的发展，商品的发展变化，消费观念的更新，社会时尚的变化，工作环境的变化，文化艺术的熏陶，包装、广告的诱导等，都可能使消费者的需求发生变化。

由此可以看出，消费者的需求是十分复杂的，它既受到消费者自身特点的影响，又受到各种外界因素的影响。时代变迁和社会环境的变化从方方面面影响着消费者的需求，使消费需求的内容、形式、层次不断改变和进化，并呈现出一系列新的消费趋向。

企业必须适应时代，丰富人们生活的多样性。企业的市场活动也从标准设计发展到企业设计，进而发展到市场设计，呈现多元化趋向。产品与服务设计由理性时代转为感性时代，能够引起诗意反应的物品逐渐增多。企业发展要满足并维护自然、文化和社会生态的多样性。在这个呼唤个性化、差异化的消费时代，消费的情景化、体验化初露端倪。

3.3.2 群体分层，消费分级

2018 年，拼多多的兴起和上市引发消费升级与消费降级之争。多数人认为拼多多的兴起不代表消费降级,而代表消费分层、分级。在这个过程中,消费升级依然是主旋律,但会在过程中逐步呈现结构性分化,导致逆消费升级现象频发,尤其体现在生活消费品领域。在差距不大的情况下,消费者不追求高价格、高效率、大品牌和优质服务,而是更多地追求物美价廉,这绝不是消费降级。

总体而言,目前中国经历的是消费分层下的消费升级,不同层级的消费群体都处在消费升级的状态,一、二线城市是商品消费向服务消费的升级,三、四、五线城市中,低线城市渠道能力强的大众消费品行业在不断崛起。因此,在线上交易方面,一、二线城市服务消费企业将脱颖而出,如教育、医疗、养老、人力资源等;三、四、五线城市中,低线城市渠道能力强的行业将得到进一步发展,如化妆品、金银珠宝、母婴等。

在大众消费经济时代,企业比拼规模、产能、品牌、质量等。而移动互联网、消费分级时代,网红带动产品销售的现象比比皆是。比如,消费者在网上看到一个美食类的重度垂直网红在公众号里面发表了一篇文章,推荐一款切菜的菜板,10分钟就销售了1.5万个,超过这一类菜板在全亚洲一年的销量!

大众消费经济时代,人找商品;圈层经济时代,即小众消费经济、消费分级的时代,商品找人,是一种分层分级的消费。每一种类型的用户都有不同的消费特征,都有他的社交圈层、喜好。消费需求不一样,所需要的商品功能、格调、品位也都不同。

2002年,娃哈哈的产销量第一次超过可口可乐,当时娃哈哈做对了两件事情:首先,在中国做一瓶水,定价一块钱,能够卖到全国;其次,把水卖出去以后还能把钱收回来。当时卖货能够赚到钱,不是靠"脑袋"往前冲,而是"腰"往前冲,"腰"指的就是全国的分销体系建设。但是今天娃哈哈已经衰落,在全国工商联发布的"2019中国民营企业500强"榜单上,杭州娃哈哈集团有限公司的最新排名为第156名。娃哈哈自2015年以来排名五连降,2019年较2014年排名下降138位,原因就在于分销体系的衰落,网络社交的崛起。娃哈哈的没落其实是中国消费升级的结果。当以农村市场为核心的娃哈哈没有跟上消费升级速度的时候,它就会被消费者所抛弃。现在的娃哈哈存在品牌老化、产品老化、客户老化、团队老化、渠道老化等问题。

今天,无论商家卖什么产品,冰箱、空调、洗衣机⋯⋯已经没有统一市场,每个人都活在不同的圈层中。每个人都会根据自己的年龄、审美、收入、区域特征去选择不同的品牌。所以,几乎所有的行业品牌都在彻底细分化。只要找到喜欢这个产品的人,就能打造一家非常好的企业,商品创新的空间巨大。

很多消费者完全生活在自己的圈子中。例如 IG 刷屏时,"70 后"很茫然;金庸的消息刷屏时,"00 后"很无感。大家每天只关注自己喜欢的公众号和真正投机的朋友,各种智能算法的推荐让人们只看到自己想看到的。

在小众消费经济、消费分级的时代,品牌传播的内容要更加真实,更加值得信任。只有真实的内容才能通过口碑传播,从而把消费者的注意力集中起来。大众营销变为精准营销，在各个不同的圈层进行高质量传播，才能将传播做得更精准。

那么，作为一个平台，怎样才能在圈层中迅速集结、转化呢？首先需要寻找一群对自身平台认同的人，通过紧密的互动，这群人与平台发生关系，去影响更多的人，最终形成平台专属的生活方式，这便是平台圈层营销的本质。

平台的圈层是波状辐射模型，如果把1 000名铁杆"粉丝"变成平台的KOL，这1 000个核心圈人员将会通过他们的社交媒体影响1万个人，平台的微博、微信、抖音、快手将有10万人关注，这10万人又能够影响周边的100万人，这就是KOL的魔力所在。

3.3.3 数字"Z世代"降临

"Z世代"泛指1995年后出生的年轻人。他们成长于数字时代，生活、学习观念承前启后，并且最早一批"Z世代"年轻人已经开始步入社会主流，越来越受企业重视。

年轻人的生活环境、行为习惯在发生变化，企业要针对年轻人做营销，就需要不断与时俱进。据联合国发布的人口调查统计显示，2019年，"Z世代"的人口数量超过"千禧一代"（指跨入21世纪以后达到成年年龄的一代人），占全世界总人口的比例达到32%。面对"Z世代"年轻人，企业需要找到合适的方法，以便快速建立品牌认知，形成消费决策。

数据预测分析机构Engagement Labs针对20世纪90年代中期出生的人群发起了一项调查研究，从他们的品牌喜好可以看出，科技和饮食品牌更受欢迎。此前，代际动力学中心（The Center for Generational Kinetics）也得出过类似的结论，"Z世代"将科技产品作为与家人和朋友互动的主要工具。

Engagement Labs的调查显示，iPhone在这一群体中被讨论得最多，这也带动苹果成为"Z世代"心目中流行的品牌。代际动力学中心的行为设计师希瑟·沃特森（Heather Watson）表示，一个13岁的孩子就可以用手机随时下单订外卖，并通过手机获得娱乐、社交等需求。

排在苹果后面的品牌分别是可口可乐、三星、耐克、麦当劳、沃尔玛和百事可乐，有一个趋势是，美国的年轻一代更关注个人健康，除了更热衷户外运动外，对于饮食的健康要求也有所提升，这就表现为可口可乐和百事可乐的市场影响力有所减退。从2013年至今，"Z世代"平均每天讨论可口可乐的比例减少了21%，百事可乐更甚，这一数字已经逼近50%。

每一代人都有特定的消费习惯，为吸引不同时代的消费者，商家需要不断调整营销策略。"Z世代"已成为市场上的主流消费群体。尼尔森的研究报告指出，"Z世代"生长于信息爆炸的年代，随着数字媒体的兴起与普及，这部分受众很容易对感兴趣的事物进行筛选，只有个性化营销才能抓住他们的喜好。

"千禧一代"和"Z世代"引领了新兴的消费市场，其带来的影响是广泛的。科技和娱乐巨头们已经深入体育直播领域，它们的商业逻辑支撑来自年轻受众对于内容消费习惯的引领。当然，科技不仅影响了广播行业，电商和零售业也遭到了颠覆，其中尤以体育用品行业的反应最为明显。

这种影响并不局限在C（Customer，客户）端，B（Business，企业）端也会主动接近新机会，即建立与新兴消费者的联系，在线体育用品零售商Fanatics的崛起就是最好的证明。据统计，全美在线授权的职业联赛体育用品销售总额占总销售量的比例，已经从10年前的1%上涨到如今的20%。电子商务革命的时机已经成熟，而Fanatics以灵活的产能和快速响应主导了市场。

詹姆斯宣布加盟洛杉矶湖人队，"粉丝"们几个小时之内就能在Fanatics的网站上买到詹姆斯的新球衣。在运营上，Fanatics也愈发向职业体育联盟或者俱乐部靠拢，以便能够获得更高级别的商品特许权，这是它与Amazon等传统电商平台最明显的区别。

因为更讲究自我，"Z世代"对时尚的追求越来越趋于多元化。不过，"Z世代"也变得越来越不可捉摸，其实很可能他们自己也不知道自己究竟喜欢什么；或者说，他们对某件事情（某个人）的喜欢时间正变得越来越短。这在某种程度上也是因为世界变化太快，新生事物（新人）层出不穷，让人眼花缭乱，难以专注。因此，如何能长期拥有这个善变的人群，是商家们需要共同探索的课题。

3.3.4　数字的跨次元价值凸显

虚拟偶像作为二次元文化和"粉丝"文化的产物，正在受到越来越多年轻消费者的喜爱与消费，AI虚拟偶像的背后是潜在的市场商机。

2019 ChinaJoy顶级盛会上，网易传媒旗下的虚拟偶像IP（知识产权）"曲大师"以"曲师师"的新名称登场，从前期编辑部主编进化为穿越自未来，在现世寻求人类知识、情感的机械姬人设，更符合当下短平快的短视频内容制作需求，给"粉丝"耳目一新的观感。

2019年7月19日，B站在上海举办的二次元主题歌舞晚会上，初音未来、洛天依、言和、乐正绫等虚拟偶像登台演出。一票难求的门票、频频尖叫的现场观众、呐喊助威的阵势等完全不输于头部偶像歌手的演唱会。

虚拟偶像的出现以及这一产业的兴起不是偶然，而是有着较长时间的技术与文化积淀。

虚拟偶像的诞生最早可以追溯到20世纪60年代。当时，贝尔实验室成功研制出了世界上第一台会唱歌的计算机——IBM 7094，它唱了一首充满电流感的 *Daisy Bell*。虽然这个会唱歌的计算机并不是真正的虚拟偶像，但可以把它当作现代虚拟偶像的一个雏形。

2007年，一家位于北海道的音声制作公司Crypton，借助虚拟音乐合成软件Vocaloid，推出了世界上第一位虚拟歌姬——初音未来。这个扎着双马尾，穿着超短裙的大眼少女，凭借一曲翻唱自芬兰波尔卡舞曲的《甩葱歌》风靡社交网络。

近两年，YouTube出现了在平台发布视频、与粉丝直播互动的VTuber（虚拟主播），虚拟偶像产业逐步从艺人模式的1.0时代，过渡到一个偶像类型更丰富、偶像打造模式更加多元化的虚拟偶像2.0时代。

虚拟偶像步入2.0时代的典型代表是绊爱酱。在YouTube平台上，绊爱酱既可以直播游戏，也可以分享自己的"日常"。自2016年在YouTube上开始第一次投稿活动以来，绊爱酱在YouTube上已经有超200万的订阅用户。

大多数人不能理解人们对虚拟偶像的追捧，认为这些都是不真实的，也是没有意义的。但对于很多喜欢的受众来说，虚拟偶像是一个全新的内容载体，有着完美的人设、不变的容貌、更易与"粉丝"亲近等特点，这些虚拟偶像更容易让"粉丝"代入自己的情感。

在国内，虚拟偶像市场在快速成长的同时，也吸引了大量品牌的目光。从2017年起，就有各类品牌尝试来用虚拟偶像做代言，如洛天依代言了百雀羚的森羚倍润补水保湿面膜，还专门为产品广告片推出了曲目《漂亮面对》。

实际上，创造虚拟偶像并不只是动漫公司和游戏公司的特权。随着虚拟偶像的开发，还出现了一种品牌自己原创虚拟偶像的现象，比如肯德基在2019年4月创造了虚拟版的上校爷爷，通过变身为虚拟KOL与消费者进行互动。

虽然商业化不是一件容易的事，但新的尝试从未停止。近几年，B站、腾讯、网易、抖音、巨人等互联网巨头相继入局，内容生产方也在尝试用新的模式接入虚拟直播，比如短视频平台千万级"粉丝"的二次元形象—禅小和尚、萌熊，动漫《狐妖小红娘》中的涂山苏苏等，也开始尝试进行直播，这些IP在游戏、动画、线下等模式上相对成熟，不需要投入太多精力即可在虚拟主播领域开拓和运作。相对来说，原生于社交网络和短视频平台的IP在短视频平台内部直播和引流的效果要好得多，可以期待，接下来国产原创形象IP的虚拟主播化也会成为虚拟主播本土化的机会。

此类跨次元经济实际上是指以动漫为产业的二次元经济，二次元已经打通了虚拟与现实世界的壁垒，成为跨代际沟通的重要语言和介质。现在，二次元的用户和受众已经达到了3亿多人，且逐渐呈现从虚拟世界向现实世界转移的现象，在整个二次元世界里出现了很多真实世界的事物，此外在真实世界里面也出现了很多二次元世界的事物。

跨次元的文化表现产品是动画、漫画、游戏和轻小说。当前跨次元文化的人群组合主要是二次元的模特、二次元线上社区、线下Cosplay（角色扮演）聚会等。随着时代的改变，次元化正从边缘到主流，获得更多线下空间和可视机会。我国跨次元的相关产品数量多，质量却不高，但是跨次元产业的前景非常好，估计未来5年内，会有自己的跨次元文化,而不是模仿韩日。次元化对于过去的虚拟和现实观念是一次重大冲击,是衡量新代际差异的最具革命性的符号标志。

3.3.5 顾客的"变"与"不变"

当大数据、云原生和人工智能在营销领域被普遍采用之后,许多品牌的声誉和市场份额都呈指数级上涨,以互联网思维为代表的营销理念应运而生。根植于传统社会固定环境中的营销理论体系已经不适应现代社会的商业环境,在解构成为主流话语的当下,品牌营销应该像"造浪"一样不断推陈出新,优衣库、可口可乐这些社交媒体时代的宠儿无不奉行这样的营销逻辑。小米的互联网思维"七字诀"也被众多营销人奉为圭臬,"专注、极致、口碑、快"似乎把营销人的注意力重新带到了产品导向的年代,以匠人精神打造"爆品",迅速迭代,就可以赢得口碑、纵横市场,无往而不利。小米的成功还颠覆了品牌成功的进阶顺序,以知名度、美誉度和忠诚度构建起来的倒金字塔营销模型落伍了,而以忠诚度、美誉度和知名度打造的金字塔营销模型备受追捧。

这些令人眼花缭乱的营销工具、理论、模型似乎让"以消费者为中心"的营销原则备受冷落,用户标签、大数据营销、精准传播等崭新的营销概念层出不穷,仿佛要将营销带入一个新世界。但仔细观察就会发现,这些营销理论的核心仍旧是"以消费者为中心"和"客户关系管理"。小米的互联网思维"七字诀"的核心是"口碑",离开了这个"以消费者为中心"的"根","专注、极致、快"的"叶"就将凋零。数字营销的关键在于消费者的互动和参与,共享、共鸣、共振、共情是互联网营销制胜的法宝。在数字营销时代,变化的只是修辞和话语,不变的是营销传播的逻辑起点——以消费者为中心。

【案例】

IBM 世界杯大数据营销

作为全球领先 IT 企业,IBM 品牌广为人知,但普通消费者对其大数据业务认知度较低。如何将大数据这一抽象的 to B 业务概念,以生动有趣的形式展现,让广大用户认知并理解 IBM 大数据业务?如何向他们展示 IBM 大数据业务的魅力和作用,提升 IBM 大数据及分析业务的认知度?如何形成 IBM 大数据业务合作实际范例,向潜在的业务合作伙伴决策者展现 IBM 大数据业务的价值,让他们增强合作信心?

一、营销目标

1. 向广大用户展现 IBM 大数据业务的魅力和作用,提升 IBM 大数据及分析业务的认知度。

2. 形成IBM大数据业务to B合作实际范例，并向潜在的业务合作决策者展现IBM大数据业务价值，奠定合作信心。

3. 设立关键绩效指标（key performance indicators, KPI），提升IBM大数据业务认知水平。

二、营销洞察

1. 大事件令网民舆论爆发产生海量数据，是大数据应用的最佳舞台。

2. 世界杯作为四年一度的顶级体育赛事，中国网民的关注度极高，是网民在社交平台抒发情感、表达观点的关键时刻，每天都有超过1.2亿人在社交媒体发声。大量社交舆论数据的产生，为IBM大数据系统创造了丰富的分析素材，同时也是IBM大数据业务为更多用户所知的最好时机。大数据能将世界杯球迷的情绪和性格清晰呈现，让我们认知更多。

3. IBM携手腾讯，首次将大数据分析融入大型体育赛事报道中。IBM运用文本分析和心理语言学技术，实时抓取和分析世界杯期间社交媒体数据，再由腾讯从数据结论中挖掘选题，包装产出多样化内容，为用户奉献更多维更精彩的报道。

三、执行过程

腾讯联手IBM开展战略级合作，成立世界杯项目联合团队，完成项目执行。

1. 腾讯基于Mind Lab的数据积累及丰富的报道经验，分析预判本届赛事用户关注热点，产出3个维度120个热点关键词。

2. IBM为腾讯世界杯报道定制大数据分析系统，依据其对舆情的智能文本数据挖掘和关联性分析，结合心理语言学模型，获得用户关注热点背后的洞察，构建球迷画像。

3. 腾讯每天挖掘数据结果中的洞察，依据洞察形成报道选题，再将趣味的洞察转化成可视化内容，从而为用户奉献更精彩的世界杯报道。

四、媒体策略

将大数据与实时支持率呈现、赛事图文报道、娱乐视频栏目及数据图解析专题融合，针对"资深球迷"和"围观用户"等不同人群的偏好，产出适合不同用户的内容。

1. 每一刻，球迷通过社交媒体为自己喜爱的球队呐喊，在腾讯流量最大的64场比赛专题页面，实时呈现对战双方支持率——德国队的支持率一路飙升，最终超越东道主巴西队，成为人气冠军。

2. 每一天，都有一篇赛事报道融入社交媒体大数据的热点和洞察，产出32篇更吸引用户的图文内容——阿根廷在本届世界杯上成功超越意大利、西班牙，成为女性球迷最关注的球队。

3. 每一周，我们都会通过视频栏目《飞鱼球迷秀》盘点一周的焦点话题，八卦趣味解读世界杯——究竟谁才是女性球迷眼中的男神？C罗不出意外地获此殊荣。

4. 每一位，最受关注球星，描绘其球迷性格画像，结合两期《算数》栏目，数读世界杯——原来梅西的球迷都是玻璃心，而巴神的球迷脾气都很火爆。所有内容合作中，均突出呈现数据分析来自 IBM，潜移默化中提升用户对大数据业务认知。

五、创新价值点

合作报道内容表现超乎平常：

1. 64 场比赛实时支持率总曝光 252 968 153 次，所在专题页面较其他同级页面流量平均提升 50% 以上。

2. 32 篇社交数据分析报道总曝光 3 244 608 次，较其他报道文章平均阅读量提升 130% 以上，其中移动端阅读量占比 94.5%。

4. 4 期《飞鱼球迷秀》总播放量 31 485 000 次，较该栏目同期平均播放量提升近 140%。

4.《算数》栏目合作单期浏览量 1 291 102 次，较栏目平均浏览量提升 60% 以上。

5. 内容集合 Minisite 总曝光 801 584 次，Minisite 中的广告通栏点击率是 IBM 常规广告点击率均值的 20 倍。

6. 项目期间投放的所有广告平均点击率，是 IBM 常规广告点击率均值的 12 倍。

尼尔森品牌调研显示 IBM 大数据认知度明显提升，达成 KPI：

（1）82.8% 的访问用户对 IBM 大数据相关内容产生记忆。

（2）92.7% 的用户认为大数据相关内容对其多维度了解本届世界杯提供了帮助，并有 94.9% 的用户表示会持续关注大数据相关报道内容。

（3）IBM 品牌整体认知度提升 22.8%，大数据及分析业务认知度提升 29.9%。

（4）To B 价值凸显，触及核心目标群体：项目推广期间，30 个 to B 潜在用户通过各种方式咨询并表达合作意向，成为 IBM 大数据业务线索。在 IBM to B 业务以往的广告投放中，从未获得如此多的业务线索。

第4章 数字广告

互联网电影的智能推荐系统

随着信息技术的发展,视频内容充斥整个网络。视频网站上存有大量的影片,如果用户通过翻页的方式来寻找自己想看的电影,可能会感到疲劳甚至放弃观看。虽然很多视频网站都有搜索引擎可供用户直接搜索目标电影,但这类搜索是针对有明确目标的用户的,对于无明确观看目标的用户来说,急需一种能让用户发现自己所喜欢内容的方法,对于内容供应商来说,它们也需要让电影内容能够展现在对它感兴趣的用户面前,从而实现内容供应商和用户的双赢。

互联网电影的智能推荐系统运用数据挖掘的方法实现对用户行为的分析,把合适的电影内容推荐给喜欢它的用户。智能推荐系统是数据挖掘的一个重要应用,在网络中已经有很多应用的范例,网络视频的崛起为这一技术提供了新的应用领域。

近年来,以网飞 Netflix 为代表的视频提供商纷纷实现了个性化智能推荐功能,Netflix 60%的内容通过推荐获取。优酷、土豆、爱奇艺、乐视、腾讯等视频提供商都不同程度地实现了个性化推荐。

大数据营销的流程是指在合适工具的辅助下,对海量的不同结构的数据进行采集和处理,并按照一定的方式进行存储,最后利用合适的模型对存储的数据进行分析与挖掘,以对营销战略和策略的制定与实施进行全方位的指导。

4.1 数字广告的定义和发展

互联网在国内发展了二十几年,但数字广告的兴起也只是这几年的事。真正意义上的第一个数字广告案例可以说是 2010 年微博发出的第一条热点——北京大雨后某品牌的营销,这是第一次带有营销目的,同时具备网民参与、事件热点、评论、转发要素的数字广告传播。那么我们怎么样去定义数字广告的概念呢?

4.1.1 数字广告的定义

数字媒体的崛起,从源头上改变了广告的内容和形式,在渠道上丰富了广告传播的媒介,在终端上改变了广告受众的心理和行为,从而使广告行业呈现出新的生态。

数字广告是以信息科学和数字技术为载体,以产品、理念或话题为互动内容,通过创新的互动形式有效地组织一系列文字、图形、图像、声音、视频影像和动画等数字媒体,以分享、互动、主动为特点的广告信息传播模式,它拥有病毒广告、互动广告、搜索引擎广告、社群广告等多种新的形式,形成线上广告、线下广告整合的广告格局,从而更好地引发人们对广告传播内容的共鸣。数字广告基于数字媒体进行传播,其营销创意和互联网媒体技术有很大的关系。数字技术的发展改变了广告的环境和人际传播关系。数字广告以讲故事的方式、精准的投放、免费媒介的广泛使用、互动的广告形式,以及以用户为中心等特点得到了快速发展和成长。例如,百雀羚数字广告:《一九三一》,通过一镜到底的长图文广告形式为用户讲述一个民国时期女特工的有趣故事,成为广告界的经典营销案例(图 4-1)。

图 4-1 百雀羚广告《一九三一》

4.1.2 数字广告的发展

数字广告发展迅猛,在短短几年的时间内给广告行业和人们的生活方式带来了很大的变革。微博、微信等社交媒体带动了人际关系的传播,病毒视频、微电影、社交广告等创意形式的发展推动了广告行业的发展。

1. 微电影的崛起开启了电影数字营销的序幕

随着《酸甜苦辣》系列微电影的诞生,2010年被业界誉为微电影数字营销的开元之年(图4-2)。以凯迪拉克轿车的《一触即发》、雪佛兰冠名的《老男孩》以及益达"酸甜苦辣"系列等为代表的微电影广告,几乎在一夜之间暴红,各视频门户网站、电影导演、知名企业、营销公司以及风投资本对微电影争相追逐。微电影借助电影的叙事手法,将产品信息融入故事中,能够更深入地展现品牌形象、渗透和推广品牌理念,达到"润物细无声"的效果,深受广告主的喜爱,同时微电影的故事性也给用户带来了极大的分享乐趣,促进了二次传播。微电影以此开创了在数字营销领域的先河。

图4-2 益达系列微电影《酸甜苦辣》

2. 传统品牌企业的转型顺应了数字广告的发展

近年来,一些品牌企业从传统的广告中脱离出来,在数字化营销策略上做出了大动作。例如,阿迪达斯减少电视广告的投放,而将更多预算转移到数字渠道上;星巴克和微信联手推出具有社交和礼品赠送功能的"用星说"平台,正式开启了星巴克社交数字化消费的序幕;美国日用消费品巨头宝洁公司提出媒介透明化议题,欲提升数字广告下的品牌收益;珠宝腕表品牌企业施华洛世奇利用微信小程序开展了一系列数字化营销活动。聪明的广告主将更多的预算投放到数字化渠道中,包括但不限于手机终端、社交网络平台、搜索引擎等。显而易见的是,在数字化营销的大浪潮中,有不少传统企业已经在这波巨浪中扬帆起航,更有几个品牌企业一路高歌、势头强劲,如百雀羚、雕牌、泸州老窖这三个品牌企业在数字化营销中都有不俗的表现。

纵观以上传统品牌企业的营销行为,经营者们已经意识到数字化营销带来的品牌收益和产品价值是传统营销不可比拟的。在具体的创新营销事件上,以上传统品牌企业仍有做得不足之处。比如现象级广告百雀羚的《一九三一》,在凶猛的刷屏状态下捧红了品牌,却仍旧没有让大众记住爆款产品;再如桃花醉"傍"上了粉丝经济下的热播剧,在年轻观众心中留下了印象,但后期泸州老窖没有及时制造更多的消费场景和消费渠道,没有利用长尾效应来进一步塑造桃花醉产品 IP 并提高销售转化率(图4-3)。即便如此,百雀羚、雕牌、泸州老窖根据自己的品牌定位和企业文化,在数字化营销上的尝试也为其他传统品牌企业的创新营

图 4-3　泸州老窖桃花醉产品 IP

销提供了切实可行的参考依据。数字化转型是营销环境下的大势所趋,在高质量产品和服务这一前提下,怎样做好数字化渠道的探索和优质内容的升级是每一个品牌企业都需要面对的难题。

3. 大数据时代的到来加速了数字广告的发展

数字广告应用了精准的大数据和先进的互动传播新技术,采用了更加合理的互动传播模式,突破了时间和空间的限制,信息传播无论是在量上还是在速度上都远远超过了传统广告。同时,数字广告提升了用户接收或传播广告信息的便利性、低成本性和时效性。尤其是数字广告全新构建的传受双方主体间的关系,无限释放了用户的广告参与热情,激发了他们创作广告、传播广告的欲望。数字广告的精确性、高渗透性,使其能更好地进入到人们的日常生活。在大数据时代背景下,数字互动营销具有移动化、智能化、感知化和精准化等特点。

4. 人机交互技术的发展提升了数字广告的体验

在竞争激烈的市场环境之中,具有人性化用户界面的广告机和数字标牌更容易赢得客户的青睐。随着应用领域的不断扩大,广告机和数字标牌已经变成一种商品,帮助企业宣传其产品。自然的人机交互界面与和谐的人机交互环境已逐步变成信息世界关心的焦点。面对市场的需求,各大厂商纷纷进行交互式技术产品的研发与推广,带有触摸屏的广告机、查询机等一系列应用互动式技术的产品接踵而至。随着平板电脑使用者的与日俱增,越来越多的用户习惯了人机互动交流。触摸屏的普及为数字广告的发展打下了

基础。

例如，消费者利用触摸屏，可以把一件毛衣和一条宽腿裤从衣橱里拖出来，放在虚拟模特的身上，然后看他们穿着是否合身（图4-4）。

图 4-4　虚拟试衣体验

触摸屏手机及各类平板电脑等触控式显示设备的问世，皆说明交互式技术在当前数字显示市场占据着不可或缺的地位，由此可见，为加快数字标牌行业的发展，必须优先进行交互式技术的创新应用。在广告机行业中，人机交互本质上是人与数字标牌的交互。在交互设计子系统中，交互是内容和灵魂，界面是形式和肉体；然而在大的产品设计系统中，交互和界面都只是解决人机关系的一种手段，而不是最终目的，其最终目的是解决和满足人的需求。交互设计是从属于产品系统的，是对成功的产品设计的一种强有力的支持与完善。

数字营销正处于一个变革和创新的时代，其营销的模式也在不断创新。越来越多的广告主将营销预算向数字广告倾斜，数字广告产业将迎来发展的黄金时期。数字广告产业规模的扩大和数字广告公司专业代理能力的提升，将会大大加速中国广告产业数字化转型的进程，提升中国广告产业的国际竞争力。

4.2　数字广告相对传统广告的优势

互联网的发展以及数字广告的崛起，对传统的广告和广告公司形成了很大的冲击。广告界一直对传统广告和传统广告公司已淘汰死亡一说褒贬不一。对于传统广告已经没落的说法,最大的误解在于把传播媒介当成广告的全部。传统广告和传统的广告公司主要的传播媒介是报纸、杂志、广播、电视这四大大众媒介,这种说法把媒介的变更和没落当成是传统广告的没落。如果我们对传统广告进行分解,就会发现传统广告包括创意内容和搭载媒介两部分。

首先是广告的创意内容。传统广告的创意内容主要是产品的卖点和其他需传播的信息,经过大约二十年的发展,广告的场景、形式、技术都在变化,但是广告的创意和核心内容一直没有变。

其次是广告的搭载媒介。传统广告多以平面广告和电视广告(Television commercial,TVC)为主,随着互联网和智能科技的发展,媒介的创新引发了用户生活习惯的改变。媒体在哪里,人就在哪里。这是令传统媒体衰退,严重影响传统广告发展的主要原因。

无论是传统广告还是数字广告,核心的创意是永恒不变的。从内容上看,传统广告基本上是通过信息的传递和整合,利用线下渠道进行销售;但数字广告需要我们去讲情怀、讲故事、讲态度,通过有故事的内容和用户进行沟通交流,形成互动和二次创作。从媒介上看,传统广告主要依靠媒介大量覆盖,但数字广告更多依靠的是人际互动和分享。数字广告需要内容制造者、媒体运营者、平台拥有者、科技创新者的多元协同和整合。在新媒体兴起的环境下,媒体格局、舆论生态、受众对象等也都在发生深刻的变化,在利用新技术、新传播环境的优势时,我们应深刻认识到,无论技术、环境如何变化,我们都应该遵循以内容传播为主的基本原则。

4.2.1 内容丰富

数字广告以内容为王,通过丰富多样的内容与用户进行分享、交流。相比以平面广告和 TVC 为主的传统广告,数字广告的内容全面、丰富,灵活多样。有对品牌进行链条式故事性表达的,如百雀羚就以长图的形式讲述《一九三一》的品牌故事,把整个品牌故事、工艺流程清晰地呈现了出来;有以系列微电影进行故事性概念表达的,如小熊电器"爱不停炖"系列微电影,通过创作三部微电影进行年度计划广告传播,从亲情、爱情、家庭角度进行表达;有以系列社交平面广告或者系列纯文案方式进行表达的,如超能洗衣液就围绕"超能女人"的概念以 12 个系列文案广告进行传播,全面洞察女性生活,透彻表达女性的心声(图4-5)。

图 4-5 雕牌新家观第一季海报节选

4.2.2 传播媒体多元

早期的互联网广告其实在很大程度上还是用横幅、弹窗、条幅等方式在学习传统媒介，但后来发现，这些老办法在互联网媒介环境下是行不通的。因为传统广告需要依靠媒介力量，而互联网的媒介介入性太低了，需要通过讲故事、讲内容、讲情怀来提升互动性。随着互联网的发展，媒体技术促进了广告创意形式的发展，广告内容开始搭载着丰富多样的媒介进行传播。在整个创意营销活动中，我们可以通过社交媒体，比如双微（微信、微博）进行传播，也可以在片头进行单片式的视频媒体投放，还可以通过短视频APP围绕概念进行内容生产，同时也可以通过线下的户外、地铁等媒体进行广告传播。

在数字广告中，我们可以通过自媒体进行内容生产，创作系统性核心故事内容，再以单片式图片形式投放到新闻资讯、电商、视频、APP等媒体的核心首页，引导用户通过点击图片进入核心故事内容。例如，我们打开商城或者新浪、腾讯页面，会看到首页广告位有很多滚动式的广告画面，点击广告就直接进入宝贝详情页或者内容链接页；打开视频会有单片式广告，视频中间也会插播广告图片等。

我们也可以通过社交媒体直接进行内容投放，吸引用户的转发、评论。例如，在朋友圈转发广告内容；还可以直接把核心内容里面的视频投放到各大视频网站，如作为视频前面的30秒或20秒广告，以获得更多用户的转发来进行二次传播。如果广告概念足够吸引用户，可以引导用户对核心内容的广告概念进行二次创作，生产用户原创内容（User Generated Content，UGC），如进行短视频创作。同时，我们也可以在直播网站进行更直接的产品植入和导购，直接促进销售。

【案例】

天猫"双十一"活动

天猫"双十一"活动的媒体传播通过互联网整合网站、电影院、地铁流媒体、微博、微信……利用多种媒体，将线上、线下全打通，把移动H5、视频直播、明星与粉丝互动、VR与AR等各种技术和创意设计结合在一起，形成内容营销。因此，数字广告就是运用了数字整合营销思路，通过整合线上线下媒体进行的品牌营销（图4-6）。

图 4-6　天猫 2016 年"双十一"活动中的"穿越宇宙的邀请函"

4.2.3　创意类型多样

传统广告多以平面广告和 TVC 为主,而数字广告的类型更加丰富多样。数字广告的创意类型有动态化平面广告、H5 广告、二维码技术广告、微电影、视频广告、网站互动广告、APP 应用、游戏广告、互动装置、图像识别、LBS 定位、温度感应、重力感应、遥控视频、触屏等。基于社交媒介免费和无门槛的特性,我们可以创作 8～12 张系列性社交平面广告,这相比传统广告的单张主画面(Key Visual,KV)来势更加凶猛,能引发人们的反复记忆。比如天猫 2016 年的"双十一"创意活动,就结合了社交平面创意广告、H5 创意广告、IP 喵表情包等形式,还联合天猫店 100 个品牌创作了 100 个平面广告,同时还以晚会狂欢等创意形式进行营销;雕牌洗衣液在三八妇女节于北京、上海、广州等大城市的地铁上布置了 80 张系列广告;"鸭鸭惊"鸭脖子品牌创作了 24 张文案段子平面广告。

平面广告可以加入动态技术,进行动态海报传播,也可以结合品牌创意内容进行 H5 广告制作,给用户带来有趣的动态体验,或者利用视频媒体资源,进行微电影故事创作,这样更能打动用户,引起共鸣,如《酸甜苦辣》系列益达广告、《平凡的大众》系列大众银行广告等都是比较成功的作品。我们还可以用现在流行的短视频平台进行原创视频拍摄,吸引更多的年轻人观看和互动。另外,如果预算充足,我们还可以结合一些媒体新技术,如人工智能、虚拟现实、重力加速度、小游戏、二维码技术等进行创意创作,加强和用户的互动,使效果更直观。

4.2.4　注重用户体验和互动性

互联网数字广告以"内容为王",更注重用户的体验和互动。数字广告加入了动态的视觉表现和数字化的创意互动技术，给用户带来生动的动态体验和情感体验。动态的角色或者海报设计形象生动，能给用户带来丰富的情感体验。

4.3 数字广告的媒体选择

数字广告搭载数字媒体进行信息传播和交流。匹配平等、有效的传播路径，是广告设计的核心步骤。如何正确使用数字媒体是创作数字广告时必须考虑的问题。

4.3.1 数字媒体的选择

数字媒体充当着信息传播的载体和技术手段，其目的是更方便、全面、高效地服务于品牌的信息和内容，进而激发广告创意的活力。从广告主的角度看，用户在哪里，广告就应投放在哪里。所以，在选择数字媒体时应着重考虑以下几个方面：一是要选择能获得更多曝光率和阅读量的媒体进行投放；二是要方便品牌进行各方面的内容定制，可以同时满足讲故事、发海报、使用gif动图和视频等需求；三是方便用户进行评论、转发以及二次创作和传播，这是较前两点更为重要的考虑因素，因为它能使产品最终获得用户关注，促成用户购买。

社交媒体具有满足人们的社交需求，产出内容，可以同时进行点赞、评论、转发以及免费、无门槛等方面的优势。这些优势既满足了运营者和客户的需求，又与数字广告的需求相吻合，所以社交媒体常常是客户和运营者首选的媒体。热门的社交媒体包括微信、微博、QQ论坛和UGC（用户生成内容）媒体。2021年微信月活跃用户数量已经超12亿，有效占领了中国互联网市场，而微信用户的信息接触点大部分来自微信公众账号。因此，微信公众账号已成为目前数字广告首选的媒体。另外，从品牌塑造的角度来看，微信和微博已成为品牌运营的两大平台，简称"双微"。

从营销的角度看，微信公众账号相当于品牌的门户网站，所有的内容都通过微信公众账号进行统筹和落实。微信公众账号的内容可以根据策略进行媒体组合投放，也可以分成单个内容投放到各个媒体，如视频可以单独投放到优酷等视频网站，平面广告也可以以单片形式投放到其他媒体。

另外，在互联网上，动态表现效果和情节性故事更能吸引用户，因而视频媒体是广告传播的重要选择。对于在社交网络媒体上获取信息的用户来说，以短视频为主的富媒体已经成为他们的第一选择。而随着移动互联网的大面积普及，人们也越来越倾向于随时随地以短视频分享个人动态。短视频可以更加直观地满足用户的表达和沟通需求，同时满足人们展示和分享的诉求。

据中国互联网络信息中心（CNNIC）发布的第 52 次《中国互联网络发展状况统计报告》，截至 2023 年 6 月，短视频用户规模 10.79 亿。2020 年泛网络视听领域产业的市场规模为 6 009.1 亿元，较 2019 年增长 32.3%。其中，短视频领域市场规模达 2 051.3 亿元，占整体市场的 34.1%。

4.3.2 社交媒体

那么，怎么定义社交媒体（Social Media）呢？社交媒体指互联网上基于用户关系的内容生产与交换平台。

社交媒体是人们彼此之间用来分享意见、见解、经验、观点的工具和平台。现阶段，国内社交媒体主要包括社交网站、微博、微信、直播、论坛等。社交媒体在互联网的沃土上蓬勃发展，爆发出惊人的能量，其传播的信息已成为人们浏览互联网的重要内容，不仅制造了人们社交生活中争相讨论的一个又一个热门话题，还吸引着传统媒体争相跟进报道。

社交媒体是用来社交的，内容是由用户而不是平台开发者创造的。用户并不关心自己用的是哪一个平台，更在意的是"我的朋友们在用哪一个平台"。微信是 2011 年推出的，短短几年发展迅速，大家可能都忘记了自己是何时从 QQ 转换到微信的。广告要在人际之间传播，人在哪里，广告就要投放在哪里。因此，当前社交媒体充当着数字广告传播的重要载体，给用户提供了一个交流和互动的平台。

社交媒体目前以微信、微博为主要代表，它们除了满足用户的社交需求外，还支持用户自行生产内容。其中，微信又以微信公众平台作为大众化传播的主要内容载体，用户可以利用公众平台账号进行自媒体活动，即进行一对多的媒体活动，如商家可以申请微信公众服务号，通过二次开发展示商家微官网、微会员、微推送、微支付、微活动、微报名、微分享、微名片等，这已经形成了一种主流的线上、线下微信互动营销方式。微信公众号设置了 3 种不同功能的账号类型：服务号、订阅号和企业号。

微信公众平台服务号旨在为用户提供服务，功能如下：

（1）1 个月（自然月）内仅可以发送 4 条群发消息。

（2）发给订阅用户（粉丝）的消息，会显示在对方的聊天列表中，对应微信的首页。

（3）服务号会显示在订阅用户（粉丝）的通讯录中。通讯录中有一个公众号的文件夹，点开可以查看所有服务号。

（4）服务号可申请自定义菜单。

微信公众平台订阅号旨在为用户提供信息，功能如下：

（1）每天（24 小时内）可以发送 1 条群发信息。

（2）发给订阅用户（粉丝）的消息，将会显示在对方的"订阅号"文件夹中。点击两次才可以打开。

（3）在订阅用户（粉丝）的通讯录中，订阅号将被放入订阅号文件夹中。

（4）个人只能申请订阅号。

微信公众平台企业号旨在帮助企业、政府机关、学校、医院等单位和组织建立与成员、上下游合作伙伴及内部 IT 系统间的联系，并能有效地简化管理流程，提高沟通和协同效率，提升组织对一线成员的服务及管理能力。

微信公众账号是基于官方平台进行申请的，它使用方便、传播迅速、互动性强、转发方便，已成为广受企业和个人青睐的平台，其服务号和订阅号已经成为企业发布消息、进行广告宣传和内容传播的主要载体。数字广告公司在进行数字广告整合营销过程中，公众账号是必不可少的传播媒体。以下是天与空广告有限公司联合淘宝企业共创月饼品牌进行公众号内容生产的案例，在标题、创意概念、营销思路、包装创意和设计表现方面都较有特色。

【案例】

这可能是史上最不正经的月饼

在大家纷纷为甜五仁和咸蛋黄打 call 的时候，天与空广告有限公司为淘宝打造了主题为"淘宝中秋 mix，混出新奇"的品牌战役，让大家的中秋节画风突变，因为你肯定从未见过如此不正经的月饼（图4-7）。

第一招，"辣眼睛"海报留悬念

淘宝特制了一款让人秒变表情包的神秘月饼，让大家猜口味领月饼。魔性的画风使得网友为了揭开谜底纷纷大开脑洞：苦瓜味、芥末味、臭豆腐味、榴莲味……千奇百怪的回答，分分钟刷新你对月饼的认知。最终，答案在万众期待中揭晓，它就是淘宝特制辣月饼（图4-8）!

图4-7　月饼海报设计

图4-8　辣月饼海报设计

第二招,奇葩月饼秒变高大上料理

当辣月饼刷新网友新奇度的时候,淘宝又放出了第二波大招,用奇葩月饼混搭高级食材,做出了一系列黑暗料理。身为一名"吃货",赏月的时候错过这些美味,你的良心不会痛吗(图4-9)?

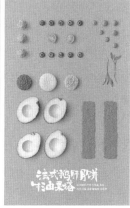

图4-9　月饼料理海报设计

第三招,淘宝MIX,混出神奇好货

把月饼玩出新花样之后,淘宝又把目标瞄准了其他品类,刮起了mix旋风。只要你上淘宝搜淘宝mix,就可以搜到各种神奇好货,每一款mix商品都足以惊爆眼球(淘宝)(图4-10)。

图4-10　混合月饼海报设计

这场在中秋节前为你奉上的豪华mix大套餐,有没有让你整个人都新奇了呢?虽然月饼那么不正经,但是混出了新奇。你也可以把自己喜欢的东西mix一下,说不定有意外惊喜呢?

4.3.3 （短）视频媒体

据调查，不少人在刷微博的时候，上划的速度越来越快，并且停留在一条信息上的时间往往呈这样的排列：短视频＞gif 图＞图片＞纯文字信息。这个习惯说明人们对动态化的事物更感兴趣。互联网传播过程中，动态的视觉表现和富有情节性的视频更能吸引用户的关注，广告也要随着用户的喜好进行投放。因此，视频网站、视频 APP 会更加受到广告商的青睐。像腾讯视频、优酷视频、百度视频、爱奇艺视频等视频网站不但可以投放微电影，还可以在片头插播单片平面广告。视频广告或者单片平面广告一般投放在综艺节目、搞笑视频、微电影等热门视频中，带给用户故事性体验。

随着数字技术的发展，很多短视频 APP 的界面也进行了调整，其首页以短视频形态为主，如某品牌的广告"用视频，认识我"就体现了这种趋势。即使是被称为知识社区的知乎，也开始支持 gif 图片和视频，以顺应这种趋势。在这个移动互联网时代，用户娱乐时不再只是看电视节目，更多的是看各类娱乐、八卦、搞笑、消遣的短视频。对于数字广告来说，如何利用这种趋势做好视频营销是一个重要的课题。面对短视频时代的全面到来，不少品牌已经做出了有针对性的营销改变。例如，优衣库在 2017 年冬天针对其羽绒服的上市，推出了 6 段魔性视频，每段视频长 15 秒，视频中的主角分别用闽南话、广东话、东北话、山东话、上海话、四川话唱 rap（说唱），表达优衣库羽绒服带给消费者的轻薄感受。优衣库的这个方言版系列视频，利用时尚有范的产品与接地气的方言形成的趣味落差，引发了不少 UGC 的产生。

每年爆红的短视频平台都不一样，注册用户、日活跃用户以及上传短视频数量都是短视频平台是否火爆的衡量标准。各平台都在音乐渲染力、整体风格、核心人群文化程度等方面打造自己的定位，极力引发用户"秀一把"的欲望。

在短视频社交时代，也可以看到一些平台方的变化。例如，淘宝着力制作短视频内容，整合直播流，努力从纯电商平台转化为附带内容营销属性的电商平台。陌陌在惠普笔记本的营销之后，吸引了阴阳师、海尔、荣耀等品牌的关注，这些品牌与陌陌进行了红人营销的合作，包含直播及短视频红人营销。陌陌借此顺势推出了基于平台视频红人的"陌陌明星"营销平台，开始为品牌主提供集内容生产、内容分发、内容互动、内容转化为一体的视频营销解决方案，陌陌也从基于地理位置的社交平台逐渐成为顺应短视频时代的内容营销社交平台。

社交媒体和视频媒体已经成为数字广告传播互动常用的数字媒体。随着移动互联网的发展以及网民获取信息习惯的改变，gif 图片、音频、视频已成为社交网络信息流中越来越重要的媒介形式，从 TVC 广告营销到短视频营销，UGC 营销由文字、图片到短视频，由冠名、植入式营销到与机构或自媒体定制短视频栏目，这些现象将会越来越多地发生。

【案例】

佰草集的数字营销

如今的佰草集早已不是当初被戏谑为"中高端市场的骚扰者"角色，而是独步中医、中草药护理江湖之大佬，拥有护肤、洗浴、精油、香薰、香水等多个产品品类。据其官方数据，2012年，佰草集仅在中国市场的营收就达25亿元，同比增长30%。在欧洲市场，佰草集也因其"中国风"和独特的产品功效拥有极高的人气。

然而面对现在越来越年轻时尚的目标消费者，佰草集必须调整自己的品牌传播渠道，实现其一直以来提倡的"精准营销、巧传播"的传播模式。目前，佰草集的核心消费人群是25～35岁的都市白领，这些人对网络的依赖性非常高。

事实上，从最初的Web 1.0到现在最新的Web 3.0，佰草集始终在不断试水新的网络营销手段，加大了数字营销的力度。2011年，佰草集拍摄了名为《逆时·恒美》的微电影。该微电影上线后极其火爆，获得大量点击与讨论，被称为"感动3 000万网友的微电影"。同时，基于电影推广、创新游戏和品牌互动三个目的开发的APP游戏也正式上线。网友只需对着电影画面轻挥手机，就能抓取"佰草图腾"，参加逆时恒美系列产品的抽奖活动。其微电影和APP应用的运作已经完全脱离了传统的品牌内容生产模式，营销注重趣味性，并努力吸引消费者主动进入店铺。据悉，活动期间，佰草集官网访问量和在终端的销售额均有明显增长。

另一个例子是佰草集"发现中国美"的整合营销。该活动将"中国美""国际化"信息融入整个传播主线，通过网络平台进行会员数据库营销，并通过消费者口口传播，扩大活动传播声量，提升品牌形象的同时吸引并发展新顾客。该活动吸引了近8万人参与，带动终端近7 000万元的销售额，并成功吸引超过1万名新会员注册。

如今，佰草集不仅开通新浪微博、腾讯微博、搜狐微博、网易微博，注册开心网和人人网账号，还开通了专门针对海外市场的Facebook、Twitter账号。其中，其新浪官微粉丝超过30万人。纽约大学的数字营销研究机构曾对100个高端品牌在中国市场的数字化成效进行评估，根据"官网本地化""移动适应性""社交媒体运用"和"数字营销表现"等四个维度，匡算出品牌的"数字智商"并排出座次，佰草集位列第23。这是唯一上榜的中国本土品牌。

数字营销

第5章 社会化媒体营销

【导入案例】

星巴克是如何玩转社交媒体营销的

社交媒体营销已经是海外营销的必要手段,超过97%的营销人员在使用它,但社交营销方法千百种,该怎么做才最受消费者青睐?说到社交媒体营销,就不得不提到忠实信徒星巴克。Facebook(脸书)、Twitter(推特)和Instagram(照片墙),星巴克都没有缺席过。在拟定你的社交媒体营销策略前,不妨参考星巴克这儿项有趣又成功的社交营销策略。

一、Facebook + Twitter 推广新产品

2011年,星巴克为了促销新推出的黄金烘焙豆咖啡开发出 Facebook APP,让消费者通过程序获得新产品信息、享用免费的黄金烘焙豆咖啡,并传送电子卡片给朋友。星巴克也在 Twitter 上宣传这项活动(图5-1),并通过文章将消费者导引到 Facebook 网页。

二、季节限定、任务促销双管齐下

南瓜拿铁是星巴克秋季限定的产品。季节性的供应令消费者感到物以稀为贵,使得南瓜拿铁更具吸引力,尤其是就爱这一口味的星迷们。星巴克深知这个道理,

图5-1 星巴克在 Twitter 上介绍黄金烘焙豆咖啡信息

于是在 Facebook 上推出"为自己城市喝彩"的活动。粉丝只要在 Facebook 上投票给自己的城市或完成其他任务,胜出的城市就能优先享受到星巴克的季节性产品南瓜拿铁

（图5-2）。

图5-2　抢先喝南瓜拿铁的任务促销

三、Twitter送礼券帮消费者传情并取得使用者资料

2013年10月，星巴克推出赠送5美元咖啡礼券的促销活动（图5-3）。消费者只要登录星巴克账号，输入信用卡号码，再于Twitter上发布@tweetacoffee给受礼者，星巴克就会传送5美元的电子礼券给你的朋友。对方可以凭礼券换取咖啡。这项活动大为成功。研究机构Keyhole调查发现，短短两个月内，就有27 000人用礼券换咖啡，而且超过三成的人买了不止一张礼券，换算下来，星巴克进账了18万美元。更重要的是，星巴克因此取得了54 000名顾客的Twitter账号、手机ID与顾客ID等信息。

图5-3　用Twitter送咖啡礼券给朋友

四、呼应时事的广告与主题标签

星巴克对于主题标签的使用也相当热衷。除了在 Facebook 上用#TreatReceipt 主题标签来宣传"上午买咖啡,下午享优惠"的活动,星巴克还善用其他标签,将触角深入消费者讨论串。例如 2013 年初,大风雪 Nemo 袭击美国,没多久,Facebook 和 Twitter 就出现在寒冬中握着热咖啡的星巴克广告。星巴克更利用#Nemo 与#blizzard 等标签,让品牌与产品跟消费者生活紧密相扣。

五、用幕后群像拉近与消费者的距离

当竞争对手努力用主题标签攻占 Instagram 版面时,星巴克却选择无声胜有声,单纯分享公司内部的有趣图片与各地消费者的照片(图 5-4)。借由掺入"人"的元素,星巴克成功提高了品牌的亲和力。

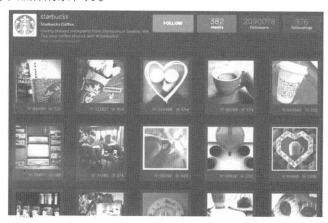

图 5-4　在 Instagram 上与消费者分享日常生活中的有趣照片

六、与社交媒体携手做慈善

星巴克也善用社交媒体强化企业的社会责任形象。2012 年,星巴克与 Foursquare 合作推动抗艾滋病的慈善活动。从 6 月 1 日到 10 日,消费者只要来到美国、加拿大任一间星巴克,并在 Foursquare 上打卡,星巴克就会捐 1 美元,直到捐出 25 万美元为止(图 5-5)。

图 5-5　Starbucks、Foursqure 与 RED 的抗艾滋病慈善活动

星巴克不仅将营销内容准确地打到目标客群，还善用产品特性创造话题，再广为运用社交媒体的传播渠道，全面渗透到消费者的生活中。多变的营销手法让消费者自然而然地接受品牌与促销。如果你正为品牌的营销方法苦恼，也许星巴克是一个很好的参考指标。

5.1 社会化媒体概述

麦克卢汉曾经说过，媒介是区分不同社会形态的重要标志，每一种新媒介的产生与运用，都宣告了一个新时代的来临。互联网的高速发展，再加上手机、平板电脑等移动终端的普及，使社会化媒体的使用越来越广泛，它在改变人们媒介使用习惯的同时也颠覆着人们的生活方式。基于"使用与满足"的传播学理论视角，社会化媒体可以满足人们的认知、社交、获取信息、消遣娱乐等需求。"今天你'刷'微博了吗？""帮忙赞一下我的朋友圈状态呀，亲！""快分享我的相册，特别好玩！"简简单单的几句话，反映的是数字时代社会化媒体给人们的生活方式带来的影响。那么，到底什么是社会化媒体呢？

"社会化媒体"一词是由英文"Social Media"翻译而来。时至今日，这一概念已经被广泛应用，但是对其内涵和外延仍旧众说纷纭、莫衷一是。有学者从网络应用的角度定义社会化媒体，列举了诸如 Facebook、Twitter 等应用形态，并从这些应用中归纳共同特征；还有一些学者通过概念和理论的推演，概括出社会化媒体应该具有的特征。根据国内外相关文献的分析，此处简要梳理了学者们对社会化媒体这一概念认识的发展脉络。

学术界普遍认为，最早提出"社会化媒体"一词的是美国学者安东尼·梅菲尔德（Antony Mayfield），他于 2007 年在《什么是社会化媒体？》（*What is Social Media?*）一书中，阐释了对社会化媒体的总体性认识。他认为社会化媒体是一种给予用户极大参与空间的新型在线媒体，具有参与、公开、交流、对话、社区化、连通性等特征，其最大的特点是赋予每个人创造并传播内容的能力。他将社会化媒体的基本形态分为七大类：社交网络、博客、维基、播客、论坛、内容社区和微博，分别阐述了这些形态的运作方式。安东尼·梅菲尔德对社会化媒体下的简短定义是中外学者的研究起点。

德国学者安德斯·M. 卡普兰（Andreas M. Kaplan）和迈克尔·亨德莱（Michael Haenlein）在安东尼·梅菲尔德的研究基础上，把"个人创造内容"与"个人传播内容"具体化，对社会化媒体给出了如下定义：社会化媒体是指建立在 Web 2.0 的思维和技术基础之上，允许创造和交换用户生产内容的、基于互联网的应用。这一定义解释了社会化媒体的产生机制,从理论上阐释了社会化媒体与 Web 2.0 及 UGC 的关系。他们对社会化媒体基于 Web 2.0 与 UGC 的应用的定义,是对社会化媒体定义的进一步发展。在此基础上,芬兰学者托尼·阿尔奎斯特(Toni Ahlquist)等认为,社会化媒体概念应该包含三个关键元素,除了 Web 2.0 与用户生产内容外,还应包括人际关系网。这是一个重要而有意义的补充。

在早先的研究中,学者们往往把社会化媒体视为一系列互联网应用形态,随着网络应用形态不断推陈出新,他们意识到必须从更深入的层次理解社会化媒体的表现形式,于是提出了平台说。例如,游恒振在《社会化媒体的演进研究》中指出,社会化媒体应是一种媒体平台,戴维·米尔曼·斯科特在《新规则:用社会化媒体做营销和公关》一书中提出,社会化媒体是一种在线平台、一类技术和工具的统称,彭兰在《社会化媒体、移动终端、大数据:影响新闻生产的新技术因素》中也使用了"平台"这一概念。平台说体现了社会化媒体是一个开放的领域,在下定义时不应以一系列现有应用形态的列举为主体;此外,平台说还体现出社会化媒体是一种"回归到互联网本质的进化"。从网络应用形态到平台说,社会化媒体的定义得到进一步深化,这是一次认识的转变。但也有学者认为平台说过于宽泛,不能恰当地表现社会化媒体概念的所指。比如,互联网本身就是一个平台。事实上,社会化媒体虽然带有"媒体"二字,但是已经远远超出了传统意义上"媒体"的含义。他们认为社会化媒体更倾向于是网络社会中的一种组织方式,它实现了以个人为中心、以关系网络为结构的信息聚合。这种观点使得社会化媒体的定义从平台说走向组织形态,是对其定义的完善。

综合上述观点,社会化媒体是以互动为基础,允许个人或组织生产和交换内容,并能够建立、扩大和巩固关系网络的一种网络社会组织形态。它的思想与技术核心是互动,内容主体为 UGC,关键结构是关系网络,表现为一种组织方式。简单地说,它就是用户信息分享和社交活动的平台,或者可以定义为基于用户关系的内容生产与交换平台。

在《社交媒体简史:从莎草纸到互联网》一书中,作者汤姆·斯丹迪奇(Tom Standage)写道,社交媒体发展的基础源于人类爱分享的天性,信息依托社会关系网络得以传播。如今,除了原有的社交属性外,社交媒体也被赋予了电商、搜索引擎等更加多元化的新属性。然而,无论社交媒体如何变化,我们骨子里热爱分享的本质并没有变革。生产高传播度、利他、人们乐意自发分享的优质内容依旧是核心,好内容也仍然是商业增长的第一驱动力。科渥(KAWO)发布的《2023 中国社交媒体平台指南》梳理了国内社交媒体平台的特征及发展趋势。该指南指出,截至 2022 年 12 月,我国网民数已突破 10.67 亿,互联网普及率达 75.6%,其中社交媒体用户人数占全体网民的 95.13%,短视频用户人数已占全体网民的 94.85%并在快速增长。同时,网络直播用户人数已占全体网民的 70.38%,其中电商直播用户人数占全体网民的 48.27%,越来越多的人通过直播购物、学习和娱乐。

在社会化媒体快速发展之际，该如何利用好社会化媒体做好营销工作呢？实际上，社会化媒体营销就是利用社会化网络、在线社区、微博或者其他互联网协作平台来传播和发布信息，从而形成营销、公关和客户关系管理的方式。我们已经知道，社会化媒体的发展是近年来互联网普及的产物，不管是国外的 Facebook 和 Twitter，还是国内的微博和微信，都极大地改变了人们的生活，将人们带入了社会化媒体的时代，因此，做好社会化媒体营销已成为每个企业必须面对的挑战。

5.2　微博营销

微博作为一种新兴的社会化媒体，以其独特性迅速吸引了众多的注册用户，成为近年来社会化媒体中使用率增长最快的形式之一，因此微博营销也成为众多企业选择的社会化媒体营销方式。2011 年，新浪、腾讯、网易等各大门户网站都把微博提升到了重要的战略位置，中国最大的微博营销平台"微传播"网随之诞生。

虽然微博在国内取得了快速发展，但许多企业只是单纯地通过发布企业品牌和各种活动的信息来聚拢品牌消费者，在盈利模式方面的应用则较少。不可否认的是，这一快速及时且拥有众多跟随者的网络服务给企业带来了巨大的营销价值：微博上真实的声音可以帮助企业迅速掌握消费者心理，了解消费者对产品的感受，获取市场动态。微博是希望被关注的人或企业的一种新型表达方式。一些商业嗅觉敏锐的媒体、公司、机构，如《新周刊》、长安福特、星美影城、光大银行、山东航空等，都注册了微博，微博运营使它们拥有了一大批粉丝。对企业而言，微博引发了一场营销革命。微博既是整合营销传播的天然平台，又是病毒式营销的理想工具，还是管理客户关系的最佳助手。

5.2.1　数字营销环境下的微博

随着互联网的迅速发展及其技术水平的不断提高，互联网已经成为企业营销活动不可或缺的部分，其无空间和时间限制的巨大优势，使企业扩大了活动的空间，企业可以借助互联网开展一系列营销活动来促进其品牌宣传和产品推广。在数字营销的大背景下，社会化媒体正在飞速发展，其中被企业广泛应用的微博到底是什么呢？它的发展历程和特点又是什么呢？

1. 微博的定义

微博，即微博客（Micro Blog）的简称，是一个基于用户关系的信息分享、传播及获取平台，用户可以通过 Web、Wap 以及各种客户端组建个人社区。单条微博以 2 000

字为上限,并实现即时分享。

从媒介属性上定义,微博是一种通过关注机制分享简短实时信息的广播式的社交网络平台,我们可以从以下几个角度来看微博的定义。

(1) 从关注机制角度看,微博用户之间的关注关系可以是单向的也可以是双向的。

(2) 微博传递的多为简短内容。

(3) 微博传递的一般都是最新的实时信息。

(4) 微博是一种基于广播式的传播,其传递的内容是公开的信息,任何人都可以浏览。

(5) 最后一点也是最重要的一点,微博是典型的社交网络平台,也是运用广泛且成熟的社会化媒体之一。

2. 微博的发展历程

最早也是最著名的微博是美国的 Twitter,它是 2006 年 3 月由 Blogger 的创始人埃文·威廉姆斯推出的,其英文原意为"小鸟的叽叽喳喳声",用户可以经由短信服务、即时通信、电子邮件、Twitter 网站或 Twitter 客户端软件输入最多 140 字的内容,这是社交网络及微博客服务的全新世界。

Twitter 的诞生把世人引入了一个名叫微博的世界,Twitter 也成为国内各企业竞相效仿的对象。从校内网起家的王兴于 2007 年 5 月建立了饭否网,开启了中国的微博时代。随后,叽歪网、做啥网相继上线,腾讯于 2007 年 8 月 13 日推出了腾讯滔滔。从 2008 年初开始,国内微博发展进入了一个沉寂期,其间没有新的微博服务商出现,用户规模的增长也不快。经过一年多的沉寂,从 2009 年 2 月开始,国内微博开始焕发出新的活力,大量微博网站相继上线,用户规模激增,微博成为我国互联网发展的新热点。2009 年 8 月,新浪微博正式上线,主打名人效应的策略使其迅速成长为中国最具影响力的微博。在其影响下,综合门户网站微博、垂直门户微博、新闻网站微博、电子商务微博、SNS(社交网络服务)微博等纷纷成立,甚至连传统媒体电视台、电信运营商也开始涉足微博业务。CNNIC 发布的《2014 年中国社交类应用用户行为研究报告》显示,截至 2014 年 6 月,微博在全部网民中的覆盖率为 43.6%,标志着中国真正进入了微博时代。

3. 微博的特点

微博作为一种兼具微博客和社交网络特征的新型社会化媒体,具有以下几个特点。

(1) 便捷性高。目前,国内各大微博服务商提供的微博客户端都免费供用户下载使用,客户端低门槛的使用权限奠定了微博高速扩散使用的基础。用户在使用微博的过程中,不需要运用太多的逻辑思维来组织文章内容,只要会发短信就能使用微博,不需要复杂高端的技术操作,只要会使用手机或者电脑就能发微博,随时随地,一句话、几个字、一张图片、一条链接就可以实现互动交流,微博的便捷性显而易见。另外,随着手机、平板电脑等智能终端的普及,网络覆盖面的扩大以及微博客户端的日趋人性化,用户对微博移动客户端的下载需求日益增长。通过使用微博移动客户端，用户能充分利用碎片化时间来浏览、发布信息，这给用户带来了便捷地浏览信息和社交的优势。

（2）互动性好。大量微博以"转发"或"转发+评论"的方式携带信息源评论进行互动和传播。用户间单向的关注与被关注身份，决定了大多数用户在事件或信息传播中扮演围观者和倾听者的角色，任何人都可以在围观倾听的过程中添加评论，让自己的评论成为源信息的一部分。这些评论由于附加在源信息上，也会得到一定的关注，获得相应的围观倾听者，这样既能保证个人即时发布信息，又能通过互动评论把外界信息引导进来，还能在传递中不断增加信息量，最后形成更大数量级的关注。

（3）开放性强。微博面向用户的开放程度极高，用户只需拥有智能手机，会简单的文字输入即可参与；从传播内容的角度来看，微博传播的内容兼具开放性与包容性，涵盖范围极广，从国际关系到国家政策，从资源分配到金融财经，从社会民生到八卦娱乐，无所不包，无所不有；用户通过点赞、评论与转发进行互动，不论是否关注企业的官方微博，用户均可在其微博下方自由表达观点，也可随时随地点赞和转发，这也在一定程度上增加了信息再传播的可能性。

（4）内容碎片化。新型网络媒介的崛起使得信息传播渠道激增，信息量呈现爆炸式的增长，人们的思考和表达方式也相应发生改变，开始放弃对信息完整性的追寻，转而接受一种更加碎片化的表达模式，这要求既面面俱到，又点到为止。微博本身短小的篇幅恰恰迎合了这种需求，不需要深厚的文字功底和表达技巧，可以随时随地用简短的话语表达心情、发布消息。微博的内容呈现碎片化的特点，用户不用过多地考虑谋篇布局，可以畅所欲言，一句话、几个字都可以成为一条微博。

（5）核聚变式的传播模式。在开放的微博平台上，每个人都有一个社交圈，在这个社交圈中的每个人又都有各自的社交圈，随便发布一条微博，这条信息就可以通过一个人传给他的社交圈，这个社交圈中的任何一个人都有可能将信息传给他的社交圈，依此类推，无限循环。它将传统的"1 to N"模式推向更高层的"1 to N to N"，一人传给多人，再以多人中的每一个人为中心呈放射式散播，无限循环，产生如同核聚变的巨大效应。在这种模式中，每个人既是信息的发布者，又是信息的接受者，在生产信息的同时又消费信息。

（6）信息的即时性。微博用户可以在最短的时间内，以最少的字符随时随地发送所见所闻所感，这就赋予了微博无与伦比的即时性。由此，微博不止一次地走在传统媒体的前面，最先将消息公之于众并为新闻提供线索。信息的即时性让微博成为新闻发布的重要阵地。

5.2.2 微博营销的定义及特点

通过上面的介绍我们可以知道，微博是一个可互动的开放平台，具有独特的传播特性,凭借信息的即时性、良好的互动性等优势深受广大用户喜爱。企业越来越重视微博,如何做好微博营销是每个企业都在思考的重要问题。那么,什么是微博营销?微博营销有什么特点?微博营销有什么价值?要想做好微博营销,企业可以采取哪些策略呢?

1. 微博营销的含义

微博营销以微博作为营销平台,每一个听众(粉丝)都是潜在的营销对象,企业利用更新自己的微型博客向网友传播企业信息、产品信息,树立良好的企业形象和产品形象。每天更新内容就可以跟大家交流互动,或者发布大家感兴趣的话题,这样来达到营销的目的,这样的方式就是互联网新推出的微博营销。还有学者将微博营销定义为:博主通过更新微博内容来吸引其他用户关注,并通过双方的沟通和交流时的信息传递来实现营销目标的一种网络营销方式;一种全新的以 Web 2.0 为基础的新媒体营销模式,企业可以通过微型博客快速传播、宣传企业的新闻、产品、文化等,形成具有固定圈子的互动交流平台。

由此可见,由于认识角度的不同,人们对微博营销的内涵有不同的理解,但也有共同点:微博营销是基于微博这一新媒体平台的营销,是与微博新媒体特点紧密联系并与其他媒体有效整合的营销方式。

2. 微博营销的特点

随着微博作为一种创新的信息传播方式开始盛行,微博营销日益受到企业的重视。企业只要在网站上以实名注册一个微博,及时更新发布信息,就可以快速地在网络建立起企业的品牌形象,准确有效地将企业的各种信息传达给潜在客户。企业在利用微博营销时需要把握好微博营销的特点,以便更好地做好微博营销,达到宣传推广产品和品牌的目的。微博营销除了用户覆盖范围广这一特点外,与其他营销方式相比,还有以下几个特点。

(1)立体化。从产品的角度来说,当今社会不仅产品同质化严重,而且新产品令消费者目不暇接,人们对商品的深入了解往往需要多种途径,在传递产品信息时,谁能做到将信息具象呈现,谁就可能激发消费者的购买欲望,进而使消费者坚定购买信心并采取购买行动;从品牌的角度来说,要提高品牌的"三度",即知名度、美誉度、忠诚度,都离不开对品牌定位、品牌形象、品牌文化等的宣传,渠道的选择更是宣传工作的重中之重。微博营销可以借助先进的多媒体技术手段(如文字、图片、视频等)对产品进行描述,具有视觉上的直观性和冲击力,使消费者能够全面地了解有关产品和品牌的信息,这就是微博营销的立体化特征。

(2)低成本。营销策划中资金预算是非常重要的,与传统的广告相比,微博营销不需要繁杂的行政审批程序,也省去了企业支付给广告刊播平台的费用,这样不仅节省了推广费用,而且大大节约了人力和时间成本。在微博上,企业可以发布任何与企业相关的文稿、图片、视频或者网站链接，免费进行企业宣传。

（3）便捷性。微博操作简单，信息发布便捷，只需要简单构思，就可以完成一条信息的发布。这比发布博客要方便得多，毕竟构思一篇好博文要花费很多的时间与精力。

（4）互动性强。微博营销的互动性首先体现在给消费者提供发言的机会，其次是可以直接为特定的潜在目标消费者量身定制个性化的信息，使得企业的网络营销活动更富有针对性和人情味。微博具有社交网络的开放性，用户可以对企业微博进行评论、转发等，企业则可以针对特定的潜在消费者进行互动，通过对用户的回复，让用户感受到企业的人情味，增强营销效果。

5.2.3 微博营销价值分析

微博营销作为数字时代的一种重要营销形式，逐渐成为企业塑造品牌形象、宣传企业产品的重要途径。微博营销具有重要的营销价值，如果企业能够发挥其正面的蝴蝶效应，则必将在激烈的市场竞争中占据一席之地。总体看来，微博营销的价值包括以下几个方面。

1. 提升企业的品牌知名度

唐·舒尔茨（Don E. Schultz）曾经说过，"在同质化的市场竞争中，唯有传播能够创造出差异化的品牌竞争优势"。对企业而言，微博是树立、推广自身品牌形象的绝佳平台。当企业在微博上以官方身份出现时，本身就是在大众面前的一次自我曝光和宣传。当然，企业在微博上介绍新产品，推出新服务，或者利用品牌代言人的微博来发布产品介绍，也是企业进行营销和推广的方式。

借助独一无二的交互方式和多渠道的传播方式，微博能够实现企业与用户之间的对话。微博上的粉丝往往是主动跟随者，因此企业能够获得用户的认同。这不仅能够增加信任，保证对话的质量，而且能提高产品和品牌的知名度与美誉度。

2. 维护和管理客户关系

微博的直接性和互动性使得企业可以很好地接触到客户反馈，增加获取客户需求的机会，与客户建立很好的联系。事实上，企业可以通过微博平台开展售前和售后的服务，以此来优化客户体验，同时节省服务成本。微博不仅是企业和客户之间沟通的桥梁，而且是粉丝之间互相交流、沟通分享的平台。

随着信息获取渠道的多元化，客户的反馈意愿也逐渐增强，这迫使企业由以往的引导沟通方式向倾听沟通方式转变。再加上微博所具有的互动性，用户在微博上畅所欲言，企业可以利用微博收集到大量真实的客户反馈。企业可以通过搜索关键词来查看与自身相关的内容和评论，及时对客户的意见和建议作出回复，通过微博平台进行企业舆情监测。这就可以不断改进产品和服务，提升客户的满意度。

3. 实时监测传播效果

微博能使企业获取消费者的兴趣和偏好需求，企业还可以借助微博深入了解市场潜在机会以及竞争对手的优势和弱点所在，并以此为导向更精准地对如何更好地为消费者创造价值作出决策。

企业在微博上进行的各种活动都能够进行全程"微直播"，还可以在特定的时间开展"微访谈"，跟踪和记录用户对企业各种营销活动的反应，了解用户的看法和想法，及时对用户的反馈作出回应，对活动的传播效果进行直观和公正的评估监测。借助微博，企业可以收集、分析用户的言论，获取用户的个人动态和潜在消费意愿。企业还可以在微博上利用第三方应用发起投票和调查，甚至可以针对调查中涉及的问题与用户进行一对一的沟通，提高调查的实时性和互动性以及调查的准确度。

4. 开展危机公关，树立良好形象

微博不仅是大众传播的载体，是传播交流的平台，而且作为社会组织，是企业成功进行营销的平台。微博之所以能在较短的时间内吸引到如此多的用户，与它能够帮助企业或政府实施公关策略、树立良好形象这一作用是分不开的。

微博是企业发布信息的重要渠道。微博以其沟通快速、开放、透明的特点以及相对软性的传播方式，成为企业预防和处理危机的理想工具。首先，企业可以通过微博及早发现危机的苗头，及时反应，主动沟通，防患于未然；其次，当危机发生后，企业可以通过微博把事实真相迅速、准确地呈现在公众面前，让公众了解得更全面、更客观；再次，企业可以通过微博随时掌握公众对危机的反应，表明企业的态度和立场，防止事态进一步恶化；最后，企业可以适时发布危机处理过程和结果，安抚公众情绪，重塑企业形象。因此，当企业面临危机事件时，微博是进行危机公关、表明企业态度和立场的一条有效途径，它可以使企业免遭危机事件的影响，甚至创造良好的口碑和企业形象。

5. 孵化网红，助力粉丝经济增长

随着泛娱乐化的蔓延和分享经济的发展，人物或内容的影响力资产将重构互联网话语体系，驱动创新势能增长，也在兼具社交和媒体双重属性的微博平台上催生一批活跃的网红，他们能够创造或传播个性化内容。获得关注并聚集大量粉丝，并通过多种手段将流量变现，这已成为互联网经济产业链的重要一环。

艾瑞咨询与微博联合发布的《2018 中国网红经济发展洞察报告》显示，截至2018年5月，微博网红粉丝总人数达到5.88亿，同比增长25%，网红已成为连接粉丝群体与品牌的重要纽带。企业通过团队化运作，培育自身垂直领域的网红并让其与粉丝互动，引爆热点话题，增强网红与粉丝之间的黏性，有利于锁定潜在消费人群，提高产品转化率。

5.2.4　微博营销策略分析

网络时代的每一次技术变革都伴随着新的商机，从即时通信工具到论坛网站，从博

客到 SNS 网站，互联网的创新推动了新营销模式的不断涌现。微博因其独特的信息发布方式与广泛的社会影响力越来越受到企业的关注，微博营销做得好，有助于塑造良好的企业形象，扩大品牌知名度，促进企业的发展。那么，如何做好微博营销呢？

1. 互动营销策略

互动营销策略是指企业在微博平台上运用正确的方式，在合适的时机建立企业与消费者之间的良性互动。微博克服了传统媒介平台只有单向信息传播出口的缺点，企业可以在微博上通过各种吸引眼球的话题和活动促使用户积极参与评论和转发。可以说，微博的交互性使其成为企业与消费者之间沟通的桥梁。

企业利用微博做好互动营销，可以让消费者了解企业文化和产品信息，通过对企业微博的点赞、评论和转发表达自己的态度和观点，帮助企业完善产品或服务，乃至参与到企业的发展进程中，产生是品牌建设的主人翁的归属感。企业要了解市场需求，把握消费者动态，就需要与消费者进行直接沟通，利用微博的高效性、开放性、交互性等特点积极与粉丝交流。企业也可转发一些具有代表性的用户留言、回复，展现企业与消费者的互动，拉近与粉丝的距离，提升企业亲和力。

互动营销的最佳实践者当属小米公司。小米从创立之初就一直坚持"手机发烧友"的品牌理念，长期保持与广大发烧友的深度互动。从第一款手机到小米路由器、小米电视机等产品，无不是小米坚持与粉丝用户互动交流不断改进的结果。在小米的官方微博上，每天都有大量的粉丝用户与小米沟通交流。一方面，粉丝用户在使用小米产品的过程中有任何问题和要求都可以直接反映给小米公司，得到解决和满足；另一方面，小米公司在与粉丝用户的互动中，可以了解产品的不足并加以改进。小米公司通过微博直接面对消费者，有利于全面把握消费者的需求。

企业与用户互动的形式多种多样，如不定期送小礼品、日常分享、新店折扣、互动性话题、直播福利、买家秀鼓励、意见征集与关怀等。以海尔为例，其发起的话题"美好生活在此刻"阅读量达 1.1 亿，参与讨论量达 18.9 万，"潮流生活智定义"阅读量达 5 255.7 万，参与讨论量达 16.9 万，其内容涵盖广告、微博转发抽奖、新品发布、明星代言等。"试试转发点赞这条微博，真的什么都不会发生"与"转发这条锦鲤，你将会有好运发生"此类趣味性较强的互动拉近了企业与用户的距离，让用户感受到企业的年轻与活力。随着微博与淘宝平台的业务关联日益紧密，企业发出各种优惠券，不仅给用户让利，而且在保持客户满意度与忠诚度方面有重要作用。

2. 情感营销策略

微博情感营销策略是指企业运用消费者普遍认可、信赖的人际传播优势，通过在微博平台上对目标用户进行情感分析、定位、互动、巩固等策略，挖掘、调动其情感需求，最终满足目标用户的诉求，实现营销目标。

我们知道，社会化媒体是建立在一定的人际关系链之上的，微博也具有基于人际关系的社会化传播特征，它的关注链条就是建立在相识人群、信任人群或有共同价值观人群之间的。一条微博借助转发、评论等手段可在这些具有特定联系的社交群体中广泛传播，包含在内容中的情感因素也会随之扩散，这恰恰契合了企业进行情感营销的要求。

企业进行微博情感营销时，首先需要进行情感定位，确定微博情感营销的主题及内容。要做到这一点，需要分析大量的消费者信息，确定目标消费者并对其需求进行准确分析，只有这样，确定的情感营销主题才能吸引更多的目标消费者，也更容易使其成为忠诚消费者。其次，情感营销的微博内容需形成一个有独特人格或个性的虚拟情感形象，文字力求亲切自然，贴近消费者。只有满足消费者情感需求的人性化营销，才会使消费者产生信任感。最后，企业要利用微博强大的互动特性与消费者建立长期的情感联系。通过及时回复消费者的疑问、解决产品问题等积极行为，使消费者逐步产生对企业的信任与情感，在潜移默化中形成长效营销。

最有特点的案例就是微博上以亲情、爱情、友情为主题的营销活动。比如假牙护理品牌保丽净在进入中国市场时，并没有将营销目标设定在使用假牙的老人身上，而是聚焦在25～39岁的主体消费人群身上，因为在销售产品的过程中，保丽净发现，有相当一部分消费者并不是假牙佩戴者本人，而是这些佩戴者的子女。子女在外工作，没时间陪伴在父母身边，内心通常会怀有一种愧疚感，保丽净决定利用这种愧疚感，从年轻人热衷的微博入手，将保丽净塑造成连接父母和子女情感的桥梁，吸引年轻人群关注保丽净并激发其购买需求。保丽净在父亲节、母亲节之际，从亲情的角度出发，从儿女的视角思考，先后在其官方微博上推出了"亲情距离测试""微家书"和"亲情视频"三部曲，得到大量微博用户的关注和点赞。据统计，这一活动的效果远远超出了预期，保丽净官方微博的粉丝数量增长到6.5万，粉丝的质量与活跃度很高，共发送微家书18万多条，名人微访谈一小时问答次数达4 000多次，保丽净品牌曝光超过1.5亿次。由此可见，企业只要善于利用消费者情感开展微博营销活动，就可以获得巨大收益。

3. 优质内容策略

优质内容策略是指企业利用微博发布经过设计的新颖营销事件或关注最近的热门话题，以优质原创内容和互动活动机制获得网友的转发和评论，吸引用户关注，从而达到提升企业知名度、打造企业品牌等营销目的的策略。有了微博这样一个与消费者零距离接触的交流平台，企业的负面信息与不良的用户体验很容易迅速传播，可能给企业带来不利影响。好的企业微博就像企业的新闻发言人，发布的信息更具参考价值和可信度，承载了品牌形象推广和监测的功能。因此，微博发布的内容必须是优质的，此处的优质不是指语法、韵脚上的优质，而是指基于用户角度出发的一种考量，需要满足用户的审美和信息需求。

在进行微博内容创作时，企业需要注意以下几点：一是产品宣传避免单一的说教或者单向的传播，应巧妙利用植入式营销，突出消费者的感受，表现出乐于倾听和沟通的态度，尽量使文字简单、明晰、幽默、独特、口语化并带有时代特色。比如早期的微博流行语"凡客体"便是由凡客诚品网站的广告语演变而来的，博文营销使凡客诚品成功地扩大了品牌影响力，宣传了企业文化。二是多搞互动营销活动。企业在微博上开展的活动对于消费者具有抵挡不住的魅力，要策划活动的类型和方式，改进活动的奖品或者激励措施，这样才能带来更多的关注、评论和转发。活动中如果能做到情感与利益（如奖品）共存，就意味着活动策划得较为完美。三是推进在线客户服务。要做到定时、定量、定向发布内容，让消费者养成浏览习惯，当消费者登录微博后，能够想着看看企业微博的新动态。只有做好在线服务才能达到这个境界，企业要尽可能通过微博持续出现在消费者眼前。较为典型的案例就是杜蕾斯官方微博，其在微博上的运营手法可圈可点。微博用户关注杜蕾斯官方微博后，会看到很多有趣的、充满互动性的内容。无论是精心打造的"小杜杜"形象还是优质的微博内容，都极大地引起了网友的兴趣，同时优质的内容富有互动性，邀请网友参与相关话题的讨论并给予一定的奖品，进一步调动了网友的热情。因此，在微博运营中，优质的内容是关键，只有优质的内容才能吸引人，才能吸引网友积极参与。

4. 意见领袖策略

在传播学中，活跃在人际传播网络中经常为他人提供信息、观点或建议并对他人施加个人影响的人物称为意见领袖。意见领袖作为媒介信息和影响的中介和过滤环节，可以对大众传播效果产生重要的影响。微博的意见领袖策略是指企业微博通过锁定意见领袖，并引导意见领袖去讨论和传播与企业或者产品有关的事件话题，快速、广泛地影响其他大量用户，从而达到提高品牌知名度或者其他预期的营销效果。

在互联网世界，意见领袖掌握着强大的话语权，时刻影响着数以万计的"围观"群众，每个意见领袖都有自己的粉丝群，其中既有名人也有"草根"。此外，不同领域的意见领袖之间关系密切，一个意见领袖对某一事件的关注，很容易引发与其互动频繁的其他意见领袖的转发与评论，可以迅速形成集聚效应，极大地加快信息的传播速度，扩大事件的影响力。然而，企业在使用意见领袖策略时应该注意，要选取和自己品牌形象符合的意见领袖，否则会有一种生硬的感觉，适得其反。

意见领袖策略的经典案例当属"Roseonly"专爱花店。2013年2月14日，某明星通过微博晒出了一张抱着其丈夫送她的Roseonly玫瑰的照片，这条微博在当天的转发量超过3万，并连续两天登上了热门转发榜榜首，情人节的微博和微信被讨论Roseonly的内容刷屏，店内情人节限量特供的999元玫瑰花束则早已销售一空。明星夫妇、情人节、意见领袖和微博发布时间的选取结合得天衣无缝。意见领袖是微博舆论形成的节点，在微博事件的发生发展过程中起着至关重要的作用，企业如能灵活、恰当地运用意见领袖策略，将取得意想不到的效果。

5. 多账号矩阵策略

多账号矩阵策略是指企业在微博平台上申请多个微博账号，建立多账号微博传播体系，形成一个强大的传播系统。

微博矩阵传播系统有三类：第一类是蒲公英式，它适合拥有多个子品牌的集团公司，如阿迪达斯账号的蒲公英式系统（图5-6）。

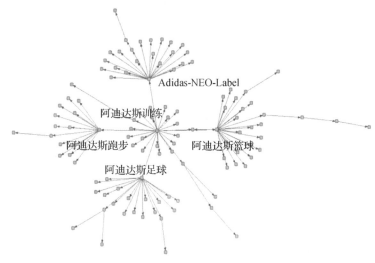

图5-6 阿迪达斯账号的蒲公英式系统

第二类是放射式，由一个核心账号统领各分属账号，分属账号之间是平等的关系，信息由核心账号向分属账号放射，分属账号之间并不进行信息交互，这样的系统适用于地方分公司比较多并且为当地服务的企业，这类企业集团账号的构建模式被称为HUB模式，如万达集团账号的放射式系统（图5-7）。

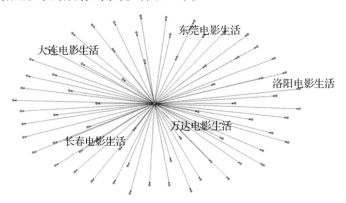

图5-7 万达集团账号的放射式系统

第三类是双子星式，企业管理者个人账号很有影响力，官方账号也很有影响力，账号间形成互动，它适用于名人效应很强的企业，如"@易观"账号的双子星式系统（图5-9）。这三类模式都属于初级矩阵模式。企业要想建立一个成气候的微博矩阵体系，除了主账号、子账号外，还需要很多小账号。这些小账号要站在消费者的角度，润物细无声地去影响消费者。企业需要在有效把握目标受众心理的基础上，综合运用各种传播媒介和手段来宣传推广微博，形成多重立体化的宣传网，扩大微博的影响力，使微博真正成为企业塑造品牌的有力工具。

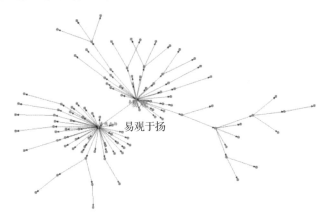

图 5-8　"@易观"账号的双子星系统

6. 整合营销传播策略

微博整合营销传播策略是指运用微博平台,综合海量信息与多重传播渠道等传播优势,通过事件营销、品牌推介等方式传播企业与品牌影响力。企业在进行微博整合营销时需要在有效把握目标受众心理的基础上,尽可能地调动各种资源,综合各种传播媒介和手段推广微博,提升微博影响力,使得顾客无论接触何种媒体都可便捷地了解到企业信息。整合营销传播理论在微博平台中的应用主要包括两个方面:一是企业微博内部的资源整合;二是企业微博与其他资源的整合。微博内部的整合包括企业的官方微博、企业管理者微博、企业子微博这三种资源的整合。以京东为例,"@京东"为其官方微博,用来发布公司重大新闻、产品服务信息以及处理客服问题;"@刘强东"为京东首席执行官微博,用来与大V粉丝交流互动,发布独家消息;还有"@京东小家电""@京东招聘"等众多京东子微博,用来与受众在不同领域进行沟通。

企业将微博与其他资源整合时应该注意哪几方面呢?一是整合主流网络媒体。比如新华网、人民网、新浪、搜狐、网易、腾讯等,这些主流网络媒体具有较强的公关能力,它们提供的策划、发布、监测等全方位服务能提升企业的整体营销力。二是整合微信、博客、论坛、社区、SNS等社交网络。通过与社交网络的热点话题、热点事件嵌入和互动,可以引起更多网友的关注。三是整合视频分享网站。通过视频分享网站的创意服务和主题设计,安排广告定制或者广告植入,也是比较常用的营销手段。四是整合搜索引擎营销。百度、谷歌等搜索引擎的服务全面而有效,通常能以较小的投入获得最大的访问量和商业价值。五是整合线下活动。线上为线下活动造势,线下活动吸引更多人参加线上活动,线上线下很好地结合,通过裂变式传播实现信息的大范围传递,强有力地吸引媒体和消费者的关注。还可以将活动现场情况制作成病毒式视频,进行二次包装和传播,达到进一步扩大宣传的目的。

杜蕾斯官方微博运营之道

2011年6月,"来北京,带你去看海"这则简短文字配图片的微博在新浪微博上被疯狂转载。从表面上看,这则微博是一位下班时遇上暴雨的微博用户将杜蕾斯安全套套上了自己的运动鞋,走入雨中,并拍照发上了微博。这条幽默且颇有广告意味的微博瞬间蹿红。2011年6月23日18:15,新浪微博一小时热门榜中杜蕾斯的话题以1 000多条的转发量成为第一名,截至次日凌晨,转发量已经超过5.8万条。

杜蕾斯1992年诞生于英国,2010年被利洁时集团收购。在社会化媒体出现之前,国家对于安全套类产品的媒体投放限制很严格,一直以来,杜蕾斯很难通过电视、杂志、户外等媒体进行品牌传播。杜蕾斯于2011年2月1日开通新浪官方微博,从发表第一篇微博至2014年,杜蕾斯官方微博已经拥有118万名粉丝,并以每月3万名的速度稳定增长。与微博粉丝数量暴涨相对应,杜蕾斯的销售额也持续增长。经典的"雨鞋微博"便是由杜蕾斯微博团队的成员精心设计的。杜蕾斯官方微博的运营可以说是微博营销的典型成功案例,下面来分析杜蕾斯微博运营的精华之处。

一、了解粉丝口味,明确微博定位

杜蕾斯的微博营销之所以能这么火,跟它本身"源于产品又高于产品"的定位策略有很大关系。一开始,杜蕾斯新浪官方微博的形象定位于"宅男",以传播性知识为主要内容,同时转发一些与产品相关的话题;之后逐渐变成一个"有一点绅士,有一点坏,懂生活又很会玩的人,就像夜店里的翩翩公子"。在这样的定位下,其涉及的话题范围更广,表达方式也更加轻松诙谐。杜蕾斯的官方微博内容涵盖了新闻时事、网络热点、粉丝互动、恶搞短文、共鸣金句、企业联合、节日专题、诙谐互动等。比如,从"暴雨"联想到"鞋套",还说"凸点型的做鞋套可以防滑"。也许谁都不会真的用安全套当鞋套去试到底能不能防滑,但这个可爱又并不色情的小幽默能让众人会心一笑。与个人微博不同的是,企业微博必须与粉丝建立紧密联系,因为"粉丝即用户"。杜蕾斯微博在建立之初便明确:除了传播品牌形象,更重要的是客户关系管理。杜蕾斯官方微博大约每隔一小时,搜索一下和杜蕾斯、安全套有关的微博,并选出合适的进行互动。

二、用心制定微博内容,重视数据分析

通过观察杜蕾斯官方微博可以发现,与其他企业微博不同的是,它很少单纯评价自己的产品,也从来不推出任何与产品相关的促销活动,但是每天粉丝转发和评论数量过万。杜蕾斯发布的微博内容都是经过精细设计的,既不随意进行完成任务式的更新,又不会简单地跟风热点。在诗人海子的祭日,运营团队估计到时满屏幕都是"面朝大海,春暖花开"，于是，精心选择了《活在这珍贵的人间》这首诗来表达哀思。微博运营团队每天早晨都要召开例会，讨论确定当日主题。每一条微博的内容确定后，运营团队会根据其是否符合品牌风格和杜蕾斯微博的定位进行三层审核。有人通过对一周杜蕾斯微博数量的统计发现，平均每天发有10条信息，原创内容在7条左右，其余来自网友的微博或转发的@信息。据统计，每天有2万多条微博@杜蕾斯。每一条发布在杜蕾斯官方微博上的内容，都会在运营团队的资料库中归类存放。每五天进行一次评论数和转发数的统计，月底召开分析会，团队共同讨论哪些内容有吸引力、哪些欠佳。这样的数据分析不仅是对营销效果的评估和总结，而且会对后续的运营方式和内容调整产生重大影响。

三、利用意见领袖和热点事件展开营销

杜蕾斯官方微博及其团队关注了很多微博"大号"，即粉丝量比较多的微博意见领袖，并通过技术手段预设了一些关键词，运营成员每十分钟便要扫描一次，捕捉与关键词相关的微博信息。"作业本怀孕"是杜蕾斯另一个成功的微博营销案例。"作业本"是一位拥有30多万名粉丝的微博用户，他发表了"今晚一点前睡觉的人，怀孕"这样一条微博。由于"怀孕"是杜蕾斯预设的关键词，因此运营团队捕捉到了这条微博，立刻行动起来，进行了转发、评论、炒作，最后修改出品"祝天下有情人意外怀孕，没意外使用杜蕾斯"。

关于北京暴雨的事件营销的经过则很简单。2011年6月23日，暴雨致使地铁站积水关闭，京城大堵车，很多回不了家的人只能在微博上消磨时间。杜蕾斯运营团队敏锐地发现了这一热点，试图植入杜蕾斯品牌，于是杜蕾斯套在鞋上避免鞋子泡水的想法冒了出来。由于创意涉及品牌形象，运营人员认为，不适合在官方微博上直接发布，因此选了一位拥有6 000名粉丝的运营成员的微博账号。微博发出2分钟后已经有大量转发。大约5分钟之后，杜蕾斯官方微博发表评论称"粉丝油菜花啊！大家赶紧学起来！有杜蕾斯回家不湿鞋"，并转发相关微博和评论。短短20分钟后，杜蕾斯已成为新浪微博热门榜第一名。根据传播链条的统计，杜蕾斯此次微博传播覆盖至少5 000万名新浪用户，同时在腾讯微博、搜狐微博发布，影响人群也数以千万计。

网络热点事件有很多，并不是每一个事件都要跟进，而是要结合微博及企业的自身定位进行权衡。微博曾同时流行两个热门体裁："抱抱体"和"杜甫很忙"。杜蕾斯选择了套用"抱抱体"发表微博。因为运营团队认为，"杜甫很忙"显得对古典文化不尊重，阐述人际关系的"抱抱体"更符合杜蕾斯微博的定位。

四、专业的团队运营

杜蕾斯微博的成功离不开专业的运营团队。杜蕾斯的微博运营团队有20人左右，除了新浪微博之外，还要负责腾讯微博、豆瓣等网络平台的运营工作。团队分工细致，仅涉及内容部分就分为内容、文案和回复几个工种。内容人员负责主要的微博信息发

布，文案人员策划主题，两名回复人员则需要在所有@杜蕾斯官方微博的信息中筛选出有趣的内容，并回复部分网友的评论。杜蕾斯官方微博的一名操盘手说："选择编辑团队的时候，特别在乎两点：一是他们的网感，要求本身得是网络上活跃的人，上豆瓣、上猫扑，知道怎么在网上说话；二是要求有某方面的专长，比如特别懂电影或者特别懂音乐。"

5.3 微信营销

随着智能手机、平板电脑等移动终端的普及和无线网络的发展，微信成为企业营销的新宠。从2011年面世起，微信的用户数量迅速增加，2012年3月底突破1亿，同年9月17日突破2亿，2023年第一季度已达到13.19亿。

作为现阶段最活跃的即时通信工具，微信凭借多样化的功能和强有力的社交关系链获得了大批企业的青睐。与微博相比，微信有更强的黏性和更精准的目标定位，这让微信成为继微博之后企业的又一营销利器。那么，什么是微信？微信营销有哪些优势？企业又该如何利用微信这一平台做好营销呢？

5.3.1 数字营销环境下的微信

腾讯是中国较大的互联网公司之一，拥有QQ、腾讯网、腾讯微馆、Qzone等多个平台，涵盖门户、微博、视频、移动等多产品形态，形成了属于自己的媒体大平台生态圈。在社会化媒体尤其是微博快速发展之时，腾讯公司凭借广阔的视角和敏锐的前瞻力，创造性地打造了微信这一应用平台。

1. 微信的定义

微信是腾讯公司推出的一款免费的即时通信软件，用户可以通过手机、平板电脑和PC快速发送文字、图片、语音和视频。微信提供公众平台、朋友圈和消息推送等功能，用户可以通过摇一摇、搜索号码、查看"附近的人"、扫二维码等方式添加好友和关注微信公众平台，微信还可以将内容分享给好友以及将用户看到的精彩内容分享到微信朋友圈。

微信支付是微信推出的又一项新功能，至此，微信开放体系初步形成。微信作为时下最热门的社交信息平台，也是移动端的一大入口，正在演变成一个商业交易平台，其给营销行业带来的颠覆性变化开始显现。很快，微信商城也随之开发，微信商城是基于微信研发的一种社会化电子商务系统，消费者只要通过微信平台就可以享受到商品查询、选购、体验、互动、订购与支付的线上线下一体化服务。

我们可以看到，微信已经超出其最基本的通信功能，集社交、获取信息、购物、支付等多种功能于一体，本领越来越强大，设计也越来越人性化。

2. 微信的发展历程

说起微信的由来，就必须得提 Kik。Kik 是一款基于手机通讯录功能的即时通信软件，它跨越了运营商壁垒、硬软件壁垒和社交网络壁垒，使手机、iPad 等移动终端成为新的社交平台。它虽然既不能发照片也不能发附件，但在 2010 年 10 月 19 日登录 APP Store 和 Android Market 后，在短短的 15 天内就拥有了百万用户，其受欢迎程度让不少手机应用望尘莫及。

国内最早出现的类似于 Kik 应用的是语聊软件——米聊，它在国内市场最早发布公测客户端，其新颖的沟通模式让它从一开始就受到了用户热捧。随后盛大网络等 SNS 运营商闻风而动，2011 年 1 月 21 日，腾讯正式推出基于 QQ 用户的微信，这款通过网络快速发送语音短信、视频、图片和文字，支持多人群聊的手机聊天软件，使用户可以与好友进行形式更加丰富的类似于短信、彩信等方式的联系。在实际操作中，微信仅收取流量费，从运营商提供的数据来看，微信通过互联网的后台运行每小时只需 2.4 k 流量。"讲短信"、免费、无距离限制等功能无疑具有强大的市场吸引力。在这场语聊工具大战中，飞聊、口信、翼聊、个聊、易信、来往、陌陌等产品应运而生，但微信无疑成了其中的霸主，成为时下最热门的社交信息平台，曾在 27 个国家和地区的 APP Store 排行榜上排名第一。微信已经渗透到千千万万普通百姓的生活当中，甚至可以说，微信已经成为人们的一种生活方式。

3. 微信的特点

通过上面的分析我们知道，微信是一款功能强大且十分人性化的即时通信软件，那么它有什么特点？

（1）熟人网络，小众传播。作为一款手机社交软件，微信能在短时间内被大众接受，一个主要原因就是其用户来源基于已有的腾讯用户，同时微信还可以实现跨平台的好友添加，微信用户可以通过访问手机通讯录来添加已开通微信功能的家人和朋友。微信不同于其他类似的社交平台的特点就在于它建立的好友圈中均是已经认识的人，建立起来的人际网络是熟人网络，其内部传播是基于熟人网络的小众传播，其信任度和到达率是其他媒介无法达到的。

（2）富媒体内容，便于分享。与传统媒体相比，新媒体的一个显著特点就是移动互联网技术的应用，通过手机等终端可以随时随地浏览资讯和传递消息，碎片化的时间得以充分利用，微信在这方面可谓做到了极致。微信特有的对讲功能使得社交不再限于文本传输，而是集文字、声音、图片、视频于一身的富媒体传播形式，更便于分享用户的所见所闻。用户除了使用聊天功能外，还可以通过微信的"朋友圈"功能，通过转载、转发及"@"功能将内容分享给好友。

（3）公众平台，一对多传播。微信公众平台于 2012 年 8 月 18 日正式上线，通过这一平台，个人和企业都可以打造一个微信公众号，实现与特定群体的文字、图片、语音的全方位沟通和互动。微信公众平台是企业进行业务推广的便捷途径，微信公众平台的传播方式是一对多的传播，直接将消息推送到手机，因此到达率和被观看率几乎是100%，已有许多个人和企业的微信公众号因优质的推送内容而拥有数量庞大的粉丝群体。借助微信公众号进行广告植入，由于粉丝和用户对微信公众号高度认可，不易引起用户的抵触，加上高到达率和观看率，能达到十分理想的效果。

（4）基于地理位置提供服务。基于地理位置的服务意指与定位相关的各类服务系统，简称定位服务。它包括两层含义：首先是确定移动设备或用户所在的地理位置；其次是提供与位置相关的各类信息服务。与传统网络媒体相比，微信的地理位置服务是一大特色，"附近的人""摇一摇"等功能均是以 LBS 为基础的。微信可方便地通过手机的定位服务获取用户的地理位置信息，用户在分享最新动态时勾选地理位置，好友便能看到其所在地。地理位置是商家进行精准营销的重要信息。

（5）便利的互动性，实时推送信息。微信作为一种社交软件，便利的互动性是其区别于其他网络媒介的优势所在。尤其是在微信公众平台中，用户可以像与好友沟通一样与企业公众号进行互动。企业可以通过微信公众号即时向公众推送信息，迅速更新。例如，微信公众号中做得比较成功的"艺龙旅行网"会根据季节和天气状况向用户推送适合前往的旅游地区，用户可以直接回复，咨询旅游区的酒店预订情况，这些在其他网络媒介中是很难做到的。

5.3.2　微信营销的定义及特点

通过解读微信的定义和特点我们可以知道，微信作为社会化媒体具有独特的传播优势，便利的互动性、定位服务，还有"摇一摇"等趣味性功能，奠定了微信广泛使用的基础。微信的流行使企业把注意力投向了微信营销，微信营销具体有哪些模式？微信营销有什么特点和传播价值？企业又该如何利用微信进行营销？

1. 微信营销的定义

微信营销是网络经济时代企业对传统营销模式的创新，是伴随着微信的火热产生的一种点对点的网络营销方式。微信不存在距离的限制，用户注册微信后，可与同样注册的"朋友"形成一种联系，用户订阅自己所需的信息，商家通过提供用户需要的信息，推广品牌与产品。

微信营销主要表现为基于手机或者平板电脑中的移动客户端进行的区域定位营销，商家通过微信公众平台，结合微信会员卡展示商家微官网、微会员、微推送、微支付、微活动，已经形成一种主流的线上线下微信互动的营销方式。

2. 微信营销的特点

微信营销是网络创新时代的新型营销方式，因其独特的优势而受到企业的关注，越来越多的企业开始利用微信对企业本身和产品或服务进行营销。微信营销的特点主要有以下几个。

（1）低廉的营销成本。传统的营销方式（如电视广告、报纸广告、宣传海报等）通常要耗费大量的人力、物力和财力，微信营销是基于微信这一平台进行的，微信的各项功能都可供用户免费使用，使用过程中仅产生少量的流量费。与传统营销方式相比，微信营销的成本极为低廉，几乎接近于零。

（2）强大的支撑后台。微信依托的是强大的"腾讯帝国"，腾讯拥有新闻、游戏、QQ等多种产品形态，多年的发展积累了广泛的用户基础。在互联网行业中，用户的使用带来流量，流量进而带来红利，微信与腾讯固有用户关联是微信用户数量如此庞大的重要原因。

（3）精准的营销定位。在微信公众平台中，通过一对一的关注和推送，企业不仅可以向粉丝推送相关产品及活动信息，而且可以建立自己的客户数据库，使微信成为有效的客户关系管理平台，通过用户分组和地域控制，针对用户特点，将信息推送至目标用户。此外，在朋友圈信息流广告中，企业可以借助微信后台掌握的标签化用户数据，使目标用户的触达更加精准。

（4）信息交流的互动性。微信的载体是智能手机，这意味着只要拥有智能手机，无论何时何地企业都可以与客户进行互动，了解客户的需求，进而满足客户的需求。微博营销虽然也可以与粉丝互动，但及时性远远比不上微信营销，而且与微博的开放性不同，微信在进行信息交流时具有私密性，更能够体现社会化媒体的强关系。

（5）信息传播的有效性。我们知道，企业利用微信公众平台向客户推送信息，能保证客户100%接收到企业推送的信息。另外，客户是因为对产品或企业感兴趣而自愿扫描企业二维码或输入账号添加官方微信的，因此，当接收到来自企业官方微信的信息时，他们能有效地关注所接收的信息。

（6）多元化的营销模式。微信营销拥有位置签名、二维码、开放平台、朋友圈信息流广告、微信公众平台、微信小程序、LBS竞价广告等多种营销模式，这些模式各有特点，企业可以针对不同的营销目的选择不同的模式组合。另外，微信支持多种类型的信息，不仅支持文字、图片的传达，而且可以发送语音信息，这使得企业可以利用微信完成与客户的全方位交流和互动。

5.3.3 微信营销价值分析

既然微信营销有上述传播优势，那就必定有其特定的价值。那么，微信营销到底有哪些价值？

1. 微信传播符号多样化，能立体地展示企业信息与形象

作为一种新兴媒体，微信的信息传播符号具有多样化的特点：语音、文字、图片、

视频、表情等一应俱全。其中,语音通信功能的加入意义重大,它改变了互联网用户以往单纯依靠文字和图片进行社交的状况,使人与人之间的交流回归至语音。其多元化的信息传播方式,对于企业品牌营销具有重要的价值。对企业来说,可以利用微信提供的基本的会话功能,通过语音、文字、图片、视频等与目标用户进行交流,传播品牌信息,展示企业形象。例如,2012年8月,星巴克(中国)入驻微信,用户扫描星巴克品牌二维码将其添加为好友后,只需用微信发送一个表情符号,星巴克就会根据用户发送的表情,用《自然醒》专辑中的音乐来回应用户,同时向其推送新产品信息。

2. 微信功能强大的社交方式有利于用户扩大社交网络,使企业营销方式多样化

作为移动互联网社交应用工具,微信最初的社交群体是以手机通讯录里的熟人为代表的强关系社交圈。后来,微信逐渐把社交圈扩展到陌生人层面,相继推出了"摇一摇"和基于LBS的"附近的人"等功能,以拓展弱关系链(陌生人)。微信的系统插件也打通了QQ邮箱、微博好友等通道,让用户获得了更多的沟通和交流方式,最终形成一个庞杂的社交网络。

对企业来说,面对数以亿计的庞大用户群,可以通过微信的"位置签名""二维码"等多样化的营销方式向目标用户推送信息。以二维码扫描为例,在微信中,企业可以设定自己的二维码,用折扣和优惠来吸引用户关注,用户只要通过手机摄像头扫描识别二维码,就能轻松获得相应的信息。在线上与商家建立联系,在线下消费,这充分体现了移动端在线上线下发展的优势。

3. 微信信息传播迅速,使企业信息推送的时效性更强

微信的传播内容具有即时性的特点。用户可以通过它随时随地与人交流,传情达意。只要用户在线,就能够对信息进行快速接收和反馈,而且微信支持离线消息接收,信息传达速度比较快,传播更具时效性。以微信基于LBS功能划定的千米交际圈为例,借助LBS的定位功能,当不同的用户在同一时间处于同一地理位置时,用户可以通过微信"摇一摇"将自己的地理位置信息暴露给周边1 000米范围内的"微友",同时也可以搜索到对方,双方打招呼聊天,交换彼此的身份信息,从而迅速形成一个社交网络。商家也可以很好地利用这一特点。在展览馆、社区、商圈、学校等特定商品对应人群点开展各种促销活动时,可以利用微信的查看"附近的人"和向"附近的人"打招呼功能,即时推送促销信息,以引起"微友"的围观。

4. 微信可以使企业精确定位目标人群,从而实现精准营销

微信公众平台的开放为企业实现精准营销提供了可能。企业可以开通微信公众号,与用户互动。从企业的角度看,通过公众平台推送的信息到达的都是主动选择关注了认证账号的潜在用户。用户的主动关注和选择意味着企业目标人群的精确定位,这就给企业进行精准营销提供了可能。企业可以利用微信公众平台的认证账号,通过后台的用户分组和地域控制,有针对性、有区别地向某一分类用户发送特定的信息,实现精准的信

息推送。这样做既可以让目标用户看到合适的信息，又可以避免目标用户受到无关信息的干扰。

5. 微信点对点深度沟通的优势，有利于企业进行客户关系管理

对于企业来说，建立客户关系管理（CRM）的目标是建立真正以客户为导向的组织结构，以最佳的价值定位瞄准最具吸引力的客户，最大化地提高运营效率，建立有效的合作关系。作为一个以用户关系为核心建立起来的社交平台，微信能在 CRM 中起到很大的作用。微信的沟通机制是点对点的，这种基于用户的点对点沟通方式，在用户间建立了有效的深度沟通机制，便于企业更便捷地了解用户的个人特征，同时针对这些特征展开相应的客户关系管理活动。通过对后台的用户资料和特征加以分析，企业可以制定有针对性、个性化的客户管理机制，然后利用微信展开客户服务，通过聊天、答疑解惑等互动形式加深与消费者之间的沟通联系，将普通关系发展成强关系，为企业的微营销奠定良好的客户关系基础，从而产生更大的价值。

5.3.4 微信营销策略分析

通过以上介绍我们可以看出，微信营销有其独特的传播优势和价值。那么，企业可以采取哪些微信营销策略呢？

1. 推送"完美"内容，提升用户忠诚度

从诞生那天起，微信就注定是一个深社交、强关系、弱媒体的移动平台，正因如此，企业不能频繁地推送信息，用户受到无用信息的干扰过多，很可能会取消关注。同样，如果品牌长时间不与用户沟通或互动，也会有被取消关注的可能。因此，企业必须努力推送"完美"的内容，这里的"完美"主要体现在质、量、形式及推送时间等方面。

（1）质的完美。微信公众号的订阅号每天可以群发一条信息，服务号每个月可以群发四条信息，在这有限的信息中，应当减少广告的硬推送，更多的是与用户保持一种联系，培养用户对品牌的情感，而不是让用户感觉到账号是一个单纯的广告媒体。因此，企业在推送信息时必须注重信息的质量，如内容的知识性、语言的风趣性、表情符号的丰富性等，要让用户有兴趣阅读和转发信息。

（2）量的完美。为了让用户及时了解企业的产品和品牌，微信公众号会不断推送相关的信息，但轰炸式的信息推送会造成用户的极大反感。如果用户一天接收数条来自同一官方微信的推送信息，甚至信息内容相似，会做何感想？过快的推送节奏极有可能迫使用户取消对官方微信的关注。那么什么样的节奏才算适度呢？据调查，企业推送信息的频率以两三天一次为宜，尽量保持适当的活跃度。

（3）形式的完美。信息以何种形式进行推送也会影响用户的接受程度。比如星巴克（中国）的公众号曾在推送的内容中设置了新品、杯子、星享卡、美食等选项，供

用户选择，回复不同的代码会得到相应的东西，非常有趣。这种互动形式不仅拉近了与消费者的距离，而且可以通过回复的内容更加精确地了解消费者的兴趣所在。因此，企业应该努力使推送内容的形式多样化，让用户体会到不同的乐趣，从而提高对品牌的忠诚度。

（4）推送时间的完美。2018年6月，微信公众号迎来近年来力度最大的一次改版，订阅号的群发消息以发布的时间顺序进行排列，以"标题+头图"的形式直接展示。此次"信息流"式的改版，凸显公众号优质内容的价值，同时对推送时间的把握要求也更高。据新榜发布的《2017中国微信500强24小时发布规律》显示，21:00—22:00是全天推送最高峰时段，也是"10万+"文章分布比例最高的时段。移动端的用户阅读时间非常碎片化，运营者应当以公众号的定位、目标用户的属性、文章内容的特性为考虑前提，以公众号各时间段点击率统计数据为支撑，适当错峰推送，找到最契合自身的完美推送时间。

2. 塑造服务形象，增强用户黏性

微信作为一种强关系的通信工具，到达率高，用户忠诚度高，转化率也高。这种强关系特别容易"得罪"粉丝，如果企业一味地把用户当成盈利的"靶子"，就很容易造成用户反感，取消对公众号的关注，没有了关注，一切便都化为泡影。因此，做好微信营销的关键就是做好服务。我们知道，微信营销具有信息交流互动性强的特点，用户和企业可以随时交流互动，这就要求企业的微信客服具有良好的亲和力，应耐心、详细地回答每一位用户的问题并提供相关的建议。在公众号的系统开放和升级上，也要从服务用户的角度出发，增强用户对品牌的黏性。把微信当作为用户提供有价值服务的工具，才能留住用户，也只有将微信做成企业的拟人化交流工具，才可能激活用户的主动传播意愿，吸引更多的消费者关注。从运营微信要遵循的基本原则角度来说，可以从5C原则出发，并按顺序逐级降低使用频次。5C原则具体内容如下。

（1）贴身客服（Close Service）：手机作为一种随身通信工具，可以随时随地进行微信沟通，成为企业与客户全天候的即时通信工具，延伸客户服务体系，满足客户对产品咨询服务的需求。

（2）客户关怀工具（Care）：可以借助微信丰富的表达方式（文字、声音、视频、位置、超链接等），以友好的方式向客户传递产品使用提示及客户关怀活动信息，增加客户黏性。

（3）语音咨询台（Consulting）：在客户服务以外，面对潜在客户对产品或服务的咨询，企业可以发挥自动应答、即时回复等功能，解答潜在客户的问题，完成对潜在客户的服务。

（4）新客户关系发展工具（Client）：通过微信转发、"摇一摇"等功能传递优惠及互动信息，可以建立与微信用户新的关系链。配合二维码、移动互联网广告可实现更多新客户的关系链接。

（5）企业主信息发布平台（Center of Information Diffusion）：可以向客户简短地传递新闻、优惠、营销活动等信息，并结合微信 LBS 引导消费者产生线下行动，以便将潜在客户转化为真正的客户。

3. 挖掘精准客户，做好精准营销

我们知道，微信有强关系性，企业可以利用这种强关系做好精准营销。精准是基于对客户的准确把握，要做好微信营销，挖掘精准客户是关键。那么，如何挖掘精准客户？

（1）利用QQ挖掘用户。通过结合企业自身的行业属性，在QQ群中进行关键词检索，能更好地找到精准属性的潜在用户群。同时，QQ账号与微信的打通大大增加了用户转化的便捷度。通过QQ邮件、好友邀请等方式，能批量实现QQ用户的导入，这种方法对于企业来说有一定的可行性和回报率。

（2）通过微博群、行业网站及论坛导入用户。这些平台上聚集的都是属性相同的用户群体，他们大多有相同的爱好，对于行业产品及服务具有同样相对强烈的兴趣及需求，通过对相应企业公众号的推广，能获得一定比例的有效用户转化，虽然数量有限，但用户忠诚度往往相当高。

（3）做好精准营销客户关系管理系统。企业要建立科学的客户关系管理系统，通过用户分组和地域控制有针对性地向目标客户推送信息，而不是对所有用户群发信息。随着企业的发展，粉丝的数量可能大量增加，企业需要及时完善其客户关系管理系统。

4. 利用朋友圈，构建全新的社交关系链

微信的朋友圈功能激活了微信的私密社交能力，为分享式的口碑营销提供了最好的渠道。移动社交分享在移动商务中一直是热门话题。以首批与微信合作的 APP 美丽说为例，通过与开放平台的对接，用户无须离开聊天窗口就能看到大图、价格、购买链接、美丽说社区等热度信息，这样既得到了朋友分享的信息，又可以轻松地继续聊天。用户通过微信把美丽说上面的商品一个接一个地传播出去，达到社会化媒体最直接的口碑营销效果，其灵活性受到用户、企业与商家的喜爱。加上朋友圈分享功能的开放，微信用户可以将手机应用、PC 客户端、网站中的精彩内容快速分享到朋友圈，并支持网页链接方式打开，这为企业的口碑营销提供了一种全新的方式。

有些商家利用朋友圈点赞功能来宣传自己的活动。具体操作是：商家通过公共账号发布活动信息，让用户通过集齐"点赞"的方式来获得商家的优惠，如可以获取礼品或者电子优惠券等。同样，利用好友助力，也可以促进微信信息的裂变传播。用户在参与活动时需要在活动页面上输入姓名、手机号码等个人信息，如果想要赢取奖品，则需转发朋友圈并邀请好友助力，获得的好友助力越多，获奖的概率也就越大。例如，微信上的好友助力砍价、小程序助力抢票等。以微信钱包里的第三方服务"电影演出赛事"

为例,"砍价0元看电影"活动在朋友圈较为常见,这个活动选取的是当下最热的电影,用户只需点击"砍价0元得"按钮,并将相关链接分享到朋友圈或者微信好友群邀请好友助力砍价,在规定时间内砍价达到额定价格即算是砍价成功。

5. 利用定位功能,开拓销售新渠道

与传统网络媒体相比,微信的地理位置服务是一大特色,"附近的人""摇一摇"等功能均是以 LBS 为基础的。企业可以利用 LBS + "附近的人"功能开拓销售新渠道,用户点击"附近的人"后,可以查找到自己地理位置周围的微信用户,通过微信用户的资料就可以看见基本的信息,企业可以利用其中的签名档,将自己的位置信息、促销信息等内容填入,这就相当于把微信的签名档转换成了一个免费的广告位,而且随着微信用户的增加,这也可能变成移动的"黄金广告位"。

一家叫"饿的神"的快餐店在午间向附近的人打招呼,以宣传自己的快餐业务,需要订餐的用户点击"附近的人"后,收到快餐店的热情招呼,可立即在微信上回复完成午餐订购,这就是一份超越了空间的电子传单。企业依托腾讯 QQ 和手机通讯录同步的优势,通过点对点的关注和推送,可以更好地提高对目标用户群的企业文化信息发布、新产品功能信息推广、节假日优惠活动信息宣传、售后服务信息提示等多项服务信息的发送效率。如今,微信的使用已经突破了传统交流工具的定义,开始向更广阔的领域延伸,这给企业销售带来了新渠道。

6. O2O + 二维码,打造病毒式传播

O2O + 二维码扫描功能,能够打造品牌病毒式传播,成为打通企业线上和线下的关键入口。二维码是微信重要的功能之一,它使用户可以通过扫描二维码或在其他平台上发布二维码名片,便捷地拓展微信好友。微信的社交特征与二维码的便捷性相结合,使得更多的用户可以充分享受移动互联网带来的便捷与实惠。另外,二维码这一小小的标志还让活动变得时尚轻松,增加了趣味性。利用 O2O 进行营销,把不同地区的人连在了一起,这样一来突破了地域的限制,扩大了活动经营的辐射面,提高了用户的参与度。因此,企业可以通过设定自身品牌的二维码,用折扣和优惠吸引用户关注,探索 O2O 新营销模式。

例如,用户先用大众点评网寻找附近美食,在发给朋友挑选后确认一家,然后在微信上寻找该商家的公众号并添加,商家便能提供订餐和导航服务。消费者在结账后可以扫描店内的打折信息,分享到朋友圈、微博等社交平台,由此可获得商家的优惠,这样企业就能较好地实现品牌的病毒式传播。

7. 依托熟人网络,打造微商、微店新世界

微商是基于微信生态,集移动与社交于一体的新型电商模式,起源于 2013 年兴起的朋友圈代购,它以区别于传统营销模式的新型营销机制迅速占领"微用户"的朋友圈并蓬勃发展。微商主要分为 B2C 与 C2C 两种类型,基于微信公众号的微商称为 B2C

微商,基于朋友圈开店的微商称为 C2C 微商。朋友圈与微商是相辅相成的,微商这种营销模式成了朋友圈日益发展的产物。

微商营销通过对用户进行有针对性地引导销售产品,这一营销模式是建立在信任的基础之上的。从根本上来说,一切商业交易的核心问题都是信任问题,微商则强化了这一点,利用朋友圈销售产品依靠的是熟人关系,即使是微信公众号之类的微信小店、微信商城,也是依靠企业与用户之间建立的相互信任得以长期发展的。以"等蜂来"纯天然蜂蜜的营销为例,其微信平台与分销平台双管齐下,利用微信平台吸引精准粉丝,并选择有赞分销平台吸引代理客户。"等蜂来"拥有两个微信公众平台——订阅号与服务号,订阅号每天推送一条信息,服务号每月输出四条有价值的信息,不仅提升了品牌的认知度,更重要的是保持了与用户的互动、产品信息的推送,从而达到销售产品的最终目的。也正是利用这一模式,"等蜂来"经营仅 8 个月,月流水就突破了 100 万元。

8. 活用小程序,打通线上线下销售渠道

2017 年 1 月 9 日,运行在微信上的轻量级 APP 微信小程序正式上线。小程序在线上打通了微信个人号、订阅号、服务号、微信群、朋友圈,线下则通过小程序码、微信卡券、微信支付连接服务和商业,凭借无须下载注册、直达服务的属性脱颖而出,成为企业营销矩阵中的又一利器。目前,企业使用小程序的营销模式有以下几种。

(1) 关联小程序和公众号。在公众号的推文中嵌入文字跳转、图片跳转等模块,用户可直接点击这些模块进入小程序,公众号借助其多元化的功能实现与粉丝的深度交互,增强公众号的服务属性,有效提高购买转化率。"蘑菇街女装精选"是"公众号+小程序"组合运用较好的一个案例,用户在公众号推送中看到喜欢的服饰可以直接点击进入小程序下单,操作更加简便。

(2) 小程序分享拉新。小程序中有拼团、分销、砍价、拼手气红包等多款营销插件,和微信社群的社交属性相结合,通过分享小程序实现品牌推广和购买行为。例如,社交电商拼多多就是通过完美结合"微信+小程序"将电商的交易服务体验推向极致的。拼多多在小程序上的飞速裂变主要体现在分享传播和拼团砍价的精细运营这一策略上。此外,拼多多应用上的开红包领现金、一分钱抽奖等日常运营体验,刺激了小程序应用保持日常活跃,保证用户留存和沉淀。

(3) 增加品牌信息曝光。用户在移动设备上搜索关键词或附近的小程序时可以看到企业的签名档和产品信息,此营销方法具有目标受众精准、信息反馈及时、推广宣传成本低的特点,适用于餐饮美食、商超便利店等企业。

(4) 在小程序游戏中植入品牌信息。目前小程序主要分为两类:一类是以"美团外卖""摩拜单车"等为主的 O2O 服务类小程序;另一类则是娱乐社交类小程序。微信官方发布的 2018 年春节期间微信数据报告显示,春节期间小游戏同时在线人数最高达 2 800 万人/小时,其中,"跳一跳"荣登"最受欢迎小游戏"排行榜首位。知名运动品牌 NIKE 很快就瞄准了这个商机，在其中植入品牌 Logo，获得频繁曝光，提升了商业价值，成为第一个"吃小游戏螃蟹"的人。

9. 数据挖掘用户特征，信息流广告精准投放

微信信息流广告内容穿插在用户阅读的资讯中，和朋友圈其他内容一样可以点赞、评论，达到润物细无声的广告效果。信息流广告基于海量的微信用户，抓取其社交关系、兴趣图谱、信息定位和浏览页面等数据，生成个性化标签，实现对不同标签用户的精准投放、海量触达，用"软性"提高用户体验的同时，也为品牌提供了更加优质的服务。信息流广告投放后用户的反应均会被记录下来，成为日后推送活动的重要依据。

信息流广告发端于 2015 年 1 月，微信团队选取宝马汽车、vivo 智能手机、可口可乐三个面向不同消费群体的品牌，在朋友圈测试信息流广告。除了右上角带有"推广"的标志以外，信息流广告和朋友圈的内容一样，因其"用户标签化"的推送特性，看到广告的用户纷纷在朋友圈内展示自己接收到的是哪个品牌的推送，寻找认同感，在朋友圈内造成广告的二次发酵。

【案例】

星巴克的线上线下互动

星巴克是全球最大的咖啡连锁店，1998 年进入中国。星巴克一直坚持不做广告，但其营销活动始终十分出彩。2012 年星巴克第四季度财务业绩超预期，股价大涨 9%。2012 年 8 月 28 日，用户登录微信，扫描二维码，可将"星巴克中国"加为好友。用户向"星巴克中国"发送一个表情符号，星巴克即时回复，用户即刻享有星巴克《自然醒》音乐专辑。这种方式得到了很多好评，做得比较成功。

一、背景分析

1. 微信和星巴克的主要用户契合度高

首先，微信和星巴克的用户都以年轻人为主。调查统计发现，微信的用户中男性占 63%，20 岁以下占 74%，大学生占 64.51%。用户群具有年轻化、男性居多的特征，从职业分布来看，以拥有大量碎片时间的大学生为主。

其次，星巴克目标市场的定位是：注重享受、休闲，崇尚知识，尊重人本位的富有小资情调的城市年轻人和白领。从这一点看，星巴克找到了合适的营销伙伴。年轻人（尤其是大学生）喜欢在周末睡到自然醒后发一个表情给"星巴克中国"，享受专属于自己的音乐台，然后喝一杯星巴克的咖啡，真是柔情而美好的一件事。

2. 微信和星巴克倡导的理念相同

星巴克的理念是：通过咖啡这种载体，营造环境文化，感染顾客，把一种独特的格

调传送给顾客，让顾客享受并形成良好的体验。微信的理念是：微信不但为人们提供丰富的聊天模式，更代表一种拉近人与人之间距离的生活方式。

星巴克充分利用了微信的语音功能，将自己的微信公众号做成移动个性定制电台，不但为人们提供丰富的聊天模式，更秉承星巴克"连接彼此"的企业文化内涵，让用户随时随地体验"星"乐趣。与生硬的广告相比，这种温情四溢的关怀营销更易被人接受。

二、营销分析

星巴克在微信营销的实施过程中首先从全国的门店开始，让经常光顾星巴克的顾客先成为星巴克微信公众平台的粉丝，然后通过活动等方式让粉丝自主推荐给自己的朋友，让星巴克微信公众平台的粉丝短时间内骤增。

星巴克对目标人群的特点进行了细致入微的分析，同时对微信公共平台的功能也进行了充分开发，不仅破除了传统商业经营模式辐射面小、用户参与度不高、受时间地点等制约的弊端，还具备了轻松时尚、趣味性强、商家与用户互动性好等优势，让用户能尽享商家带来的轻松惬意。可以说，星巴克将微信的及时性、个性化、互动性的优势充分发挥了出来。

星巴克的"咖啡+音乐"《自然醒》系列可以根据用户的心情推送不同的音乐，让每一个顾客感觉自己享受到了独一无二的服务，这符合服务差异化的要求。现在星巴克推送的咖啡系列也在逐渐增多，有星冰乐咖啡系列、星冰乐无糖咖啡系列等，多样化的选择增加了功能化的弹性。星巴克努力为其用户创造一个亲切、愉悦的环境，让自己不仅是一家咖啡馆，还是一个体验的地方。精致的店面装潢、全球第一咖啡店的招牌，让它总是走在时代的前沿。作为第一批开展微信营销的商家，星巴克很好地发挥了自己的附加价值，《自然醒》系列的推送带给用户惊喜与感动，这种方式让用户获得了极大的满足，形成了强烈的共鸣。

三、结论与建议

当然，星巴克的营销并不是完美无缺的，有些网友在体验过《自然醒》后，发现音乐比较单调，很多表情带来的回馈音乐是相同的。星巴克的微信营销方式可做以下改进。

1. 店内移动推广

在店内设置大屏幕，发布微信消息。与桌面上或者菜单上的二维码扫描相比，大屏幕更容易吸引顾客注意力，有利于宣传和促销。

2. SoLoMo

SoLoMo 即 "Social Local Mobile"（本地社交移动），是基于地理位置提供服务的社会化媒体。通过地理位置定位，消费人群能被引导至星巴克，星巴克也可根据 LBS 了解附近地段的人群，尤其在下午茶时间可以向周边人群推销最新饮品、移动优惠券计划等，实现O2O，即将线上世界和线下零售店两者的优点相融合。

3. 游戏化

游戏化是数字用户忠诚度营销的新概念。游戏化的应用程序用挑战和完成任务时的奖励调动用户的积极性，使其购买决定更易受零售商的影响，同时还能够生成有价值的消费者数据。游戏化在传统零售商和移动平台之间架起了一座桥梁。其实星巴克在微信中采取的"咖啡＋音乐"的方式就是一种游戏化的方式，但挑战性不够，建议微信在游戏化中设置用户意见反馈，将其传递给星巴克，以便加以改进。

星巴克尝鲜微信，让很多企业看到了微信营销的商机，但微信营销并非十全十美，如签名档虽是路标式广告，可实现点对点营销，但看久了顾客会自动忽略；问答式营销，以星巴克为代表，形式多样，但数量有限，用户开始感觉新鲜，时间一长就会觉得无趣等。当然，无论是星巴克还是腾讯公司，都是积极改进型企业，相信星巴克和微信的携手可以更加贴近用户需求。

5.4 SNS 营销

5.4.1 数字营销环境下的 SNS

随着全球互联网的飞速发展，SNS 社交网络已经成为备受关注的焦点。从最早对国外社交网络的模仿起步，到现在逐渐形成自己的特色，国内社交网络在不断摸索前进。

SNS 的发展吸引了越来越多的人加入其中，这种将现实人际关系延伸至网络人际关系的网络媒介已成为人们进行社交活动、交流互动的新场所。SNS 社交网络基于真实的人际关系网络，成为用户与朋友之间进行情感交流、获取生活服务信息和娱乐休闲消遣的重要媒介。以社交为目的构建的社交网络并不局限于为用户提供一个社交活动的平台，它也为市场提供了一个营销新平台。那么，到底什么是 SNS？它经历了怎样的发展历程？它的特点又是什么呢？

1. SNS 的定义

关于 SNS，现在比较多的是从以下三个角度来理解的。

（1）社会性网络服务（Social Network Services），专指旨在帮助人们建立社会性网络的互联网应用服务，也指社会现有已成熟普及的信息载体，如短信 SMS 服务。

（2）社会性网络软件（Social Network Software），是一个采用分布式技术（通俗地说是采用 P2P 技术）构建的下一代基于个人的网络基础软件。

（3）社交网站（Social Network Site），是指个人之间的关系网络，这种基于社会网络关系系统思想的网站就是社交网站。

在互联网迅速发展的今天，人们希望借助互联网方便地与他人交流，提高工作效率，对社交网络越来越依赖，因此，SNS 所建立的平台是具有商业价值的，并日渐凸显其强大的功能。在国内，大多数时候人们提到 SNS，指的都是社交网站。

2．SNS 的发展历程

SNS 的概念是随着 Facebook、人人网、开心网等 SNS 网站的成熟而逐渐被人熟知的。早在 1997 年就出现了第一个 SNS 网站——SixDegree.com。这个网站根据六度空间理论构建，是社交网络的雏形。在那之后直到 2002 年 Friendster.com 的创建，开始了 SNS 的第一波热潮，Friendster 仅用短短的几个月就发展了 400 万注册用户，一年之后注册用户数翻番，达到 800 万，并且引来了大批网站的竞相效仿，同类型的新网站不断出现，在不到一年的时间内就出现了十几家类似于 Friendster 的社交网站。这些网站的开发团队和运营者或多或少地受到 Friendster 的启迪，并且得到了国内外风险投资的支持，由此，SNS 网站热潮在全球范围内掀起了。

2003 年年底，MySpace 这一和 Friendster 功能类似的网站上线。MySpace 的特色和价值在于：以音乐作为网站的核心，为音乐爱好者提供音乐上传服务，创造了一个展示自己独特个性的平台。MySpace 在洛杉矶地区的 Club、乐队和各种派对中的地下推广吸引了很多独立制作乐队，很快在用户之间形成了病毒式传播，并形成了围绕音乐的社会网络，取得了惊人的效果，成为年轻人搜寻新音乐以及兴趣相同者交流的地方。经过几年的快速发展，MySpace 拥有了大批注册用户并迅速崛起。

与 MySpace 以音乐为核心为用户提供娱乐和兴趣交友的服务不同，Facebook 所提供的平台和服务是为了使用户能在这里找到现实生活中有真实关系的朋友。Facebook 于 2004 年 2 月 4 日发布，其创始人是在哈佛大学就读的大学生。Facebook 以高校大学生群体为突破口，迅速积累了大量用户，并且获得了风险投资的支持。在其后的短短四年内，Facebook 借助留言板、发状态、虚拟礼物、发起线下活动、视频分享和第三方平台等功能，一举超过 MySpace，成为全球最大的 SNS 网站，拥有来自全球超过 20 亿的用户，成为当今互联网发展史上的一个奇迹。

Friendster 在美国的迅速崛起也带来了中国 SNS 的第一波热潮。当时中国的 SNS 网站也多是对 Friendster 的模仿。当时中国较大的 SNS 网站包括友友觅（UUme）、亿友（YeeYoo）、多多友、联趣（Lian-Qu）等。值得一提的是，当时的亿友网采用了将六度空间理论与中国传统文化相结合的全新模式。这些网站多是受到 Friendster 成功的启发后创建的，但网站的内容单一导致用户黏性不够，并且当时国内绝大多数用户还无法接受 SNS 的概念，SNS 网站逐渐遭到冷遇。

之后，MySpace 在美国成功掀起的 SNS 风暴更加猛烈，又迅速带动了国内形形色色的网站对 MySpace 的模式加以模仿，力图创造中国式的 MySpace，然而由于种种原因，鲜有成功者，国内第二波 SNS 浪潮的衰退由此开始。这期间表现较为突出的是 QQ 空间，除了有 QQ 好友这个用户基础外，它通过推出同学录、同事录和同城好友等对用户进行群体分类，之后的发展使 QQ 空间的个性化设置不断完善，又推出了 SNS 娱乐应用，并开启了与第三方合作的众多应用。QQ 空间始终把握满足用户需求的主线，注重迎合用户的习惯，取得了月活跃用户数超 5 亿的成绩。

2005 年，受到 Facebook 的影响，校内网（后改名人人网）创立，它模仿 Facebook 的模式建立了中国最早的校园社交网络，抢占了大批高校大学生用户，之后经过近一年的发展，成为国内 SNS 成功的领跑者之一。2009 年，为了创建一个更加广阔的社交平台和获得更大的用户群，校内网更名为人人网，跨出校园面向社会所有群体。2010 年的人人网注册用户已经达到 8 000 万。2011 年人人网上市，开盘价为 19.5 美元，相比发行价上涨 39.28%，市值排名仅次于百度、腾讯，成为当时中国互联网排名第三的公司。

3. SNS 的特点

SNS 的核心是用户，用户的结合通过关系，社交网络的内容是用户自行筛选的。因此，SNS 的特点主要表现在以下几个方面。

（1）用户信息的可靠性。用户注册之初要填写用户资料，包括上传的头像及所处的位置、性别、出生日期、所属地、教育背景、工作背景、兴趣甚至政治观点、宗教信仰，还有邮箱账号、QQ 号、MSN 账号等信息。实名制的注册模式使得 SNS 以现实中的社会关系为基础，模拟现实社会中的关系网，将人们的沟通交流方式移植到网上，使用户之间建立起信任关系。

（2）用户关系的亲密性。SNS 是通过各种各样的关系建立起来的新型社交网络，用户之间通常是线下好友，或者是好友的好友，彼此了解，具有相当亲密的关系，这种关系可以保持用户在线上了解好友动态的同时在线下也可以互动交流，增加了更多的趣味性，增强了好友的亲密程度，因此黏性较强。

（3）传播内容的碎片化。SNS 上的内容是由用户产生的，是用户自发提供或者分享的看过的电影、听过的音乐、心情的变化或者视频、照片等，因此内容呈现碎片化和不一致性。对于用户来说增加了趣味性，能够接收到不同好友的不同信息，也能自我呈现想要分享的信息，内容更加多元化。这种碎片化的信息使 SNS 的内容传播更接近人际传播，并以关系为基础为用户提供了一个平台，凭借其形式多样的互动功能，往往能达到比大众媒介更好的传播效果，甚至会因为网络民意而扭转舆论倾向。

（4）用户的去中心化。SNS 作为参与式社交网络，强调合作、共享、平等、开放，用户中没有一个固定的焦点，任何人都随时可以成为焦点。SNS 以用户为节点，以关系相连接，织成一张人脉巨网，信息发送的中心点不再存在，只有信息传递的用户节点。SNS 作为一种非群体化的传播模式，个体成为传播的起点和终端，消减了中心的意义，凸显了去中心化的特点。内容的传者和受者之间采用的不再是线性模式而是循环模式。在受者会变成传者，传者也会变成受者的信息传递方式下，用户的主动性得到激发，受者和传者成为一体。

（5）社交平台的开放性。SNS为用户提供了一个可以自由发挥的平台，这个平台是开放的、包容的。目前用户数量已经初具规模，如何增强用户黏性是一个有待解决的问题。平台需要不断增加新的应用，并引入第三方应用程序，对网站进行不断扩充。

5.4.2　SNS营销的定义及特点

随着国内外营销理论和模式的不断创新及发展，SNS营销逐渐成为企业营销不可或缺的一部分，许多企业竞相运用SNS营销实现企业营销目标。比如在目标用户集中的城市开展了解用户对产品和服务意见的营销调研，或者在房地产项目中的礼品植入等活动，都充分体现了SNS营销的人与人之间互动的本质，这也正是一切营销的核心。网络社区为网民提供了良好的信息交流平台，这使得有相同偏好和类似消费习惯的网民能相互探讨有共同兴趣的内容，企业可以利用品牌社区庞大的用户量以及黏性，制定符合企业品牌市场地位的SNS营销策略，与目标客户群平等交流，进而树立良好的品牌形象。那么，到底什么是SNS营销？它有什么特点呢？

1. SNS营销的定义

SNS营销就是利用SNS网站的分享和共享功能，在六度空间理论的基础上实现的一种营销。这里有几个关键点。

（1）SNS营销利用的是SNS社交网络，但是这并不意味着载体的唯一性，在微博、微信等社会化媒体迅速发展的今天，企业可以对各个平台进行整合，在充分利用SNS网站优势的同时，与其他平台的优势进行综合，从而形成全媒体无缝整合营销方案。

（2）SNS网站具有分享和共享功能，而且SNS是建立在人际关系基础上的，六度空间理论是它的理论基础，这就为企业利用SNS进行病毒式传播提供了便利条件。

（3）六度空间理论（Six Degrees of Separation）又称作六度分隔理论、小世界理论。1967年，哈佛大学心理学教授斯坦利·米尔格兰姆（Stanley Milgram）做过一次连锁信件实验，结果发现了"六度分隔"现象。简单地说就是你和任何一个陌生人之间所间隔的人不会超过五个，也就是说，最多通过五个中间人你就能够认识任何一个陌生人。

2. SNS营销的特点

SNS营销的载体是SNS社交网络平台，其理论依据是六度空间理论，它有广泛的用户群，用户群之间形成了强关系链。可以说，SNS平台具有自己的特点，基于SNS的营销活动也具有独特的优势。

（1）传播速度快、范围广。SNS是由兴趣爱好相同者组建的网络社区，用户之间联系密切，关系黏性大。这种特殊的网际、人际传播方式使社区内的信息传播更有爆发迅速的特点，能够在很短的时间内聚集大批用户；同时，由于社区用户的参与度和分享度都比较高，社区热点事件往往能够借助各种渠道和方式得以大范围传播。因此，SNS 营销借助网络虚拟社区，具有信息传播速度快、范围广的特点。

（2）影响力比较大。SNS 社区的出现为广大网民提供了发表言论的良好平台。以共同兴趣爱好为基础组建的社区具有更好的用户黏性。当企业在社区传播产品和品牌信息时，社区内很容易形成对产品或企业评论的较强声音，从而对消费者的消费选择产生较大的影响。现在，社交网络无疑已成为企业进行口碑营销的主要平台。社区中意见领袖的影响力也与日俱增，对传统话语权的冲击开始出现。

（3）互动性、体验性强。互联网技术的迅速发展使得网民上网时间不断增加，上网习惯更加成熟。主要表现在网民用户更乐意主动获取和分享信息，用户显示出高度的参与性、分享性与互动性。如果 SNS 社区用户发布新的信息，其社区内的朋友一定会立刻收到更新的动态信息。所以说，SNS 最大的特点就是能充分展示人与人之间的互动，这恰恰是一切营销的基础所在。

（4）营销成本低。SNS 社区的最大特点就是社区参与者都是基于某种兴趣爱好聚集在一起的，社区用户关系有很好的黏性。在此基础上，SNS 信息传播的对象主要是社区用户，扩散方式主要是众口相传，因此与传统广告相比，无须大量的广告投入，可借助用户评价的病毒式扩散获得更大的影响力。

（5）精准营销，真实营销。SNS 网站的精准性完全基于网站用户的真实性，作为真实关系网络延伸的 SNS 网站会员信息的真实度与其他互联网应用形式相比是较高的，同时我们也可以依据用户信息和朋友圈子去判断一个用户的真实程度。在广告主看来，SNS 网站最吸引人的一点就是有大量用户真实、详细、准确的资料。SNS 网站可以通过注册信息非常详尽地知道每一个用户的基本信息，从用户的使用行为中分析出用户的兴趣、经历、偏好、朋友圈、购物记录，这为精准营销活动做好了数据积累。利用这些用户人口统计和行为信息，网站可以很轻松地转换为一个广告网络。

5.4.3 SNS 营销价值分析

对于传统企业而言，SNS 的营销价值就在于其庞大的用户量、极好的用户黏度、良好的互动性以及强大的信息分享和传播功能。SNS 的核心是人际关系，把相同爱好、相同行业的用户群体聚合起来，形成信息共享机制，能有效地激发用户的活跃度和黏性，这说明用户才是 SNS 整个价值链条的核心。

1. 互动参与的客户关系

基于高黏性的人际关系网络，SNS 能够形成一个高效的信息发布、反馈通道。企业在 SNS 社区可以快速有效地公布消息，及时与消费者沟通交流。这种充分的互动可以避免企业与消费者之间因缺乏沟通造成误解，使企业和消费者之间更加了解和信任。通过及时有效的沟通，企业能清楚地了解消费者的消费习惯和个性特征，为消费者提供更适当的服务，遭遇消费者信任危机的风险也大大降低。此外，通过SNS交流平台，企业还可以让消费者参与到产品和服务研发当中。从产品和服务本身来说，质量的提高和控制将得到有效的保证和监督；从消费者的角度来说，也获得了一种参与感和成就感。两方面的共同作用提高了新产品、新服务在市场上成功的可能性，密切了企业和消费者的联系。因此，绝不要把SNS广告想象成简单的广告展板，SNS广告远比我们想象得有趣和有效，这种互动广告方式使SNS营销渐入佳境。

现代科学技术的进步使不同商品之间的同质化趋势越来越严重，面对无太大差别的大量商品，消费者的购买决策过多地依赖于自己对产品的主观认识和接触。此时，企业与客户建立良好的关系，树立品牌形象尤为关键。要与客户建立良好的关系，必须突破传统的商业概念，不能停留在交易层次上，而应该将与客户的关系上升到更高层次，为客户提供及时的服务，培养客户忠诚度，让客户参与，与客户进行感情交流，发展互动参与的客户关系。这种互动参与的客户关系是SNS黏性和去中心性的体现。SNS为客户关系的发展提供了新的途径。

2. 口碑传播效果明显

依托强大的社区黏性人际网，SNS能全方位打造更为宽广的口碑传播渠道，这使得社区信息的传播速度更快，传播形式更自由，传播领域更集中。当然，基于社区用户的口碑营销传播对企业营销而言也是一把双刃剑。在SNS信息传播中，如果消费者在接触了某产品或服务之后，对其相当满意或者感觉十分愉悦，就可能与社区好友一起分享自己的快乐体验和感受。因为是基于自己的认知有感而发的，所以这种分享很容易获得其他用户的认同，从而影响到他们对该产品或服务的认知和态度；相反，如果消费者在接触某产品或服务后产生不满情绪，不管这种不满客观与否，企业都免不了面对如潮的恶评，当此信息浏览者有某种相同产品或服务需求时，就很有可能受这种不满情绪的影响。

SNS社区的口碑传播不仅可以引导需求，而且可以创造需求。比如社区好友看到豆瓣网里朋友精彩的电影评论后，哪怕是之前不太感兴趣的电影，往往也会下载下来，或者去电影院一睹为快。对于有共同兴趣爱好的SNS社区来说，创造需求更加容易，因为它本身就是基于某种特定需求而形成的圈子。这件原本需要企业做的事情在SNS社区中可能由有些人代劳了，如分享自己亲身体验的朋友，或者讲述某东西重要性的学者等。当然，这种引导可能并无目的性，如果企业加以利用，那么SNS平台将发挥口碑的强大力量。

3. 分众的长尾价值

在长尾市场，有三种基本的参与者：消费者、聚合者和生产者（身兼三职也是有可能的，它们并不冲突）。这三种参与者的作用主要有以下几点。

一是消费者。作用：消费为主。人们有了更多的不同选择，他们个性化的口味更多地得到满足，个性化的内容也更多地被消费。

二是聚合者。作用：收益为主。收集各种各样的内容，并且制作搜索和推荐它们的工具，SNS 就是这样的一种工具。在微内容增长的同时，聚合者的门类增多，为分众的精准营销奠定了基础。Google 具有先发优势，专门的小众聚合（如垂直搜索、豆瓣）则正在兴起。

三是生产者。作用：满足为主。对生产者来说，长尾带来的利益不在于直接的经济收益而在于个体需求的满足和实现。平均每个博客在 Google AdSense 上的回报少得可怜，平均每个乐队在 MySpace 上卖出的 CD 也不足以收回录制成本，但是对于个体来说，他们更关注的是声誉和个人梦想的实现，以及因此得到的各种机会。

分众以及他们产生的大量微内容需要一个聚合者才能显现其营销价值。海量的长尾信息冗杂且繁乱，如不进行重构和聚合则无法体现其价值。如果企业自己去搜寻和综合势必要花费大量的人力、物力和财力，SNS 作为微内容的聚合者，其营销价值就凸显出来了。企业可以寻找与自己产品和品牌定位相同的 SNS 圈子。在找到这样的目标消费群之后，可对他们进行品牌植入营销。同时，还可以在这样的微内容中收集新的需求、发现新的需求，进而开发新的产品或者发现新的市场。

5.4.4　SNS 营销策略分析

SNS 社交网络具有大量的用户资源，用户之间有亲密的关系，社交平台具有开放性，这些都是企业在这一平台进行网络营销的有利条件。互联网时代，产品的更新换代很快，用户资源可能会被新的应用迅速占领，目前 SNS 社交网络的发展一直在调整和增加用户黏性，其用户规模和忠实用户的培养已初见成效，如果可以利用 SNS 社交网络开展有效的营销活动，对于企业发展来说将是事半功倍的。那么企业可以采取哪些具体的营销策略呢？

1. SNS 社交平台的网络营销方式

伴随着 SNS 社交平台的发展，企业的网络营销方式也在不断探索和创新。已有的 SNS 网络营销方式包括口碑营销、视频营销、兴趣营销、病毒式营销、品牌营销、精准营销等。在此，我们将 SNS 社交平台的企业网络营销方式划分为体验式营销、互动式营销和大数据营销三类。

（1）体验式营销。体验式营销重视消费者的感官、情感、思考、行动和关联，这正好与 SNS 社交平台的基本功能——相册、日志、评论、分享和好友——相匹配。SNS 社交平台体验式营销的常用手段包括虚拟礼物和游戏植入两种方式。例如，开心农场游戏将虚拟礼物放入其中，以其注册量 4 000 万为基数，假设有 1% 的人使用此虚拟礼物，那么至少有 40 万人，相对应的收取礼物者也有 40 万人，这样就有 80 万人参与到虚拟礼物的体验中；即使没有参与送礼活动，每天浏览礼物页面的人也不在少数，大范围的浏览传播起到了免费的广告宣传作用。

（2）互动式营销。SNS 的突出特性是其高度参与性与互动性，为互动式营销提供了最佳的网络营销平台。SNS 社交平台常用的互动式营销方式包括视频营销、兴趣营销和口碑营销，最终达到病毒式营销。首先，越来越多的网民在网络视频上花费更多的时间，要选择有价值的视频渠道，除了专门的视频网站推荐外，SNS 上好友的推荐、分享起到了更为重要的作用。SNS 社交网络与视频网络处在不断的开放与融合过程中，视频中的网络广告成为企业营销的有效手段之一。其次，不管是基于共同兴趣爱好形成的兴趣社交平台豆瓣网，还是线下好友转移到线上生活形成的人人网，都拥有群组功能，群组的成立是以好友间共同的兴趣爱好为基础的，因此，在群组中开展兴趣营销会给企业带来更多忠实的客户。最后，网民将 SNS 作为发表意见的主要平台，关于企业广告或者某产品的快速简洁的评论会形成强大的声音，加上意见领袖的引导，会如滚雪球般吸引众多的好友关注。总之，SNS 的互动式营销的核心在于借助兴趣营销、视频营销、口碑营销等营销手段实现 SNS 的病毒式营销。

（3）大数据营销。SNS 社交平台用户资料的真实性和完整性为企业进行大数据营销提供了得天独厚的条件。例如，Facebook 就掌握着用户的年龄、性别、地区、受教育程度、兴趣爱好等信息，使广告主可以更加精确地定位目标受众群体，实现大数据精准营销，通过后台的数据分析，还能实时追踪营销的效果，随时根据情况调整营销策略。

2. SNS 社交平台的企业品牌营销策略

企业品牌营销的目的在于对企业品牌和活动进行宣传，让客户对企业品牌有一定的认知。企业借助游戏、文字、图片、视频、虚拟礼物、品牌社区等传播媒介，通过网页广告、互动广告、口碑传播、精准营销、游戏植入、品牌社区、线下活动等具体模式，使得用户对企业即将开展的活动有所了解，为企业顺利推进线上线下的营销活动提供保障。SNS 社交平台的企业品牌营销策略有以下几种。

（1）建立企业公共群。在 SNS 网站上建立企业的公共群，作为企业品牌文化的公共主页，也可以建立某产品的公共主页。比如人人网建立的公共主页，作为公众人物、媒体机构、企业品牌与人人网好友的沟通平台，除具备个人主页的所有功能外，还有个性化展示工具、多媒体增效工具、实用的营销工具、数据分析平台和其他实用工具。一方面，企业公共群作为企业和 SNS 用户亲密结合的窗口，形成企业与用户之间一对一的互动，能够增强用户黏性，并吸引好友的好友关注企业，实现企业品牌宣传的快捷化和高度信任化；另一方面，在公共主页上形成的大量粉丝，作为企业的无形资产，有助于企业零距离接触客户，建立企业数据库。

（2）品牌广告植入。SNS 社交平台上企业品牌广告植入的方式有两种：一种是通过 SNS 网页游戏，将产品外形、定位、价格等植入其中；另一种是将企业品牌植入用户的交互媒介。很多 SNS 用户会在 SNS 游戏上花费大量的时间，企业可以结合自身产品定位和特点替换网页游戏中的产品，潜移默化地使用户在游戏娱乐的过程中接受企业产品，加深对产品和品牌的印象。另外，在 SNS 网站上有虚拟礼物，虚拟礼物作为人际关怀的一种表达方式，迎合了 SNS 互动的需求，在用户中的使用频率颇高。虚拟礼物包含饰品、服装、书籍、生日祝福、时尚用品等，将企业品牌和产品嵌入虚拟礼物中，可以让赠送和接受礼物的两方都加深对企业的了解，同时在"好友新鲜事"中的呈现也可以让其他好友了解，无形中又增加了影响力。

（3）企业品牌与用户动态相结合。SNS 社交平台的内容是由用户自行选择产生的，这个过程大部分通过状态和分享来完成。分享作为 SNS 最重要的元素之一，是好友对好友推送信息的一种方式。状态和分享组成了用户的动态，在这些动态中用户使用率最高的是分享、相册和留言。企业将品牌融入高使用率的用户动态更新，利用 SNS 分享的优势，可达到病毒式营销的目的。企业品牌与 SNS 用户动态相结合通常包括以下几个步骤：首先，结合时代亮点寻找一个让目标客户感兴趣的非冷门话题，与企业文化相一致，能够让目标客户兴奋；其次，根据该话题，结合目标客户的网络使用习惯，在企业公共群或者其他媒体上大规模呈现该话题，引导客户进行体验式互动，先让一部分人兴奋起来；再次，基于 SNS 网站用户的动态更新，依托口碑营销方式让更多的人参与到该话题中；最后，对互动内容做二次包装和传播，利用一些先锋关注者产生的互动效果，对信息进行包装，逐渐形成一个有共同认同感的客户群体，并将认同程度予以深化，使客户数量增加，客户质量提升。在此基础上，不断爆出新的话题，保持持续的关注，延长 SNS 的营销周期。

（4）整合营销传播。整合营销传播包括与传统媒体的整合、与微博和微信等其他新媒体的整合、线上线下的整合等，总而言之，就是整合一切可以整合的资源，使 SNS 营销能够无缝、全方位地渗透到每个目标受众并取得预期的效果。企业发挥传统营销底子厚的优势，结合网络营销庞大的用户资源、较低的宣传成本、较快的传播速度等优势，将线上品牌推广、活动宣传与线下活动或者电子商务相结合，实现高效营销。有效的整合营销传播，一方面可以提升企业品牌认知度，另一方面可以将消费者对品牌的热爱转化为实际的商品销量。

3. SNS 社交平台的客户关系管理

客户关系管理的核心在于客户价值管理，即深度挖掘客户的详细资料，分析客户需求，以客户为中心，遵循"一对一"的营销原则，展开包括判断、选择、争取、发展和保持客户所需在内的全部商业过程，以期满足不同价值客户的个性化需求，提高客户忠诚度和市场占有率，保证客户价值的持续性，最终实现提升企业盈利能力的目标。客户关系管理的基础是客户信息，在 SNS 社交平台，用户与用户之间通过关系得到聚合，关系是 SNS 的重要节点之一。SNS 社交平台的用户信息、用户关系为企业客户关系管理提供了得天独厚的条件，信息的迅速响应和传播有助于客户关系管理。企业必须以客户为出发点，以开发和维持客户关系为企业经营发展的核心，建立客户数据库，有针对性地开展营销活动，并建立售后服务体系，努力维持长久的客户关系。

在社交网络的客户关系管理中，企业要做的是分析社群的需求，自动分化社群并找到符合自己需要的社群，有意识地维护此社群的发展，以便形成长期的目标社群。在目标社群中，每个用户都是独立的主体和内容的提供者。用户与用户之间不再是孤立的，而是相互交织在一起的。一方面，企业可以通过用户在社交网络中的使用习惯、行为痕迹了解用户个体化的需求，针对不同的用户提供不同的产品和服务，实现精准营销；另一方面，企业通过话题讨论等有意思的活动或者积分、奖励等激励措施吸引用户参与进来，通过用户的体验分享使得更多的用户加强对产品的认知。另外，企业还可以将SNS作为客服窗口，利用SNS的即时性和互动性优势，客服人员可以在网站上提供企业产品相关信息，快速解答用户的疑问，提供售前售后全方位、快捷的人性化服务。

【案例】

豆瓣：宝格丽精神传达的阵地

一、活动背景

成立于1884年的意大利珠宝品牌宝格丽曾出现在多部经典的电影作品中，其自身代表着顶级品质与高端服务的完美结合，这为影片及其角色增色不少。2017年，宝格丽成为上海国际电影节官方合作伙伴，在2018年第21届上海电影节推出"宝格丽经典呈现：喜亦风流"展映单元，以《英俊的安东尼奥》《昨日、今日、明日》《圣母街上的大人物》《意大利式结婚》《意大利式离婚》五部经典影片让人们重温意大利电影辉煌时期，展现宝格丽品牌所推崇的意式生活方式。

宝格丽充分利用此次电影节的契机，以豆瓣为重要阵地开展了品牌营销活动。这不仅是因为豆瓣用户追求生活品质、消费能力强、对电影见解深刻，更重要的是这一合作形式带来的重要意义，即可以通过电影去传达品牌理念，提升用户认知度。

二、活动过程

首先，宝格丽与电影的结合主要通过"宝格丽经典呈现：喜亦风流"展映单元的形式加以展现。宝格丽是意大利著名珠宝品牌，因此，宝格丽的品牌推广回归到意大利这个时尚、神秘之都，选取了五部经典的意大利电影展现经典意式生活，五部不同的电影代表不同款式的钻石项链。豆瓣网页的交互设计使用户可以通过点击鼠标切换电影来查看不同款式的钻石项链。

其次，每部电影的旁边还会有豆瓣用户对电影的深入剖析，使品牌自身的意式浪漫与永恒经典的高雅艺术形象在电影中得到融合，让用户全方位了解品牌对电影的贡献，同时使品牌自身的形象更加立体和丰满。

最后，不同于以往豆瓣需要注册登录才可以对电影进行评论的做法，此次活动中，游客也可以对电影进行即时评论，并能看到自己的留言"上墙"，满足用户心理。宝格丽在豆瓣平台发布了一系列宣传内容，这些内容出现在豆瓣开屏广告、信息流广告（图5-9）、话题广场等区域。品牌通过一系列原生广告内容，将同为"瑰宝"的电影与珠宝联系在一起，以"电影是人类的艺术瑰宝和宝格丽为珠宝中的瑰宝"为切入点，让用户看到宝格丽就能联想到相关的电影，加深了品牌的文化底蕴。

三、活动效果

据统计，此次宝格丽的广告整体投放覆盖1 700万用户，在没有奖励机制的情况下信息流广告在豆瓣的参与互动人数达17万人，另外，豆瓣上还出现了上千条高质量的影评。

图5-9　宝格丽在豆瓣上投放的信息流广告

四、案例评析

在宝格丽此次与豆瓣的合作中，豆瓣为品牌精准地找到了全新契合点。电影作为一种现代艺术，其文化传承百年，每一部电影都拥有不可磨灭的时代印记，是人类文明史上不可或缺的重要部分。珠宝作为一门精雕细琢的艺术，已有千年历史，恒久流传，记录了人类世世代代对于美好事物、时尚的追求品位。电影通过银幕、声音与文字传递美的理念，珠宝通过视觉把美化成具体可感的物质。将同为"瑰宝"的电影与珠宝联系在一起，是此次营销创意成功的因素之一。

此外，豆瓣作为国内有较大影响力的 SNS 网站，拥有以白领和大学生为主的过亿都市青年用户。豆瓣电影在国内外电影市场具有良好的信任度和公信力，每月有几千万的电影用户活跃在这里，其互动式的多对多传播将品牌信息携带到各个讨论小组，从而实现品牌理念的传递和产品及服务的购买。

第6章 私域营销

【导入案例】

逆势增长，瑞幸怎样打好私域这张牌

瑞幸咖啡2022年第二季度财务报告显示，瑞幸第二季度实现营业收入32.987亿元，同比增长72.4%。其中，自营门店收入23.311亿元，同比增长52.4%；联营门店收入7.775亿元，同比增长178.4%，占总收入的比重进一步提升至23.56%。财务报告指出，瑞幸在疫情之下实现抗压增长的原因得益于三个方面：持续推出爆款产品、门店持续高速扩张以及交易客户稳步提升。在线下消费如此紧张的今天，瑞幸拓店速度不减的同时业绩持续向好，其秘诀究竟何在？

一、多渠道引流，构建良性闭环

瑞幸采用线上线下相结合，线下门店和线上渠道互相反哺的方式持续为私域引流，形成良性闭环。

线下门店引流。想做好私域流量运营，用户量是基本盘。从财务报告中可以看出，瑞幸咖啡的门店数量持续扩张，第二季度净新增615家门店，门店总数量达到7 195家，拥有非常多的流量入口。一方面，瑞幸在线下门店中大量摆放醒目的福利官活码，引导用户扫码加入福利社群领4.8折优惠券；另一方面，店员也会通过话术引导用户加入社群，绝不错过任何一个前来取餐的用户。

线上渠道引流。与实体店广泛布局相似的是，瑞幸咖啡在线上对于私域引流的渠道也几乎没有"死角"，通过公众号、小程序与APP三大渠道，将4.8折优惠券作为诱饵，引导用户点击。瑞幸在公众号菜单栏底部设置了入群按钮，用户点击后就会跳转至对应的文章获取入群海报，引导添加首席福利官企业微信，福利官自动欢迎语下发入群链接，跳转小程序，获取用户位置信息，根据用户定位推送对应的门店群码。APP中也有相同的路径，最终都会落到同一个引流页面——企业微信，通过企业微信承载所有用

户流量,最大程度地直接触达用户。

二、精细化运营,持续推进复购

品牌在起盘做私域前,不可回避地要考虑一个问题:为什么要做私域?之所以这么说,是因为不少品牌在最初做私域的时候,大多本着先启动后优化的原则,盲目以"折扣""福利""羊毛"这些零门槛的方式将用户引流至私域。前期定位的不明确,导致用户在扫描添加相关运营人员后,先入为主地认为这家品牌私域的价值就是"薅羊毛""低价福利",后期想要再去改变用户的心智就很难了。而瑞幸对社群的定位则是做老用户的留存和提频,更好触达用户,提高消费频次,这也是私域的核心价值所在。

社群精细化运营,满足不同用户需求。瑞幸根据 LBS(基于位置的服务)定位引导用户加入就近门店社群后,再通过不同消费者所属城市、门店、喜好口味等维度,对齐目标人群消费日程,从过去的"等人下单"变成"找人下单",在每天固定时间点做营销。例如早上 8:30 推送早餐套餐、中午 12 点左右推送抵用券、晚上 8 点推送瑞幸咖啡衍生类周边产品,利用社群增加品牌和产品曝光。每一次新品和优惠信息的发布也帮助瑞幸唤醒社群中的沉睡用户,进一步提升用户活跃度。对用户来说这一举措也是有利无害,可以在各个时间段看到不同类型的商品推荐,丰富自己的用餐选择。

花式打卡,提升用户黏性。瑞幸还推出了一系列周期性活动,如"喝咖啡挑战",七天之内达到相应的下单数量,即可获得相应的优惠券。在用优惠券"薅羊毛"的同时,瑞幸还推出"喝咖啡·集勋章"活动,持续刺激有收集爱好的用户前来打卡消费,进一步提升用户活跃度和黏性。

个性化推送,提升复购率。在内容的宣传、发送上,瑞幸通过数字化手段深入了解用户的喜好和习惯,根据用户画像及用户标签,针对性地给不同用户推送不同内容,实现千人千面的个性化内容,而非简单地一键群发。例如,当一个用户喜欢喝美式时,瑞幸就不会推送拿铁的新品给他;当有美式新品上市时,则给这个用户推送新品信息以及优惠券,促使用户下单购买。

总之,瑞幸先用快速而有质量的拓店行为实现规模化精准引流,再在线上私域用个性化精准服务抓牢用户,从而持续反哺线下客流。对品牌来说,私域其实是把双刃剑,运营成功会带来大量死忠粉,失败则会劝退用户,而其中的好坏完全取决于品牌在用户运营和服务上面投入了多少精力和心思。

互联网时代有一个共识:谁拥有更多流量,谁就能在互联网竞争者中拔得头筹。但是随着互联网流量红利的逐渐消失,互联网流量市场加速下沉,大部分个人或企业面临诸如获客难、留客难、拉新难、盈利难等流量瓶颈难题。随着移动互联网流量红利的消退,广告投放费用进一步增长,品牌已意识到对存量用户深耕细作的重要性,纷纷寻求去中心化发展道路,营销思维也从"流量"转变到"留量",私域运营应势而起。腾讯营销洞察和波士顿咨询公司联合发布的《2021 中国私域营销白皮书》显示,2020 年微信生态和自营APP等私域触点在中国的渗透率已达96%，过去一年有79%的消费者在私域进行过购买。企业打造私域流量的时机已到。

6.1 私域营销概述

6.1.1 什么是私域营销

私域营销就是对私域流量的营销，谈及私域营销肯定离不开私域流量。"私域流量"是从2019年开始在品牌和数字营销界非常流行的一个热词。私域流量的发展离不开社交链，像社群、微信个人号、企业微信号、朋友圈、社区以及品牌的官网、APP、小程序和各种平台账号等是较为常见的"私域流量池"，强调流量的专属性，是品牌方自主掌控并复用的流量。私域流量可被定义为沉淀在品牌或个人渠道的，可随时及反复触达的，能实现一对一精准运营的用户流量。私域流量营销指通过引流用户到私域、满足用户需求、运营用户关系以实现产品或服务交付与品牌收益增厚的组织功能或手段。

私域营销是一种消费者运营手段的创新，是适应社交媒体发展的产物，即使它的价值再高也是在流量思维的框架里，"流量"即使在封闭的空间里也可以流出，真正能抓住"流量"的永远不是营销，而是品牌所具有的真正价值。所以，对私域营销的认识一定要清醒，它只是一种新的工具、新的手段，与以往的公域营销工具相比具有一定的相对优势，但不具备全然替代性，是一种有益的互补。所以，要想让私域营销真正为品牌赋能，还是需要掌握清晰的运营原则（图6-1）。

注：以上仅为代表性平台/渠道，不代表所有平台/渠道。

图6-1 品牌流量主要来源平台/渠道

私域营销就是把通过公域流量营销获取的潜在客户线索资料信息，通过私域营销工具进行统一化的管理和运营，进而促成转化订单；充分利用公域流量资源，提升公域流量的利用效率，进而提升营销推广转化率，降低营销推广费用。

6.1.2 私域营销的发展背景

当前，分析私域营销兴起的背景、营销价值及应用，有助于品牌破局，实现价值增长。微博、微信、抖音、快手、小红书等带有强烈社交属性媒体平台的发展，带来了去中心化的传播，这使得兴趣爱好不同的用户分布在不同的平台上，呈现出碎片化、分散化的状态。与此同时，日益成熟的电商基础设施和支付技术与各种媒体渠道融合，也催生了无处不在的销售通路，这些共同构成了新的营销格局。

在新格局下，私域营销走进了公众视野，并被很多企业践行，私域营销与公域营销的价值比对也成为业界关注的话题，众多品牌主都在着力探索如何用私域营销来破局，助力品牌发展。当下，业界对私域流量的普遍看法是"免费的"，一次获客后不再需要额外为流量付费，营销成本低廉。于是，在多种因素作用下，围绕着私域流量运营的营销策略适时而生。

6.1.3 私域营销的价值

私域营销作为一种数字化营销模式会被品牌主广泛青睐，与其独有性有一定的关系，品牌愿意把私域流量看作自己的独有资源，形成一定的竞争壁垒，解决公域营销的痛点。私域营销的价值如下。

（1）从品牌主营销一体化的满足上来看，私域营销可以挖掘老客户的价值，提升老客户的复购、转化、推荐意愿，促进产品本身的销售转化率。

（2）从营销投放上看，私域流量池是品牌主自己构建的，不需要像投放公域流量那样每次都购买广告位，这样可以降低获客成本，减少对第三方公域平台的依赖，规避一定的投放风险。

（3）从用户关系上看，私域营销更方便与用户互动，能更有效地满足用户需求，与用户建立更深的信任关系，解决用户黏性问题；而且，私域营销在获取用户数据方面更具优势，可以更清楚地了解流量转化的关键人群、关键平台、关键环节，可以基于用户反馈调整产品策略和营销策略。

6.2 私域营销的底层逻辑

私域营销追求通过社交手段与用户达成信任。不同于公域流量中只从内容和产品上吸引用户，私域流量主要通过对用户进行精细化运营，让用户对企业品牌和产品产生信任感和认可感，并进行消费和购买，从而变现。

商品同质化的日益严重和流量留存的困难，是"互联网+"营销模式面对的重要问题，私域流量的底层逻辑在于，打造私域流量闭环才能有效地维持流量社交体系的正常运转，体现产品的差异化价值。在私域生态中构建流量闭环，简单来讲是以内容为出发点，搭建引流渠道，利用产品价值差异化来实现流量变现，再通过流量的运营打造流量生态圈，进而形成流量的循环利用（图6-2）。

图6-2 私域流量闭环

6.2.1 内容与引流

内容输出是私域流量的基本，没有好的内容就无法吸引到足够的流量，吸引不到流量就无法正常运转。

内容是企业对于用户的价值所在，而这个价值是用户留下的根本原因。用户只有感知到内容所带给他们的积极作用，才会对企业产生黏性；只有源源不断地向用户输出有价值的内容，流量才能不断发展壮大。而随着互联网的发展，信息碎片化现象日益严重，每个人每天都会收到成千上万条信息，丰富、有深度和高质量的内容会更吸引人的注意力，这也体现了内容价值的重要性。

有价值的内容指实用性强、垂直化和能与用户产生共鸣的内容。大部分高阅读量、高转发量的文章大多是"干货"，这样实用性强的内容可以为用户传播真正有价值的信息。而且传播的内容需要与企业所在的垂直领域相符，不断向用户灌输企业的价值观和定位，为将来的变现打好基础，这也相当于变相地推广自家的品牌。同时，输出的内容需要抓住用户的痛点，使用户产生购买的冲动。

除此之外，内容输出所希望达成的目的是引起用户的共鸣。只有用户能够认同内容所表达的核心价值观，才能够实现引流和解决用户的问题。要使流量中的用户成为企业的忠实粉丝，必须有一个逻辑完整和振奋人心的故事来吸引用户的注意力。而每个企业都可以有自己创建的故事,或者是产品诞生的故事,用户更容易对这种故事产生共鸣。

6.2.2 产品变现

产品的推出建立在用户需求之上,产品的类别需要符合私域流量的垂直定位。商家需要了解向用户推广的产品是什么,或者说产品的价值是什么。在私域流量中,必须要了解自家产品和服务与竞争对手的差别在哪,以及在产品同质化严重且价格差别不大的情况下,如何使用户选择自家产品。

产品的价值除了其本身带给用户的实用价值外,更多的是服务、客户价值感知等其他因素赋能产品的价值。总的来说,产品的价值已经不限于其本身的实用价值,更多的是企业如何在私域流量池中向用户提供额外的价值,其中包括用户的服务体验价值、增值价值和礼品价值。

6.2.3 复购与留存

在私域流量中,通过从内容引流到产品变现,形成了流量运营的闭环。不断更新有价值的新内容,可以帮助企业提高用户的留存率,同时吸引新的粉丝;内容价值的持续输出可以有效地使流量留存在企业的流量闭环之内,反复变现盈利,且粉丝的忠诚度会越来越高,从而产生对企业的高度黏性。高留存率代表着消费者复购率的提高。用户被引流到私域流量后,企业通过内容运营进行变现,完善用户的售后管理,促使用户继续重复购买自家产品。

6.2.4 长期循环的逻辑

闭环逻辑的核心是私域流量能够长期运转下去,这也是与公域流量最大的不同。公域流量平台为企业所带来的流量更多的是新流量,大部分的消费者只是一次性流量,企业没办法留存。这好比我们在网上搜索某个物件,我们选择向销量最高的商家购买,可是下一次我们购买同类商品的时候,还是会重复上述步骤去网上搜索,而不是去我们购买过的店铺购买。而私域流量的新思路是从公域流量中流量至上的想法转变成流量留存至上。换言之,不再依赖高流量带来的一次性消费,转而专注于流量的运营和留存,才是企业能够实现可持续发展的标准之一。

1. 流量留存

以往传统电商运营的思维模式均为谁能获取更多的流量,谁就能在市场上拔得头筹。可在存量市场的时代,企业之间真正的博弈在于谁能留下更多的用户。所以从长期发展来说,流量的留存对于企业来说至关重要。

留存率的高低取决于用户在流量池内是否获取到其认为有价值的信息或者产品。如果企业没办法为用户提供其所需的内容,流量自然而然会流失。流量留存的成本相较寻找新流量而言更低。私域流量的建立,本质上是企业防止自身陷入恶性价格战的死循环之中。但当下市场同类产品越来越多且目标群体高度一致,每个人都希望能获取新的流量,获取的难度自然越来越高,成本高居不下。通过运营私域流量提高流量的留存是一种低成本、高回报的运营方式,在保证流量不流失的前提下,还可以提高用户对企业产品的依赖性。

另外,每个企业都在大力发展自身的私域流量池,如何在私域流量的争夺之中夺得先机,在于私域流量差异化和效率的竞争,这其中就包括前文所提到的流量的运营效率和不断的内容价值输出。

2. 裂变增长

任何私域流量都避免不了一定的流量损失,这可能与市场宏观因素有关,如经济衰退、行业风口转向等。而公域流量池的引流成本较高,且公域流量无法长期使用。所以,挖掘私域流量池内用户的带动能力,成为企业引流的新方向。

企业可以通过福利措施来刺激原有用户传播私域流量池,引来更多的用户。常见的形式有朋友圈集赞折扣、组团优惠、分享返现等。要注意的是,提供给消费者的福利需要与将推广的产品在性质和特性上保持一致,如推广红酒的时候可以用红酒杯作为抽奖礼品,因为只有喝红酒的人才会需要红酒杯。

只有足够量级且其朋友圈覆盖圈层符合企业需求的用户,才能成为有效的种子裂变用户。一个种子裂变用户所带来的裂变量,是普通用户裂变数量的十倍甚至上百倍。识别种子裂变前,需要先定位企业希望获取流量的方向是什么,这与企业所要推广的产品有关。只有了解企业需要的流量用户是谁,才能精准地定位企业要获取流量的方向,同时找到这群用户存在于哪里,才能高效地进行裂变。

【案例】

别以你的名字呼唤我:被误解的Lululemon私域营销

Lululemon最近几年风头极盛,这家品牌创立只有22年的公司,在2022年7月,以374亿美元的市值超过阿迪达斯,升至全球运动品牌第二位。更令人称奇的是,Lululemon几乎从不打广告。不打广告,不等于没有营销矩阵,Lululemon的营销矩阵全部由私域构成,它们是官方微博、官方小红书、官方抖音、官方视频号、官方Keep、小程序。

它的营销矩阵里面藏着三个细节。第一个细节是这些平台都是Web 3基因的平台,即创作者共享的平台。抖音、小红书平台虽然本身是中心化的,但创作者共享的精神掩藏不住。第二个细节是这些平台都是注重实效的平台。Keep是Lululemon的队友,也是运动垂类市场的社群之王，Keep 为什么能和互联网大佬并排坐在一起？因为转化率高。所以，必须迅速地把它提拔到和互联网巨头并驾齐驱的位置。第三个细节是社群为王，微博、小红书、抖音、Keep 等都是真正在做社群和社交，是 Lululemon 赖以生存的根基。

深入研究，我们可以清晰地看到，Lululemon 的私域和国内许多品牌的私域有所不同。国内众多品牌私域的现状是：

1. 要销量不要品牌。许多品牌主认为私域是微商的变种，只要能够连哄带骗圈来人，品牌形象是可以先不管的。

2. 要利润不要共赢。国内的私域营销搞得红红火火，一些品牌主确实从里面赚到了钱。而且"没有中间商赚差价"，"没有巨大的广告投入"，这省下来的也是利润。但是赚钱之后常常吃独食，想不起和合作伙伴、创作者共赢。

3. 要内容不要转化。不得不说，一些品牌主也愿意向网红、UP 主、KOL 开放内容合作，愿意付"创作费"或者"分成"，但可惜的是，双方似乎都只想要内容层面的合作，缺少"转化"设置。受众看到内容后激情勃发，马上想入手或分享的时候，却找不到按钮。等过了那激情一分钟，受众的想法往往就永久搁置了。

反观 Lululemon 的私域运营，我们会发现 Lululemon 的私域力量和营销方式都与众不同：

1. 无处不在的品牌。自 1998 年创立起，Lululemon 就摆脱了传统的传播方式，而是通过产品、社区、活动等多种渠道进行品牌精神渗透，向消费者传递快乐、友谊、运动的品牌精神。品牌是一群人的精神信仰，而产品和商业模式则需要动态调整。在创立的前三年里，Lululemon 四次濒临破产，但品牌精神始终屹立不倒。

就像《22 条商规》里所总结的那样："如果你不能第一个进入某个品类，那么就创造一个品类使自己成为第一。"Lululemon 随后把市场细分到瑜伽服，把定位差异化到时尚运动，成功避开了和巨头的正面竞争，完成了从 0 到 1 的增长。

Lululemon 传递的快乐、友谊、运动是一种普世价值，就像奥林匹克运动一样，可以经久不衰，同时意味着私域容量无限大，人人可以成为其私域成员。但为了和企业产品及营销节奏同步，Lululemon 的品牌印象是女性向的，是引领时尚的。在具体的私域运营中，Lululemon 通过在公共场合或者体验店开展活动的方式吸引爱好者参加，渗透至核心圈层，让消费者亲身体验，让客户主动分享推荐，让客户创造客户。根植于当地社区的 Lululemon，建立了一种去中心化的垂直零售模式。

2. 无处不在的共赢。在私域顶层架构中，Lululemon 发起了著名的"运动大使"计划，与客户建立超越买卖关系的亲密情感连接。虽然超越买卖关系，却是互惠互利的。众多运动场馆的从业者、健身教练都在与 Lululemon 合作中展示了形象，收获了客户。小红书、抖音的网红 KOL 愿意分享 Lululemon，则是在共享品牌上升期的红利，既种草

第 6 章 私域营销

又蹭流量还能创造客户，何乐而不为？

3. 无处不在的转化。杨飞的《流量池》一书中说道，移动营销的关键就在于当下的转化，也就是说不能把流量转化为销量的推广行为都是失败的。Lululemon 的小程序里，都会给用户增加一个闭环形动作——最终点击购买。你还会发现 Lululemon 官网无处不充满着"分享"的那个"小箭头"，它总是恰到好处地出现在你眼前。而 Lululemon 旗下的近 300 家门店为客户提供"门店发货"服务，并在后续又相继推出"线上购买门店取货"服务。因此，Lululemon 联合商派，打造了品牌官方 PC 商城和基于微信端的移动微商城，并打通了线上线下的系统，能够快速同步会员信息。

总之，Lululemon 用它的成功告诉世界："品牌即私域，我已经蹚出了一条与众不同的路。所以，别以你的名字呼唤我，别以你的思维理解我的成功！"

 私域营销的运营流程

企业通过洞察用户的痛点，再定位自身的资源来匹配用户需求，利用社群中的流量运营提高用户黏性和激发用户的传播意识，提高企业私域流量社群的留存率和持续增长。同时，企业通过直播、内容分析和价值服务为自己的产品赋能，在拉近与用户之间的距离的同时，提升产品及企业在用户心中的价值感知。直播等体验性产品可以有效建立与用户之间的信任，而私域流量一直都是以社交和信任为基础去影响用户的购买行为，最终实现变现（图 6-3）。

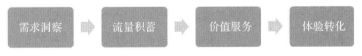

图 6-3 私域营销的运营流程

6.3.1 需求洞察：精准定位用户的痛点和资源

在运营私域流量的过程中，企业最开始应该考虑如何去洞察用户的需求。洞察需求主要从两个方面入手：从企业端出发，分析自身产品的优劣势，了解自身的目标消费群体是谁；从用户端出发，定位消费者的消费需求点在哪。可以通过用户画像和企业的产品构造来分析需求与资源的匹配程度。

1. 用户画像

用户画像指的是通过了解用户个人信息，如社会地位、职业、年龄、收入水平、性别，分析用户的标签化的基础模型。通过对社群用户的基本信息的精准分析，可以得到用户的基本消费行为模式，从而更好地了解用户的主要购买驱动力是什么，同时也能知

道用户的痛点在哪里。

用户画像模型指的就是收集和分析用户的社会属性，以及其平时的生活习惯和曾经的消费行为等信息，主要目的就是了解产品到底可以为目标用户提供什么样的服务，以及可以通过什么样的方式影响用户的消费决策，从而更好地指导产品的市场营销模式。

在私域流量中，对每个用户都需要给出一个精细化的用户画像描述，因为私域流量需要对每个用户进行精细化运营。而对每个用户的精准定位，实际上是将每个用户的购买能力最大化，并通过私域流量的运营模式提高每个用户的单体消费量及其留存率。

用户在不同时期，在不同的季节、年龄段和地区，其需求是不一样的，所以用户画像需要不断地更新。营销人员可以设置一个基本的更新时间段，如每过一个月对老用户重新定位标签，通过用户不同时期的兴趣点了解用户真正的需求是什么。企业需要建立一套属于自己的用户画像系统，通过收集社群内用户的年龄、性别、职业、社会地位等分析用户的消费痛点，如用户在不同年龄段的购买能力是怎么样的。

通常来说，用户画像的构建有以下几个步骤。

第一，收集用户的信息。年龄、性别、职业爱好、地域等信息可以快速帮营销工作者构建一个基础的用户画像。但这往往不精准，更精准的用户画像需要对用户的行为模式及未来的购买习性作进一步的深化分析才能得出。

第二，将数据进行归类和整理。比如，我们发现大部分私域流量的用户均为白领，由此得出结论：大部分用户在早上 9 点至晚上 6 点之间处于上班状态，并不能及时、有效地关注到社群内所发出的消息；企业要做推广活动，可在晚饭时间过后即 19：30 之后进行。而在白天一些零碎的时间段里，某些用户可能提出一些关于产品的问题，我们可以将此类信息进行归纳整理，并且使用自媒体做出一个回答合集。通过用户的问题，我们可以更了解用户在使用产品或者购买时的顾虑是什么，并对问题逐一进行系统化的回答，这有助于完善品牌形象，提升产品在用户心目中的感知价值。

第三，用户画像标签的构建。不同的社群或企业有着不同的目的，其销售的产品特质也不同，所以企业在构建用户标签的时候，需要根据自身的产品做出改变。画像的标签可以分为用户的社会属性、消费特征、地理特征及行为特征等，其中，社会属性包括年龄、性别、用户的收入状况、社会地位等，社会地位指的是用户的职业，而消费特征相对容易理解，如消费者的收入水平。不同收入水平的消费者所能承担产品的价格及对价格的敏感程度也是不一样的。营销人员需对用户画像标签进行分类管理，同时需要根据实际情况不停地对用户画像进行修正。

第四，用户画像的重点在于抓住用户的需求。通过不同的标签，可以了解到不同用户的需求点。但用户的痛点并不单单体现在对产品的需求上，周边的内容输出也是必要的。

2. 用企业自身资源匹配用户痛点

首先，用户的痛点指的是当用户想要进行某些日常活动时遇到的最大阻碍，而企业的产品就是为了解决用户的痛点而诞生的。产品的性能能否达到用户的要求，产品的价格和企业形象是否可靠，这些因素都会影响到用户是否会选择这个产品来解决自身痛点。

其次，用户画像提供给我们的信息主要在于了解用户需要用我们的产品去做什么，而这也就是用户的痛点。同时可以了解到用户的价格区间是什么样的。比如，某种产品，用户对其最大的要求、最大的痛点在什么地方？是价格还是性能？这取决于市场同类竞品数量的多少。如果同质产品非常多，质量差别不大，价格自然而然就会是用户主要考虑的因素。

最后，了解用户的基本画像，基本确定用户的需求和痛点在哪里之后，再整合资源来匹配用户的需求。企业需要了解自身所拥有的资源和短缺之处。

6.3.2 流量积蓄：通过社群用户留存和裂变打造流量池

最常见的私域流量运营方法是构建企业自身的私域流量社群。企业的社群可以根据用户不同的需求划分为不同类别的交流群，社群作为私域流量的完美载体，可以帮助企业更好地留住用户，并通过粉丝和老客户的运营实现流量上的裂变。

1. 社群用户的留存

在社群和个人微信号的运营中，可以观察群内用户在经过一段时间的运营后还有多少留存在群组内。关于社群用户的留存价值高低，可以通过两种方式来了解：一是用户在社群内的活跃度。活跃度表现在用户在群内与其他用户互动的频率，以及用户咨询产品内容和服务的次数。也可以在推出新品时，通过有多少用户对新品感兴趣来计算。活跃度高的用户为企业提供的价值将远远高于其他用户。二是用户的使用频率和复购率。

对于用户留存，最重要的在于如何提升用户在社群内的活跃度和用户黏性，让用户可以长期留存在企业的私域流量池之中，从而产生更大的价值。在社群用户留存的过程中，需要企业不断与用户产生化学反应，即将有用的信息传达给用户，从而让企业和用户之间产生紧密的联系，以此来提高用户的留存率。

提升用户的留存率有两个比较常见的方法。一是通过提升产品和服务质量来提高用户的留存率。产品质量的提升可以有效提高对用户的吸引力，同时提升用户的感知价值。但提升产品质量并不仅限于新品，许多企业也非常注重新品的推广，其实留住用户的关键在于了解用户的使用体验，从而不断对原有的产品进行质量提升和优化。毕竟用户才是真正使用产品的人，他们的意见对于企业来说至关重要，这也是私域流量池可以为企业提供的信息。二是通过加强售后服务来提升用户的消费感受。商品同质化越来越严重，用户在购买商品时也越来越看重哪一家企业可以提供更好的服务。

2. 社群用户的裂变

私域流量的终极目的是利用现有流量进行裂变，在原有流量的基础上发挥流量的潜在价值。发挥流量的潜在价值有以下两种方法。

一是要深度挖掘老用户的潜在价值。老用户对企业的黏性更高,且传播意愿更强,单个老用户的运营成本比在公域平台引流10个新用户的成本更低,因此可以引导老用户利用自身的影响力为企业带来更多新用户。老用户对品牌和产品更加了解,在他们传播自己的使用感受的时候,消费者会更倾向于信任老用户。

二是有效提高用户的传播意识。可以不断向用户推送有价值且新奇的内容或者活动,从而提高用户传播的意愿和积极性,保持活跃度。最常见的推广方式有以下几种。

第一种为抽奖活动。抽奖活动一方面可以调动用户传播的积极性,吸引更多的用户关注品牌及相关产品,另一方面又拉近了用户与企业之间的距离。

第二种为通过整合线下门店的公域流量平台实现流量的增长和裂变。比如,实体门店的销售人员可以让消费者添加其微信或者企业公众号,关注企业在线上所发布的活动。如果消费者对该活动感兴趣的话,他们自然而然会产生更强的分享意愿,同时参与到实际门店的活动当中。门店也可以适当地奖励用户一些小礼品,或者在其购买的时候返现。

第三种为红包激励。即通过现金反馈或者折扣券反馈的方式提高消费者或用户的传播意愿。在社群运营中,用户拉新时,如当用户把五名新用户拉进群时,可奖励其一定金额的红包。或者在用户购买完某件商品后写下自己的购物体验转发朋友圈,并附上企业二维码的,企业对其返现一定的金额。

6.3.3 价值服务:通过直播塑造口碑

在互联网时代,消费人群越来越年轻化,传统电商平台对年轻人的吸引力越来越小。以往的电商模式以图片和软文的内容输出方式进行营销推广,但是随着信息越来越碎片化,消费者接收信息的渠道和数量越来越多,传统的电商营销方式开始使消费者感到厌倦。消费者更加倾向于互动性强和更有情感交流的引导方式。

网络速度的提升和移动端产品的升级,为大众提供了一种新的交互社交模式——网络直播。它既是用户娱乐消遣的方式,也是商家高效投放广告的渠道。而且,随着直播与越来越多的行业产生联系,人们看到了直播的潜力。未来,将会有越来越多的直播模式赋能不同行业,提供给企业更多的变现方式,优化售后、售前服务,使企业的商业价值最大化。

1. 强大的社交性打造参与感

在直播带货的过程中,从展示产品到与用户进行沟通达成订单,一切都是以社交互动为基础来展开营销。与传统电商的区别在于,直播带货与用户交流的方式产生了质变,用户的体验感更好。

直播平台本身可以实现同时一对多互动性强的交流方式,在线上与用户实时沟通,这满足了用户对社交性的渴望。在直播中，主播通过试穿、试用等方式展示产品，对用户的疑问进行实时解答；用户可以用弹幕或者评论的形式与主播实时互动，近乎零距离交流。这满足了用户对社交的需求，同时提高了用户的参与度，让其感觉身临其境，仿佛自己就在门店里购物一样。

2. 主播是信任的纽带

直播电商成交的基础在于粉丝对主播的信任，主播成为商家和用户之间信任的纽带。然而，主播怎样获取粉丝的信任感呢？有两个方面：主播个人专业的品牌形象和质量好的内容输出。

随着直播的形式越来越丰富，各种直播平台向垂直化发展，直播带货对主播垂直化专业度的要求越来越高。主播也细分成不同的专业领域，商家更喜欢请其所在领域的网络红人帮助进行产品推广。主播在某领域有深厚的专业知识或是该领域的专家、意见领袖，更能够吸引用户并令他们更加信服，用户信任其推荐的产品一定是最好的。

在推荐商品之前，主播要谨慎选择，只有真真切切地为粉丝推荐好货的主播才能获得粉丝的信任。另外，在推广的过程中，主播还要持续向用户输出有价值的信息，创作的内容要使用户认为值得付出时间和成本。这也是构建用户与主播情感联系的方法。

3. 价值导向

价值导向，顾名思义就是通过表现产品价值及服务来引导用户购买。首先，通过内容营销为用户创造和传递有价值的产品，使用户觉得产品是他们实际需要的且物有所值。其次，大部分的用户会反感硬性的营销推广，因此在直播带货的过程中主播需要添加一些互动元素，增加一定的娱乐性，以更好地吸引用户。最后，在产品的选择中，主播要先判断当下销售的产品对于用户是不是必须的，如果是，那么介绍时更多地偏向于通过同类对比，向用户展示产品的优势在哪里；如果不是，则需要慢慢打消用户的顾虑，通过产品能为用户带来的好处来帮助用户对标需求，如什么样的人才需要使用这种产品。

6.3.4 体验转化：诊断和体验课赢得信任

流量的变现在于与消费者之间建立信任的桥梁，这其实也是私域流量运营过程中最难的一点。而信任的打造在于我们是否能够为用户真真切切地提供对他们有价值的内容或者帮助。

首先，私域流量一个非常大的优势在于它可以零距离接触用户，从接触用户的过程中可以诊断用户的需求是什么，针对用户的需求，提供一些有价值的内容给用户。有价值的内容是指用户需要的内容，包括通过服务来为产品提供附加价值。

其次，流量变现还面临一个问题，即用户购买过程中的顾虑。有时候用户购买某些商家的产品，首先考虑的是商家的信用程度；产品并非不符合用户的需求，而是他们在网上对比不同商家的产品后不知道要购买哪家的产品，同时他们对企业的产品还抱有怀疑的态度。这个时候，需要提供一些真真切切的体验来打消用户的顾虑。

最后，为了更快地赢得用户的信任，企业通常会通过体验课的模式来吸引用户。

总体来说，用户的变现在于建立信任，打消用户的疑虑。首先需要诊断用户的需求在哪，他们困惑的点是什么，他们购买过程中的疑虑是什么，了解了用户的疑虑，可以通过增强用户体验感的方式来打消用户的疑虑，做出针对性的销售策略。

【延伸阅读】

2022年私域营销代表性品牌

品牌	品类	私域营销亮点
白小T	服装	"IP组合+私域运营系统"双管齐下
泡泡玛特	潮玩	围绕消费场景打通全域渠道
李宁	服装	将小程序打造成一站式消费体验平台
周大生	饰品	建立闭环会员体系，赋能门店销售提升
鱼你在一起	餐饮	稳定输出运营标准动作，培养私域用户习惯
TCL	3C数码	主动培育私域KOC驱动私域+公域品牌影响和销售转化
物美	商超	私域三件套跟数字化交易体系完全打通

通过对以上7个品牌的研究，我们得出了以下几点关于私域营销的相同点：

（1）社群和小程序是大部分品牌的重点私域运营渠道；

（2）会员是品牌私域运营最重要的用户资产；

（3）线上线下全渠道联动是品牌私域运营最重要的任务；

（4）私域运营直接影响着品牌的营销数字化转型。

下面让我们复盘一下这7个品牌的私域运营策略。

一、"IP组合+私域运营系统"双管齐下

品牌：白小T

品类：服装

私域打法：

1. 私域能够第一时间解决用户需求

在白小T看来，品牌必须要做私域流量的最重要的一个原因就是用户的需求能够第一时间被企业客服解决。当用户就产品或服务有任何问题的时候，需要有一个工具能让用户第一时间找到企业客服。

2. 私域支持产品研发和迭代

私域第二个重要的价值是对产品研发和迭代很有帮助。白小T在每款新产品上线前，都会在私域里找用户进行调研，了解用户对新产品的看法。在私域里，白小T实现了以月为单位更新迭代产品。私域对产品升级的反哺作用非常明显。

3. 私域能指导公域投放

私域的第三个作用是可以指导公域投放。基于私域用户形成的用户数据、标签、画像非常精准，不仅能够指导公域投放决策，而且直接决定白小T在公域平台的流量和口碑。

4. "大小IP组合"赋能私域

白小T还在私域内策划了"大小IP组合"来与用户保持深度沟通。以CEO为核心的"大IP"每天都会发贴近生活的正能量相关内容来解决情感层面的用户信任问题。"小IP"则主要是在私域内发布跟公司办公环境、研发车间及品牌价值相关的内容，强化用户对产品和品牌的认知，提升销售转化率。

5. 七大模块支撑私域运营系统

白小T的私域运营系统主要有七大模块组合，分别是养号系统、订单系统、售后系统、加粉系统、运营系统、销售系统、裂变系统。从公域流量进入加粉系统，然后形成用户标签，最终实现分享和裂变。

二、围绕消费场景打通全域渠道

品牌：泡泡玛特

品类：潮玩

私域打法：

1. 基于支付场景与会员体系建立DTC（直接面向消费者）体系

对于泡泡玛特这种潮玩品类来说，线下体验是非常重要的营销方式，因此线下渠道是必须重视的运营场景。而线下渠道也是私域用户的主要来源。为了打通线上线下私域通道，泡泡玛特利用小程序打通了支付场景与会员体系。根据泡泡玛特的财报数据显示，国内市场会员贡献了90%的销售额。DTC体系既能帮助泡泡玛特聚拢私域流量，还能帮品牌更好地沟通和运营核心用户。私域社群的线上线下引导式运营，能够让用户得到更好的产品和品牌体验。

2. 通过粉丝群强化用户对品牌的情感认同

线上社群也是泡泡玛特经营私域用户的重要渠道之一。2021年，泡泡玛特就已经自建了 2 000 个官方社群,并且间接通过各种渠道影响了超过 15 万个泡泡玛特粉丝社群。这些社群都是用户基于对泡泡玛特的 IP 认同和兴趣自发形成的。泡泡玛特也会通过策划 IP 新品营销活动持续让用户有产生互动、联系的理由,强化用户之间、用户与品牌之间的情感连接。对于泡泡玛特来说,运营私域社群,不只是为了把用户留存到自有品牌池,更重要的是为用户提供情感表达和交流的私密场景,从而争取更多的用户认同。

3. 创新小程序私域玩法

小程序成为越来越多品牌重要的私域运营阵地。但对泡泡玛特来说,小程序能够实现的玩法和带来的价值更大。泡泡玛特特别定制研发了"抽盒机小程序",用户不是付款完就结束了所有消费动作,而是可以接着延续对产品和品牌的场景体验,并分享到自己的社交圈。

三、将小程序打造成一站式消费体验平台

品牌:李宁

品类:服装

私域打法:

1. 建立小程序官网,积累私域资产

在小程序逐渐兴起的 2018 年,李宁就抢占先机,围绕小程序打造全新的品牌官网。小程序能够赋予品牌独立运作的自由度,并且能够与整个微信生态串联起来。依托微信生态的社交属性和社交关系链,李宁将公域平台和线下的流量持续输入到私域内。李宁在微信生态的私域建设过程中,也并不追求短期 GMV(总交易额),而是更看重长期价值。

2. 将小程序打造为一站式消费体验平台

小程序对李宁来说并不只是线上销售渠道,而是集商品销售、服务体验、资讯传播等多重服务于一体的一站式消费体验平台。在小程序,消费者除了购买商品,还能了解最新产品资讯,享受售后服务等。比如在小程序推出新品预售特卖、门店一对一抽签等创新营销玩法。将韦德限量款球鞋、利刃 2 低帮篮球鞋和吾适 5S 2.0 跑步鞋等明星产品,放在小程序首发。消费者可以在小程序上进行预约,再通过小程序或门店购买。同时,线下的商品发售抽签也由小程序完成。除了加强线上引流之外,李宁还特别考虑到利用门店导购和企业微信等工具进行线上线下私域互通。

四、建立闭环会员体系,赋能门店销售提升

品牌:周大生

品类:饰品

私域打法:

1. 建立闭环会员体系

周大生私域运营团队首先根据实际情况,打造了一套闭环会员体系。除了基于数据基础、商品特性优化了会员体系外,还增加了基于门店的高端定制服务和小程序商城,来帮助提升销售转化。高端定制能补充门店缺失的大钻石市场,并对高净值用户起到很好的运营管理作用。云店小程序则增加了线下门店的经营时间,拓宽了其物理空间,让用户能够随时随地浏览产品,并且云店小程序还可以上架门店无法上架的一些产品款式。

2. 私域延展了用户体验链路

珠宝消费非常依赖于线下体验。通过私域,周大生有效延展了用户体验的链路,可以让用户先通过云店小程序了解产品的信息,并基于会员数据为用户推送个性化产品信息。

3. 调整组织架构适应私域转型

为了适应私域运营体系,周大生还分别对内和对外调整了组织架构。对内重新规划人员职能,对绩效考核和与私域相关的费用机制也分别进行了调整。对外不影响加盟商原有的体系,只做赋能,不划分利润。同时,周大生还设置相关的专门岗位推广私域经验。

4. 会员运营赋能门店销售提升

会员部门的工作内容和价值也在私域运营当中体现得很明显——赋能门店销售提升。会员运营团队为门店提升系统、方法论等运营工具,实现线上、线下互相引流,提升门店销售转化能力。同时,会员运营也做高端定制和云店的推广及应用落地,最大化地延长用户生命周期。

五、稳定输出运营标准动作,培养私域用户习惯

品牌:鱼你在一起

品类:餐饮

私域打法:

1. 活动创新,高频高价值奖励培养老客

鱼你在一起在群公告、每日提醒、活动预告等多项栏目中告知用户日常在社群内能够享受到的福利优惠,以及获取优惠所需付出的行为。通过积分引导用户形成社群内货币交易的习惯,提供奖励刺激顾客互动,同时设一定门槛保证用户精准、动作有效,使用户能感知到用户社群价值,选择留下。

2. 线上服务+福利先行,持续引导到店

鱼你在一起私域社群的运营核心:一是提供优质线上服务,二是创造更多到店机会。对于用户来说,社群最大的优势是便捷,沟通、互动都能给鱼你在一起提供

进一步服务和了解用户的条件。借助私域社群的特性,鱼你在一起制订会员成长计划,通过霸王餐、拍卖活动和持续发放优惠券,吸引更多老用户到店,同时借助福利券等方式引导到店用户产生消费,为线下门店增收。

3. 商家最大收获——用户资产

在私域中,门店将会员福利开放到社群内,吸引一批忠实、能产生消费的周边用户进入体系内,针对用户资产进行维护与变现。其中,用户自身的消费价值能够源源不断地带给门店流水,用户的社交价值能进行线上活动裂变,扩大门店私域规模,同时在线下场景中,用户带亲朋好友一起到店用餐,给门店带来新客流。

六、超级用户带动公私域品牌影响力扩散

品牌:TCL

品类:3C数码

私域打法:

1. 建立超级用户体系

TCL将超级用户根据差异性主要分成四大类,分别是分享官、内容官、体验官跟带货官。为什么会有这四大官的考量?主要就是基于品牌希望这些策略能够赋能用户口碑忠诚度的价值以及销售转化的价值。比如,分享官是分享PGC(专业生产内容),包括跟企业和产品相关的内容分享,自发地去做口碑裂变和发酵。内容官能够基于品牌给出的素材内容,以及他们自己对企业和产品的理解,跟品牌进行共创。体验官主要基于已购用户做定向触达,TCL私域运营团队会通过这一部分用户收集关于产品端的迭代建议和理解,辅助后续的产品优化。带货官主要负责做带货分销。他们本身就是有分销能力的,如可能有自己的销售渠道网、有销售经验等,发展出这一部分用户可以补充品牌销售转化的需求,如基于易种草的品类结合营销活动、平台销售政策做定向的分销带货。

2. 设立激励机制奖励超级用户

首先对于四大官的角色,TCL会给予一定的积分激励。举个例子,分享官做了一定定向的转发打卡任务之后,会得到100积分的奖励,其他KOC(关键意见消费者)代表也是如此。另外,平时私域内的用户也会通过策划游戏任务得到积分奖励。积分互动能起到活跃社群的作用。积分可以兑换相应的奖品,积分的选品也会结合品牌的产品库存来制定。

3. 公私域联动扩散私域能量

TCL做泛用户公域流量导流的时候,分为两个部分,一个是内部流量,一个是外部流量。内部流量就是品牌所有的矩阵,包括公众号、微博APP、小程序等内部基于用户运营的一些流量阵地。内部流量的第二块,包括京东、天猫、拼多多等

自营商城跟官方商城和有赞店铺。针对公域平台的数据，TCL 通过 AI 呼叫等形式进行导流。对外部流量主要是异业合作和基于品牌导向的 IP 合作。异业合作一般是与其他品牌方基于周期活动在小程序增加引流 banner（横幅广告），向社群导流。基于品牌导向的 IP 合作如电竞赛事联名、品牌跨界快闪活动等，也都会在线上线下引入对应的活动流量。除了上面两种形式，还有一个渠道是基于线下传统零售终端的分销经销商。比如 TCL 会在一些促销节点期间，做深度捆绑合作，通过策划线下活动把用户引流进来，帮助经销商运营这部分私域用户，深度运营做完之后，再赋能给线下，让经销商直接去做转化。

七、私域三件套跟数字化交易体系完全打通

品牌：物美

品类：零售

私域打法：

1. 做好常态化引流沉淀，策划活动提升私域活跃度

首先做好常态化私域引流沉淀，物美会在线下卖场配置很多二维码物流，提前策划好利益钩子，引导用户进群参加活动或者获得优惠福利。其次物美会持续在群内策划相关活动，不断提升用户在社群内的活跃度。比如开展一些领红包活动，用户扫码后加公众号，回复关键字获取链接，然后到链接里领取权益，领取之后再引导用户进群或加微信。又如扫码加企业微信，回复关键词后可自动进群，进群领取优惠权益、红包、大转盘抽奖等。

2. 优化支付体验引流小程序

目前物美线下交易主要有两种方式，一种是人工收银台，另一种是自助收银台。自助收银台需要下载多点 Mall APP 才能实现交易付款。这样就能通过多点 Mall 持续运营用户。在支付这个环节，物美会把用户通过无感跳转到小程序直接支付，主动将用户引导到小程序来，将小程序变成一个关键用户触点，用户支付完后，可以再去运营支付结果页，通过策划活动引导用户加企业微信、进群、关注公众号等。

3. 小中大私域分层运营

物美将私域分为小、中、大三层，分别是小私域（基础的社群）、中私域（社群+公众号+企微）、大私域（社群+公众号+企微+APP）。对于不同的私域，物美也有清晰的定位和运营策略。多点 Mall 对物美来说不仅是支付工具，还是外卖平台。之前用户在小程序中下单，并没有把用户真正沉淀下来，但有了多点 Mall 之后，就能持续留存。公众号沉淀的用户可以直接产生交易或者引导到企业微信群里，包括线下用户、小程序、APP 等渠道的用户，物美也会想办法统一将其引流到企业微信群。社群能与用户及时互动和交流。有了社群之后，能及时了解用户的反

馈和需求，推动业务和服务的优化提升。比如，运营私域之后，物美会对高净值的客群做单独的打标跟服务，用户在线上可以直接找到客服团队，快速给他们解决问题，把整体的用户体验做得更好。私域"三套件"私域社群、微信公众号、小程序的底层交易链路跟物美的数字化交易体系和交易能力是完全打通的，包括用户数据、用户会员体系、货品进销存系统、门店、APP等，以及在后端线上成交之后的履约都实现了互通。

4. 私域场景实现销售转化

商超的优势是SKU（最小存货单位）很多，因此物美策划了很多垂直社群，把有相同爱好和需求的人拉到一起，对现有品类更好地营销，进而提升销售转化。同时，物美会对用户进行分层管理。一方面，会根据用户的消费频次和消费能力定向运营。比如针对消费频次和消费能力较低的用户，会发放无门槛免邮券，提升这部分用户的消费意愿。而对消费能力较强但是频次比较低的用户，会发放满减券，保障下单率的同时提升单笔订单的价格。另一方面，会根据用户的消费喜好来做精细化运营。比如该用户喜欢某水果，那么物美会根据这部分用户的消费习惯，在特殊水果的旺季来临之前，通过利益点进行个性化触达。

第7章 内容营销

【导入案例】

教你看星巴克是如何利用内容营销推广新品的

为什么星巴克不打电视广告?这里面藏着它的网络品牌营销心机。

大家都看到过可口可乐、百事可乐、雪碧、雀巢咖啡等饮料品牌在电视、网络视频、公交站台等地方打广告,而全球最大的咖啡连锁品牌——星巴克却貌似只会在自家的微博上发发广告,或者偶尔出现来一两支创意视频广告。

为什么会出现这样的现象呢?

一、为什么星巴克很少打硬广告

有网友认为,星巴克暂时没有在国内做广告的必要。硬广告是有目的的,那就是已经有很多同类产品参与竞争了,消费者已经养成了消费咖啡的习惯,硬广告可以提醒你来我们星巴克而不是去COSTA。

而星巴克目前有一点做得很成功:国人之前不懂咖啡,它在国人脑海中植入"咖啡＝星巴克"的概念。而且暂时不存在具有明显威胁的竞争对手,自然还不到打广告的时候。

然而凡事无绝对,不久,星巴克推出了瓶装新品,不过这次并不是咖啡,而是奶茶——红茶星冰乐和抹茶星冰乐。

如果说"咖啡＝星巴克",那奶茶肯定就不等于星巴克了吧?为什么星巴克依旧没有做硬广告呢?另外,它又是如何推广新品的?为什么采用这种策略呢?

二、星巴克是如何推广新品的

1.利用内容

上述两款新品自推出后并没有得到大肆宣传,就连星巴克官微对其也是只字未提。不过,这并不是说星巴克真自信到"即使不做推广也能把它卖出去"的程度。

其实，在不到半个月的时间里，微信端一共有10多个大号参与了星巴克新品的推广。它们来自不同的领域，有广告界的、摄影界的和时尚界的等，都从不同的角度对新品进行了宣传。

是的，星巴克非常擅于内容营销。它明白喜欢不同内容的受众势必会关注不同的产品属性，所以内容营销要"见人说人话，见鬼说鬼话"。这与大部分人理解的定位理论非常不同，他们认为：一个产品一般只能主打一个需求，比如王老吉就一直主打防上火。而内容营销注重的是需求与受众的匹配。虽然它也有定位，但要根据不同的人定不同的位。

2．利用影响力

星巴克选择的这些公众号，要么是"喇叭达人"，要么是"鸡汤达人"，再要么就是"时尚达人"。

广告传媒号就不说了，这是几乎所有信息的上游，同时也是一个大喇叭。

鸡汤号也有它的优势——非常擅于制造能引起人共鸣的语言，将读者带入一个感性的精神世界。而星巴克恰好需要人们足够感性，以认同它的品牌，购买它的产品。

时尚号就更加重要了。什么是时尚呢？时尚就是"别人买了我也要买"，它是一种跟风潮流。让时尚达人们展示手中的星巴克饮料，会很容易吸引其他那些"伪时尚达人"也去跟风购买。

三、为什么采用内容营销而不是硬广告

如果说"星巴克采用内容营销而不是硬广告"是一种商业策略的话，那我们不妨从策略的角度来分析这个问题。

首先我们要清楚内容营销中的策略是什么。策略最重要的就是找到关键竞争对手，再有针对性地扬长避短。

1．关键竞争对手是谁

就线下门店来说，星巴克最主要的竞争对手应该是肯德基和麦当劳等。COSTA在国内由于其较高的价格以及"传统英式口味"，目前来说发展较为缓慢。而星巴克的瓶装饮料（包括咖啡和奶茶），由于主要在各大商超出售，所以它的主要竞争对手应该是其他饮料，比如可口可乐、雀巢咖啡、味全果汁等。

2．优劣分析

星巴克的优势是什么？很明显，它最大的优势也就是"品牌文化"，或者说"讲故事的能力"。从"LOGO的深邃含义"，到"装修细节的内涵"，到"CEO供员工（伙伴）上大学"，到"隐藏菜单的奥秘"，到"自带杯子免费喝，倡导环保"，再到"顾客在店内的轻松体验"……无不在强调品牌的内涵与文化。

那它的劣势是什么呢？也很明显，那就是它在物质层面的性价比不高。别家的咖啡一般不超过10元，而它要30多元，更别说20多元的矿泉水和10元一颗的糖果了。

3. 扬长避短

在这种情况下，如果星巴克大规模参与硬广告的投入，就会产生几个问题。

（1）以推销产品为目的的商业广告很难表达品牌"深邃的文化内涵"。与其他品牌在同样的地方，以类似的形式打广告，会降低星巴克的差异化。而一旦降低了差异化，就容易让用户将星巴克与其他品牌的产品当成同一种东西，这对性价比不占优势的星巴克来说，可不是件好事。所以，要想让用户买单，星巴克需要把用户带入一个相对封闭的场景，避免自己与其他品牌的直接对比，然后再慢慢讲述自己的品牌故事与文化。

而内容营销就是很好的选择。每一个内容都有一个主题，而一旦人们进入该内容设定好的主题，就不太会关心与主题无关的其他信息。比如当人们读到以"生活美学"为主题的文章时，就不太会关注"性价比"之类的信息，更不会想到肯德基与可口可乐。

（2）星巴克将网络品牌营销主战场放在社交媒体平台，还能与它的另一个优势相互协同。人们更愿意对别人说"我今天去了趟星巴克"，而不会对别人说"我今天喝了一瓶可口可乐"。也就是说，星巴克相对高端的定位让它具有更高的话题性。这也是为什么虽然在销量上星巴克远不如可口可乐和百事可乐，但在社交平台上它的影响力却丝毫不会输给它们。

所以，星巴克喜欢做内容营销和社会化营销，是在放大自身的相对优势——品牌内涵和话题性；而它不做传统硬广告，则可以避免暴露自己的劣势——性价比低。

7.1 内容营销概述

7.1.1 什么是内容营销

在数字营销时代，营销环境和消费者都在发生变化，企业的营销传播战略不得不随之发生转变。2011年可口可乐发布"可口可乐内容2020"战略，宣布要从"创意卓越"向"内容卓越"转变；2015年全球知名化妆品品牌欧莱雅在加拿大蒙特利尔建立自己的"内容工厂"，为旗下品牌提供社交媒体传播内容。越来越多的企业和品牌正在加大对内容的投入力度，而内容则成为营销市场的新宠。据Statista.com预测，2026年全球内容营销收入将达到1 372亿美元。

1900年，《米其林指南》就勾勒了内容营销领域的雏形，所以，内容营销并不是数字营销领域最热门的新事物，而是营销中最热门的旧事物。

对于企业而言，要想让自己的信息从海量的信息中脱颖而出，就必须深入洞察消费者，生产出用户喜闻乐见的内容，实现与用户的深度联结，从而达到品牌传播的目的。

学术界普遍认为内容营销这个概念于1996年被里克·道尔（Rick Doyle）在美国报纸编辑协会的新闻记者会上首次使用。但至今国内外对其都没有统一的定义。随着信息技术的革命和传播环境的变迁，"内容营销"的内涵也发生着深刻的变革，对此，国内外学者和研究机构进行了一些界定。

第一，侧重于从企业与消费者建立关系层面界定这个概念。例如，乔·普利兹（Joe Pulizzi）和巴雷特（Barret）提出，内容营销是"企业通过聆听顾客的需求、免费采纳顾客的有用建议来与消费者建立拥有共同利益的互相依存关系以及信任"；于伯然指出内容营销"从给予消费者答案的角度来向消费者提供信息，从而降低消费者的厌恶感，使有价值的信息更易被消费者主动接受"。他们都倾向于从消费者出发，将企业与消费者建立良好的沟通关系作为内容营销的核心使命，即通过聆听消费者需求、采纳消费者建议来与消费者建立共同利益的相互依存关系和信任。

第二，侧重于从企业自主创作的内容平台层面界定内容营销。罗伯特·罗斯（Rose）和普利兹指出，内容营销是"企业建立一个讲故事的平台，发布有价值、与消费者利益相关并且引人注目的内容，发展稳定的平台关注群体，并最终促进企业产品和服务的销售"；企业所建立的内容平台能够让人们互相帮助、分享有价值的信息、丰富社群，同时能帮助企业在社群中成为思想领导者。平台上的内容是有吸引力的、方便分享的，而且最重要的是能够帮助顾客（自行）找到他们想要的关于产品或服务的信息。其界定强调在消费者主动搜索信息以帮助自己进行购买决策的年代，企业需要做"值得消费者信任的顾问"，成为价值信息的发布者，而不是由付费媒体来承担这样的角色。因此，企业要建立自己的内容平台并自主发布内容来吸引消费者，进而进行内容营销。

第三，侧重于从多种形式的内容创造层面定义内容营销。美国内容营销协会（Content Marketing Institute，CMI）认为，内容营销是"负载了企业自主创作的品牌内容的产品，包括网页内容、案例分析、博客、白皮书、在线研讨会（Webinars）、内部通信、电子通信（Newsletter、E-newsletter）以及定向杂志（Custom Magazines）"；丽贝卡·利布（Rebecca Lieb）也认为提供"相关、高质量、有教育意义、对购买决策有帮助和有娱乐性的吸引眼球的内容是内容营销的制胜法宝"。他们更多倾向于以多样化的形式创作和传播有教育意义、引人注目的内容，以达到吸引或留住用户的目的。

随着内容营销在营销领域的广泛应用，其概念界定越来越完善。2012年CMI将内容营销界定为通过制作和发布有价值、有吸引力的内容来吸引、获取和聚集明确界定的目标人群，最终使这些人产生消费转化、带来收益的营销和商业过程。国内学者李蕾指出内容营销是"通过创建与传播具有教育性的和引人注目的内容来吸引和维系客户，其本质是讲故事（Story Telling），通过讲述、聆听和互动来传播内容，核心是掌握内容并将其作为一种交流工具来影响现有客户和潜在客户。内容营销是一个过程，即确定利益相关者的需求，然后创建必要的内容并通过相关的营销渠道进行传播，再通过绩效指标

第 7 章 内容营销

来检测内容的影响力"。

结合中外学术界、业界和相关机构对内容营销的论述，周茂君在《数字营销概论》中把数字营销定义为："企业或品牌主通过讲故事的方式，自主创作与产品、品牌和企业有关的有价值、有趣、有吸引力的内容，借助自主搭建的营销平台发布这些内容，以便倾听用户声音，更好地与其互动、沟通，从而与目标用户建立长期而稳定的关系，实现消费转化，并带来实际收益的营销方式。"在此定义中，作者只强调了企业自主搭建的营销平台，其实现在很多做得好的内容营销不仅在自建平台上开展，而且还会充分利用各种各样的诸如社交媒体等第三方传播平台。

综上所述，本书对内容营销定义如下：内容营销是指企业或品牌主创建与产品、品牌和企业有关的、有价值的、具有吸引力的内容，并利用各种数字化平台进行传播、互动、沟通，以吸引消费者并与其建立长期稳定的关系，实现消费转化并带来实际收益的营销方式和营销过程。

【延伸阅读】

十位内容营销大师正解内容营销

内容营销与传统营销最大的区别，就在于前者是客户先行，而后者是产品先行——可参考集客式营销与推送式营销。此处特别引用了十位资深人士关于内容营销的言论，以帮助大家更好地理解何为内容营销。

内容营销是一种通过生产发布有价值的、有相关性的、持续性的内容来吸引目标人群，改变或强化他们的行为，以促进商业转化的营销方式。

——乔·普利兹，美国内容营销协会创始人

内容营销就是创建相关的、有价值的、具有吸引力的内容，并将其分享给目标受众，以吸引新顾客或增加现有顾客再次购买的过程。

——帕姆·狄勒，前英特尔全球营销战略总裁，《首席内容官》作者

内容营销是通过内容创作吸引现有和潜在客户的一种方式。它可以是针对目标受众的口号、活动、微博、Facebook 帖子和博客，同时也可以是来自客户或企业自己的故事。品牌可以应用内容营销迎合目标受众各阶段购买场景，而不是强制向大众推广信息。内容营销是企业的有形资产，而非价格标签。它更注重感情、更主观，重点在于客户体验。能激起客户信任、认同或其他情感的信息和故事都可归类为内容营销。

——丹·伯杰龙

内容营销是广告的对立面。它能够围绕品牌理念和服务宗旨，为消费者提供他们真正想要的东西。它对受众影响深远，能助您精准地找到目标消费者。它是一系列的连续体验，而非分散的尝试。总之，它比广告本身更为有效，更易被受众所接受。

——基思·布兰查德

内容营销倡导围绕共同的兴趣创建社群，而非聚焦产品。它把服务社群，分享信息、观点和经验放在首位，力求惠及他人，而不直接要求任何回报。记住，内容营销不是带着面纱的推销。

——丹·布兰克

内容营销为消费者提供有用的信息，帮助他们做出购买决策，提高产品的使用价值，在拒绝推销的情况下实现商业目标，激发消费者兴趣。它有以下特征：体现企业核心品牌要素；利用多种媒体形式，如文本、照片、音频、视频、PPT、电子书和信息图表，讲述品牌或公司故事；可在多终端读取，包括PC端、平板电脑、智能手机和其他终端；通过企业官网和第三方社会化媒体平台分发；通过行动号召（CTA）和促销代码提供可衡量的转化结果。

——海蒂·科恩

内容营销是公司通过创作或共享内容来树立或加强自身品牌形象的做法。有效的内容营销并非直接促成销售过程，而是成功使品牌在某个细分领域内树立权威。

——巴里·格劳巴特

您可以买到注意力（广告），您可以乞求媒体的关注（公关），您可以一次获得一个人的关注（销售）或者您可以通过创造一些有趣的、有价值的内容发布到网上获取免费的关注（内容营销）。例如YouTube视频、博客、研究报告、照片、信息图标、微博、电子书、Facebook的主页等。

——大卫·米尔曼·斯科特

内容营销是：创意性的知识分享——跨多平台应用内容，以到达不同受众，影响他们的思想并驱动行为；针对不同受众分享相关的、有价值的内容，以促成对话并收获对品牌的支持；结合我们的天赋兴趣、迫切需求和未来技能，创作并填充内容。

——吉姆·西格尔

内容营销是战略的创新和创意、信息和资源的共享。内容营销绝不是点击、转发、点赞和+1。这些只是衡量内容营销是否生效的手段。

——威廉博士

在这十位权威内容营销大师给出的正解中，不难发现几个共识，即：

受众为先，即使暂时没有产品也无所谓，可先利用内容激发兴趣，形成固定的粉丝社群，然后再针对需求制定产品营销策略；

内容公益，即非产品性内容，而是与受众相关的、有助益的、有趣的内容，也可以是来自客户或公司的真实故事；

找到个人擅长点，由于内容营销是一个长期的过程，为了保证内容的可持续性，可以以专业内容结合个人擅长的方式为切入点进行内容创作；

多平台分发，包括互联网推广，创意性地延伸内容的不同形式，这可以在降低内容成本的同时触达不同的受众，吸引新粉丝的关注。

而至于那些仅为让产品露脸或直白促销的营销手段，说白了，都是围绕已有产品的叫卖，并非内容营销。

7.1.2 内容营销的特点

普利兹和巴雷特于2009年从战略层面提出了内容营销的BEST规则，认为内容营销应具有行为性（Behavioral）、必要性（Essenial）、战略性（Strategic）和针对性（Targeted）四大特点。周茂君在《数字营销概论》中从内涵层面总结了内容营销的四大特点，具体如下。

1. 内核：有价值的内容

这里的"内容"是指企业自主创作的任何形式的关于产品、品牌和企业的内容，包括文本、声音、图像等多种媒体形式的"故事"。但是并不是所有企业自主创造的内容都可以称作"有价值的内容"，这里的"价值"是相对于用户而言的。有价值的内容是指由企业选中并组织、分享给消费者等目标用户的有教育意义、有帮助或激励作用的信息和知识。企业只有提供能够满足消费者迫切需求的内容，才能够最大程度地吸引用户注意，并将内容中所承载的品牌信息有效传递给用户。因此，有价值的内容才是内容营销的核心所在。

2. 手段：讲故事

相比于传统广告通过打断消费者思考或感官体验来硬性传递信息，内容营销更注重用"讲故事"的手段来传递品牌信息。这里的"讲故事"是指企业通过讲述一个与产品品牌理念相契合的故事来吸引消费者，使其在品味故事情节的过程中潜移默化地接受品牌信息的传播。这种方式能够降低信息接收方的抵触感和厌恶感，从而使品牌信息能够得到用户的主动接收和传播。

3. 渠道：形式多样的媒介渠道

内容营销的类型有很多种，如自动进入邮箱中单独文件夹的时事通信、白皮书、应用软件、品牌研讨会或博客、视频、案例研究、事件（Events）、博客帖子、内情报告、社会化媒体上的帖子、网页、信息图表和电子书等。有人将内容分为两大类：砖块（Bricks）内容和羽毛（Feathers）内容。砖块内容是指大型的内容产品，如研究报告、事件、白皮书、视频和移动应用软件。这些内容产品需要投入更多的时间与金钱，但回报也很大。羽毛内容是指小型、低风险的内容产品，由简单的文字和图片构成，通常在博客和社会媒体网络上传播。在数字营销时代，内容营销多在以互联网为主的数字媒介渠道中进行，如企业网站、社交媒体、搜索引擎、电子邮箱等，其中企业网站应是品牌进行内容营销的主要阵地。

4. 目的：与消费者进行有效沟通并促成消费转化

任何营销的目的都是通过营销努力而促成相关的消费者行为，以此来达到理想的营销效果，内容营销也不例外。它更强调通过长期的内容互动、沟通而让用户主动关注和参与，进而引发主动的消费行为，实现消费转化。普利兹和巴雷特认为，在开展内容营销之前，营销者需要思考消费者的真实需求是什么，想让消费者拥有什么样的体验，期待他们采取什么样的行动，如何促进消费者购买公司产品或服务等。

7.1.3 为什么进行内容营销

1. 消费者行为的改变

虽然数字技术、移动互联网技术等的发展很快，对消费者的影响也很大，但是消费者选择购买哪种商品或服务的流程，即消费者购买决策过程并没有太多变化。消费者购买决策过程仍包括问题认知、信息搜集、评价和选择、购买、购后行为。但是，这些技术的发展和普及改变了消费者如何去做购买决策过程的各个阶段。通过表 7-1，我们可以看到数字技术以及互联网对消费者行为的影响。

表 7-1 互联网对消费者购买决策过程的影响

购买决策过程	2000 年之前	2000 年之后
问题认知	进店、电视/广播广告	各种各样的在线广告、数字广告
信息搜集	杂志、中介、线下口碑等	制造商网站、零售商网站、播客、短视频平台、直播平台、社交媒体、在线评论等
评价和选择		
购买	线下店铺	传统电商、直播电商、社交电商等
购后行为	线下售后服务、线下投诉、线下口碑等	在线售后服务、在线投诉、在线口碑等

2. 有价值内容的稀缺

在信息爆炸的今天，消费者每天都被各种各样的内容包围着，同时消费者对于内容的理解能力和接受度也在变化着，单纯的介绍产品或服务的内容对于消费者来说已经不再是有价值的。有价值的内容在内容营销中占据着重要地位，它是品牌主与用户沟通交流的重要载体。在"内容为王"的营销环境中,内容的价值性越来越受到各界的广泛关注。但是,以下原因导致有价值的内容十分稀缺。

(1) 新媒体崛起与传播渠道多元化

在传统媒体时代,强调"声量为王",品牌主大都以品牌信息的媒体曝光度来衡量媒体营销传播效果。在数字营销时代,随着新媒体的蓬勃发展,消费者接收信息的渠道呈现多元化格局,可以自主选择使用什么样的媒体、接收什么样的信息,因此消费者对于信息内容的价值有了新的认识和界定。

(2) 传播的去中心化与信息海量化

新媒体的崛起为营销传播领域带来的另一个变化就是传播结构的去中心化。在这种扁平化、开源化、平等化的新媒体环境中,每个人都是中心,每个人都既是传播者又是受众,可以连接并影响其他传播节点,媒体使用者成为互联网信息传播世界的主导性力量。在这种情况下,由数以亿计的用户构成的矩形传播网络就形成了,每位用户都积极地生产、传播和接收信息,但信息体量的充裕并不意味着信息质量的提升,恰恰相反,占据互联网信息库的大部分是亿万用户无意义的自说自话,而高质量、有意义的信息变得越来越难以获取,这就使优质内容的稀缺性进一步增大。

(3) 消费者阅读习惯的碎片化

互联网和信息技术对消费者的生活习惯、思维方式、行为模式和阅读习惯都产生了深刻影响。一方面,手机、计算机、平板电脑等电子终端设备的频繁使用导致消费者习惯了不完整、断断续续地碎片化接收和阅读信息;另一方面,信息的海量化也使消费者越来越难以获取自己想要的信息,这些都造成了用户注意力的日益稀缺。

传播渠道多元化、信息海量化和消费者阅读习惯碎片化共同造成了消费者注意力的分散和优质内容的稀缺。要想吸引用户的关注,聚拢其分散的注意力,就需要有价值的内容,内容营销在这其中扮演着重要角色。

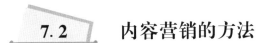

7.2 内容营销的方法

7.2.1 利用企业网站实施内容营销

企业网站是品牌主进行内容营销的主阵地之一,是品牌与消费者沟通的重要渠道。品牌主利用企业网站开展内容营销,最重要的是要树立内容阵地意识和用户导向意识,明确企业网站的建设目的是加强与用户沟通而非简单地罗列企业信息,将企业自有媒体平台建设提高到战略高度。首先,品牌主要投入大量人力和财力进行企业网站的内容建设,将其打造成企业内容输出的主阵地;其次,品牌主在规划建设网站时需要将内容建设和用户体验放在首位,网站界面设计简洁大方,重视与用户的互动沟通;最后,在网站运营和维护方面,品牌主要及时进行内容更新、用户反馈信息管理、品牌网站推广、网站数据安全检测管理等工作,不能让企业网站形同虚设。

7.2.2 借助社交媒体进行内容营销

随着移动互联网技术的飞速发展,社交媒体成为数字营销的重要战场。但是社交媒体信息过载和用户注意力碎片化造成品牌内容的低关注度,使品牌内容淹没在社交媒体的信息海洋中,难以引起消费者的有效关注和记忆。因此,借助社交媒体进行内容营销时要注意以下几点。

其一,品牌需要将用户年轻化和社群化趋势纳入用户研究,寻找品牌与年轻的、特定圈层的用户之间的契合点和接触点,采用他们的方式与其沟通;其二,针对社交媒体的多元化现状,品牌应该重点研究媒体不同的属性及特点,归纳分析各媒体的共性及特性,在厘清社交媒体生态的基础上选择与品牌契合的社交媒体,并根据媒体特性进行定制化内容创作;其三,针对热点事件的高频度与短时效等特点,品牌要摒弃盲目追随热点的惯性思维,更多地从企业的品牌战略层面和社交媒体用户需求出发进行自主的内容创作,争取让品牌内容成为"原生热点事件",避免因盲目追随热点让品牌疲于奔命而收效甚微的局面出现。

7.2.3 利用搜索引擎优化开展内容营销

搜索引擎营销(SEM),是英文 Search Engine Marketing 的缩写,指根据用户使用搜索引擎的方式,利用用户检索信息的机会,尽可能地将营销信息传递给目标用户的营销方式,主要包括搜索引擎优化和付费搜索广告两种营销模式。这里主要讨论搜索引擎优化(Search Engine Optimization,SEO),它是指企业通过相关操作让网站更容易被搜索引擎收录,并且当用户通过搜索引擎进行检索时,在检索结果中获得好的排名的位置,从而达到网站推广的目的。

搜索引擎优化营销模式的直接目的是提高企业网站与用户的接触度,而在这个过程中,企业网站成为用户与企业进行沟通和交流的载体,因此需要对企业网站进行内容优化,从而提高网站在搜索引擎中的自然搜索排名,让更多用户能够在搜索引擎中关注并进入企业网站。具体地说:第一,要对网站标题与排版设计进行优化。针对用户浏览网页时的模式化习惯,企业网站在进行网页的标题排版设计时,要按照关键词的重要程度在标题中进行排序,同时将重要内容置于网页的左上方,保证用户能够最大限度地接触企业网站信息。第二,要对网站主体内容进行优化。搜索引擎的算法规则青睐于最能满足用户搜索需求的内容,因而品牌需要花费更多精力在网站的内容安排上。品牌要重视优质内容的生产，打造企业网站的高质量特色内容；要保证内容的原创性，即使内容被转载修改，搜索引擎算法也能够准确定位到原创内容地址；要保持一定频率的内容更新，持续为用户带来有价值的内容。

【案例】

三个经典的内容营销案例

案例一：熊本熊

熊本熊是一种品牌IP化的内容营销方式，围绕品牌打造出一个IP形象，发挥创意进行内容输出，将IP不断进行丰富，令其更加吸引人，留下更多记忆点，从而扩大品牌的传播和认知度。

为了让这个IP更加令人喜爱和深入人心，创造团队还赋予其天真憨厚的性格，并巧妙设计出令人遐想的面部表情，使其更加贴近民众，更有熊本熊大阪市失踪、腮红遗失等话题事件，持续为这一IP添加更多内容和热度。

在熊本熊人格化，进入民众生活的重要环节，表情包发挥了重要的作用。这只憨厚可爱的黑熊的表情包一上线就得到了万千网友的喜爱，一度是很多网友的聊天交流的必备工具，广泛运用于各大网络社交平台。而作为日本熊本县的吉祥物，熊本熊的走红也随之让世界范围内的更多人知道了这样一个地方，为当地的收入和知名度带来了巨大的提升，可以说是创造IP来进行内容营销的成功案例。

熊本熊除了表情包受到广泛欢迎和使用外，其相关的实体周边商品也大受欢迎，最重要的是，熊本这个原本鲜为人知的日本小县一下子拥有了极高的知名度，为其带来了非常巨大的经济价值。

从熊本县借助熊本熊这一IP进行传播的过程中，可以学习到以下几点：

（1）自主打造IP来进行推广，不断用内容充实IP；

（2）在内容的设计上采用大众化的审美、人格化的特点来收获更多好感；

（3）注重话题的打造和网络互动。

案例二：江小白

江小白作为一款定位于年轻人的白酒，大多数消费者对其印象最深的是它的文案。江小白在面对以中老年人为主的白酒消费市场，走的是平价白酒路线，在口感上也无出众之处，便在营销上借助包装文案和内容，抓住了年轻人追求个性和理想的特点，利用文字这一最为简单的形式，如"总觉得没喝够，其实是没聊够""哥喝的不是酒，而是情绪""没有完全自由的人，只有真正自在的心"，戳中了很多人的情绪，引发广大年轻人的情感共鸣进而占据年轻人的市场。

除了走心文案外，江小白在内容的输出和IP的打造上也做了不少设计，如设计话题"我有一瓶酒，有话对你说""简单生活"等，让网友们能够随时在话题下畅所欲言，进行长期的交流和分享。这些话题的设计不仅可以不断加深网友对江小白品牌理念的认识和认同，同时还可以培养互动习惯，建立情感联系，甚至让消费者去产生内容，在互动过程中，消费者的情感也是江小白的文案素材，让其拥有更多原创性的内容来源。

从江小白的内容营销中，我们可以学习到以下几点：

（1）明确消费者，认清消费者需求，具有清晰的产品定位；

（2）持续多样地进行内容输出，扩大市场；

（3）保持长期的互动，鼓励消费者进行UGC内容输出。

案例三：百雀羚创意广告《一九三一》

百雀羚在各大新生代和国际美妆品牌的冲击下，为了吸引年轻市场的注意，进行品牌年轻化打造，通过精彩的内容营销重新传达出了富有底蕴和永葆青春的品牌理念。

《一九三一》是百雀羚的经典广告，体现了百雀羚作为一个老品牌的内涵及与时俱进的思想。作为国内老牌品牌，百雀羚最大的优势就是品牌故事和知名度，《一九三一》这个广告充分挖掘和展示其文化底蕴。它不仅传达了品牌的内涵和感受，也展示了品牌的创新能力和品牌的复兴。《一九三一》是微信中的长图文广告，图文结合、一镜到底地将故事内容流畅直观地展示出来，方便手机阅读；在内容上，《一九三一》展现的是民国背景下的女性风采，精美的复古画面很容易唤起大众对民国的怀旧情怀；在视觉上，色彩搭配非常突出，清晰地传达了"与时间作对"的品牌理念。

这则文案创意满满，内容丰富深刻，很快便在网络上走红，使百雀羚火了一把，不仅在中老年市场刮起了一阵怀旧风，也让年轻女性深入了解了其品牌故事和内涵。

百雀羚《一九三一》内容营销的目的是重塑品牌形象，扩大品牌传播度和认知度，从中我们可以学习到以下几点：

（1）内容营销要挖掘品牌故事，传达出核心价值与内涵，发挥出品牌已有的优势；

（2）在内容创意上围绕品牌内涵的表达，根据目标市场设置具有吸引力的内容和情节；

（3）发挥平台优势，选择传播量大、契合大众阅读习惯的传播形式和渠道。

在信息大爆炸的时代，单纯依托渠道投放、硬广告展现已成过去，击中消费者的内心情感需求的内容营销才是最重要的。

7.3 内容营销创作技巧

7.3.1 内容营销的内容风格

优质的内容营销不仅仅是优美的文案或高质量的画面,而是要生产对消费者有价值的内容。内容风格是内容营销在整体上表现出的具有代表性的独特面貌,它可以有效地反映出企业或品牌的定位。

1. 规则式内容风格

规则式内容风格在创作上追求规则性和公式化,在内容上以说明事实为主,在格调上又显得比较正规、呆板,很少带有艺术和感情色彩。规则式的内容营销方案在介绍产品时,大多从技术参数、价格定位、规格和样式等自然属性方面着手,另外也会如实介绍顾客在购买时能够得到的优惠及其他好处,促使消费者对商品产生初步需求。这种内容风格在早些年和改革开放初期比较多见,但一直到数字内容营销蓬勃发展的今天,看似过于枯燥的规则式内容风格仍然存在,并且占据了一定的比例。

规则式内容风格的优点是能够比较全面、系统地介绍有关产品的技术参数、生产流程和价格水平等多方面的信息,适合处于导入期的产品,有利于企业打开市场,提高产品知名度。

规则式内容风格由于其语言比较平淡无奇,缺乏出彩之处,难以对消费者产生强烈的吸引力,也容易使消费者产生厌烦情绪。

2. 感化式内容风格

感化式内容风格指的是创作者充分发挥想象力,调动文学、艺术和商业的各种手法,使其具有强烈的艺术感染力和品牌吸引力,通过这种充满艺术表现力的内容来打动消费者的情感,或者通过理性的劝说改变用户的认知。

尽管感化式内容风格效果明显,但是对创作者要求比较高,如果创作者水平不够,则容易造成弄巧成拙的局面。

3. 论证式内容风格

论证式内容风格是一种以求证的方式来阐述产品各方面信息的内容风格。一般分为一点论、两点论和比较法三种方法。

一点论是指创作者只站在生产经营者的立场,引用有利于证明产品优点的信息资料来进行论证,突出强调产品的特色,以此来打动消费者。两点论是客观地向消费者介绍产品的优点和消费者能获得的优惠的同时,也不掩饰产品的缺点和使用该产品时可能出现的问题，并介绍解决方案，指明如何才能避免这种问题的发生。比较法是创作者通过文案向用户表达自己的产品在同类中属于最优的地位。这种风格一定要实事求是，不能故意贬低其他品牌来烘托自己的产品。

7.3.2 内容营销的内容结构

1. 总分式内容结构

总分式内容结构就是确定一个总的、整体性的主题，然后分别通过若干不同的故事或创意来表达同一个主题。总分式的内容结构有利于消费者理解品牌传达的理念，加强印象，与此同时，由于创作者使用了多个故事来表达主题，用户不会因为重复而感到厌烦，反而在不同的故事中细细品味品牌的内涵。

2. 并列式内容结构

并列式的内容结构就是将文案的中心概念分解成几个平行的、并列的点，用多个故事或者文案代表这些点。并列内容结构的优点在于能够多角度、多方位地进行展示，使文案条理清晰、展示充分，避免了论述的片面和空泛。

3. 对照式内容结构

对照式内容结构就是在文案中把两种产品加以对比，或是用一种产品来烘托另一种产品并加以对比。对照式内容结构由于采取了对比的方式，可以达到一目了然、泾渭分明的效果，从而提高用户的好感度。

7.3.3 内容营销的写作技巧

1. 简洁性

产品可能是复杂的，概念可能是难以理解的，但是好的内容会将复杂进行解构，进而让它更易于理解。内容营销的创作要简洁精练，通俗易懂，尽量使用短标语、短文案，标题和正文合二为一，用简短的几个词组甚至是几个字吸引用户注意力和传达信息，要具有诱导性、号召性。内容营销的文案写作一定要开门见山、直截了当。

2. 交互性

数字媒体的互动性是其他媒体难以做到的。交互性是指用户可以主动参与到内容营销活动之中。这种参与可以是有意识地询问、在一定程度上对原有程序和信息的改变，也可以是随机无意识地点击、关注等行为。内容营销文案的创作应该针对个性化的消费者，吸引他们的主动注意和兴趣，采用能够促使消费者积极参与的文案形式，有效引导消费者关注该品牌。

3. 故事性

讲一个故事，并且贯穿于整个客户体验流程，可以收到良好效果。故事不一定要特别新颖，但是一定要足够打动人，要能够吸引用户的兴趣。好故事能引发消费者连续的情感投入，甚至补充与创建部分故事内容。立顿茶在微博中设置了抽奖活动，粉丝可以转发自己的照片并@立顿，立顿会随机抽取幸运粉丝并在微博中晒出粉丝的真实故事。这种利用普通人的故事营销的方式十分有利于树立品牌的良好形象。

4. 话题性

话题性是指一个营销方案为了吸引用户关注需要制造话题，并且能够让用户自发地去传播扩散这个话题，将对话题的讨论持续一段时间，从而扩大品牌的影响力。具备话题性的内容营销是目前数字营销中效果最明显、影响力最大的方式之一，实质就是品牌制造话题，等待用户来发现、讨论、扩散。

5. 链接性

链接性可以使营销内容变得更为简洁。用户在浏览文案之后点击一个链接可以阅读更多关于产品的详细信息或者参与到品牌活动之中，这样的营销方式可以更为长久地吸引和保留用户的注意力。链接的形式可以是二维码、"阅读原文"、微博和其他社交平台的网页链接等。

6. 生动性

生动性是指利用各种手段让消费者身临其境。生动性指的可以是实际体验中的感受，也可以是情感上的共鸣。直播以及 AR/VR 技术都可以提升内容营销的生动性。

【案例】

从三顿半、泡泡玛特等七个经典案例，拆解内容营销的五大趋势

一、内容要永远比产品前置

内容营销要前置，因为内容本身是产品的一部分，甚至是非常重要的一部分。很多品牌的营销方式是商品中心把产品研发出来之后，品牌部门再去挖掘和提炼产品的卖点。但是有时候品牌部门并不知道产品的卖点，去问产品经理，他们也不知道或是说得很含糊。这实际上就是研发和品牌脱节所造成的。所以我们在打造产品的过程中，就要思考产品的痛点和场景，把未来的营销话术确立起来，也就是"从产品研发即注入营销"，让产品自带内容营销。比如很多新消费品牌在这块就深谙这一点，像空刻意面，把产品外包装做得不像一个食品，而是"像一个化妆品"——口红。它给我们的启发就是，品牌在产品研发阶段就要考虑让包装更能够服务于产品，除了要在货架上、页面上被人一眼相中，还需要承担品牌传播的功能，也就是将产品、包装设计为可以内容化的"物料"。

所以内容营销永远在产品研发前面，而不是在后面。你在产品端的内容运营能力将直接决定产品的销量。

二、要逐渐形成内容IP

如果产品内容化思维是内容营销的必要条件,那么形成内容IP就是品牌要持续构建的舆论场。舆论场就是品牌在内容传播上的势能、厚度、影响力。要专注于某一个内容领域,在这个领域不断精耕。所以你要把传播内容打造成一个IP,跟用户进行持续沟通,帮助企业不断积累品牌资产。而在打造内容IP的过程中,拥有高内容水准、高舆论口碑、高用户黏性的优势,才更有机会成为爆款内容和超级IP。有三点需要重点关注,即创意性、事件化、可持续。

分享两个案例。

一个是百事可乐《把乐带回家》。从2012年述说小家团圆的首部《把乐带回家》微电影开始,百事可乐就从"人""家""乐"三者关系出发,用10年时间打造"把乐带回家"内容IP。这个系列微电影有三个显见的共性:大量当红流量明星作为主人公;每年聚焦一个创意,讲述与春节有关的"合家欢""温馨"故事;片中有大量的百事系列产品出镜。这三个看似简单的特色,经过每一年富有创意的内核形态的不断重复与触达,形成了极有品牌印记和记忆度的春节营销事件。在这个过程中,"祝你百事可乐"虽然听上去像一句口号,但10年的"把乐带回家"确确实实把百事变成了14亿中国人过年仪式中重要的一环。

第二个是三顿半的返航计划。这个活动每年举办两期,每期都有一个别出心裁的主题,用户可以通过专属小程序进行预约,在指定的开放日前往各城市中设置的返航点,以空罐兑换主题物资,回收的空罐也将再利用制成生活周边产品。返航计划表面看起来是主打环保的空罐回收计划,但其实是将产品过度包装的潜在公关危机变成品牌的超级符号。通过内容的持续性浸染,返航计划已内化为用户的一种生活态度和方式,用户又反向对品牌产生了长期关注的动力,进一步催化了大量UGC内容,宣扬品牌文化的同时传递充满社会责任感和环保意识的品牌形象。可见用户不缺内容创作的内驱力,就看品牌是否给用户搭舞台和"递话筒"。

很多品牌每年都会策划很多场营销活动,但是做的很多碎片式营销却轻、软、无序、无指向性,钱花出去了,消费者却根本记不住。内容营销的成功,就是成为IP。当你持续去打造内容IP的时候,最后它会变成一个有知名度、美誉度和影响力的品牌符号,你就不需要再给它继续投入了,而是它可以反哺品牌,聚拢粉丝,形成品牌资产。

三、让普通人影响普通人

很多品牌在发动内容营销战役时,真实、有个性,不完美的普通人开始走到聚光灯下。普通人不再是一个个人口统计学背后冰冷的缩影,他们有着情感丰富的内心世界,他们是散落在生活中的我你他。越来越多的品牌在营销上更注重让普通人影响普通人,从而产生情感共鸣。比如有个时尚博主做了一个专栏,叫《100个中国女孩的家》。这100个女孩,就是100个窗口。她们的居住空间在镜头下,在字里行间呈现着,不同风格、不同身份的女性都在表达着她们的态度和主张，每一个物件、每一段故事都是丰富生活的浓缩。

当品牌与普通消费者产生情感共鸣时，会触动到消费者灵魂深处的那根弦，再反弹到品牌，让用户自发传播。

四、重度圈层化、区隔化

介绍一个"1%法则"：互联网上1 000个人，只有10个人会创造内容，另外100个人会互动，剩下890个人浏览。这个法则最先是从Youtube上的统计数据中分析出来的，其他网络数据也在慢慢证明这一点。比如维基百科中50%的内容是由0.7%的用户提供的，而超过70%的文章是1.8%的用户分享的。而内容打造，聚集用户，要想清楚你要在哪个群体聚集势能。人以群分，能吸引特定圈层的人就已是成功，不要想着所有人都喜欢你。亚文化造就的"文化圈层"，使得每个圈层都有独特的语言、文化体系，也有不同的流行体系。"B站二次元圈""电竞圈""汉服圈""古玩圈""古风圈"……每个圈子之间有着厚厚的壁垒，关注点也完全不一样。而泡泡玛特的成功就在于真正理解了某个细分"年轻群体"喜欢消费的内容，然后"跳级"，越过刚需，去做满足用户更高精神需求的文化生意。其所具备的高颜值IP和集收藏和社交于一体的属性为消费者打上了区隔性较强的文化标签，并有一定的"代际感"，让新生代群体无须过多的语言赘述就直接成为消费者。

所以品牌要做的是如何去深入洞悉这一群体，做到"想他们之所想，做他们之所做"，去了解他们"我小众，我自豪"的情绪共鸣点。要通过想象力打开新的市场空间，去输出对小众群体的认同感内容，从而收获他们对品牌的认同感。

五、建立用户思维，摒弃粉丝思维

流量思维已经是旧玩法了，现在的新玩法是"超级用户思维"。所谓"超级用户思维"，就是不追求所谓的流量，而是沉住气用心打磨内容，通过良好的口碑产生杠杆效应，从而赢得更多的用户。如新式茶饮很明显的一个趋势是从经营产品开始向经营用户转变，从营销主义升级到价值主义，从跑马圈地到精耕细作。最典型的是对顾客群体的精耕细作，如通过小程序、会员系统将顾客从"冷冰冰的数字"变成"鲜活的个体"，并根据他们的需求，持续通过内容发生交互，筛选出"信任流量"，即品牌的"自来水"。茶颜悦色的公众号、微博，不仅仅是单方面输出内容，最重要的是与顾客保持互动，吸取建议，也就是基于顾客需求定位，及时与顾客沟通，再根据顾客的要求不断更新、调整产品与营销方式，保证了品牌的发展活力。

品牌传播过程中，1个信任流量抵得上1 000个普通流量，一个细分行业，你能获取10万个信任流量，就能拥有传统意义上1亿个粉丝的势能。对企业而言，内容已经成为产品、服务之外的"第三种沟通要素"。

第8章 移动营销

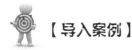

麦当劳"全民充电饱"

手机越来越成为人们器官的延伸,一刻不拿手机心里就没着没落。而手机最怕的就是没电,很多人都遇到满世界找电源的尴尬。那么,这个创意就应运而生了。当你手机电量低于50%的时候,手机就会收到提示,告诉你可以到就近的麦当劳充电,甚至告诉你最近的位置。这恰恰解决了手机充电这一刚需。这其实是基于一点资讯与小米手机的战略合作,借助小米手机终端优势,以全国742家麦当劳门店为基点,以充电的方式将用户引导到店中。

《麦当劳"全民充电饱"》案例将用餐、充电和WiFi使用三大场景相结合,这是创意得以执行的线下基础。麦当劳"全民充电饱"套餐为用户的肚子充电,小米充电宝为手机充电,作为移动资讯软件的一点资讯为用户精神充电,三者在麦当劳门店得以实现场景结合。

分析一下这个活动的传播策略,我们发现,举办"全民充电饱"活动,基于麦当劳暑期充电饱套餐,配合互联网品牌小米在全国742家门店搭建充电宝专区,在消费者为手机充电并享用美食的同时,携手一点资讯推出兴趣海报,将充电与在麦当劳用餐的情景相互结合,让用餐的过程更加有趣。麦当劳通过将店面、硬件、移动互联网三者进行有机结合,使推广、进店、体验、分享形成了新奇有趣的O2O整合营销。

另外,技术层面是保证。首先,与中国互联网知名品牌小米联手,在全国742家麦当劳门店设置充电站,解决移动互联网时代下"电量恐惧症"患者就餐时的充电问题。其次,由一点资讯提供兴趣海报,铺满门店,用户真正感兴趣的内容成了食客们边吃边聊的最好话题。最终拉长了消费者在店内的停留时间,放慢就餐速度。

最终市场效果如下:

(1) 麦当劳活动产品销量增长了 15.7%，到店人数增长率提高 2.8%。

(2) 截至专题活动结束，整体活动 PV（页面浏览量）达到 3 亿次，以远超 KPI 的数据收官。更重要的是，在消费者心中，麦当劳再也不会简单地与快餐画上等号，而是一个了解现代消费者健康需求，并为之努力的餐饮品牌。

(3) 麦当劳通过将店面、硬件、移动互联网三者进行有机的结合，使推广、进店、体验、分享形成了营销闭环，最大限度地让本次活动在更广的范围扩散并真正做到了实效营销。

(4) 有趣的活动赢得了消费者自发的内容生产与传播。

正是凭借《麦当劳"全民充电饱"》情景营销案例，一点资讯一举拿下中国广告业最权威、最具影响力的国际级专业奖项——中国广告长城奖，并成为近五年来唯一获此殊荣的媒体平台。

8.1 移动营销概述

随着移动互联网的发展以及智能手机、平板电脑等移动设备的普及，消费者能随时随地访问互联网并购物，且在购物时能使用移动设备进行信息搜索和与商家互动。移动设备和移动应用的发展也为企业提供了更好地与消费者沟通的渠道，移动端也成为企业传统销售渠道的理想补充。因此企业对持有移动设备的消费者进行移动营销，不仅即时、快速、便利，而且还有助于企业与消费者建立一对一的关系。移动营销为企业创造了通过基于情境与地点的个性化定制内容来建立和转变消费者品牌态度的崭新机会。

8.1.1 什么是移动营销

对于移动营销，无论是业界还是学界都未给出一个确切的定义。移动营销的过程实质是针对目标市场定位（Target），通过具有创意的沟通方式（Communication），依托移动互联网，向受众传递某种品牌价值（Value），以获益（Profit）为目的的过程。2003 年美国市场营销协会将移动营销定义为：通过移动渠道来规划和实施想法，对产品或服务进行定价、促销、流通的过程。2009 年美国移动营销协会指出，移动营销是基于定位的，经由移动设备或网络进行的，通过个性化定制与消费者相关的互动形式，使企业与消费者能沟通交流的一系列（营销）实践活动。黄丽娟和夏筱萌将移动营销定义为面向移动终端用户，在移动终端上直接向细分的目标受众定向和精确地传递个性化的即时信息，通过与消费者的信息活动达到市场营销的目的，并使企业利润增加的行为和营销活动。阳翼在《数字营销》一书中将移动营销定义为：基于以智能手机为主的智能移动终端,利用移动互联网开展的营销活动。基于以上定义,本书将移动营销定义为:利用移动互联网,面向无线移动智能终端用户进行的各种营销活动。

8.1.2 移动营销的特征

移动营销的特征可以用 4I 来概括,即 Individual Identification(分众识别)、Instant Message(即时信息)、Interactive Communication(互动沟通)和 I(我的个性化)。

分众识别:不同类型的用户使用移动互联网的目的不同,且具有不同的偏好。因此,企业有必要对其用户进行评价,并根据用户的目的、兴趣、购买经历及忠诚度为其制定个性化的内容与服务。

即时信息:移动设备的便利、便携和高效等特性使得企业营销人员可以将促销信息或产品更新信息通过移动渠道即时推送给消费者,消费者也能即时访问。

互动沟通:移动营销感知互动性越强,与顾客的沟通效果就越好。

我的个性化:移动营销带来的价值在于让消费者可以随时随地访问,为消费者提供基于时间地点以及个人喜好的个性化定制。

8.1.3 移动营销与传统营销的区别

较之传统营销,移动营销能根据特定的地点和时间更精确地定位目标用户,能利用消费者数据库更好地衡量和追踪消费者的反应,并与之双向互动,沟通与传播的成本比较低。

受限于屏幕尺寸及带宽,移动营销传播的信息受到更严格的限制,消费者不会在移动端阅读过于详细的内容及需要较长决策时间的产品或服务信息,这就导致营销设计上的不同,即移动端的用户更偏向于阅读设计简约、流程简单的信息。

由于移动设备的便携、便利与高效,移动终端可以出现多机共存的局面,手机、平板、可穿戴设备等都能成为移动营销的进入接口,多设备互动将成为移动营销用户的主要行为特征之一。而且,传统互联网营销通常实行线上水平撒网的营销模式,而基于 LBS 的定位优势,移动端使得线上线下同步的立体场景营销成为现实。相比之下,传统大众营销的传播则因过于泛化而无法创造基于情境的价值。

传统营销大部分以品牌展示为主,辅之以促销宣传、活动扩散等;而对于移动营销来说,能否促成用户对营销活动的即时参与,成为衡量营销效果的一个主要标准。

由于用户对移动终端的接触频率比对 PC 的接触频率高,因此广告主可以掌握大量的用户行为数据,并针对这些数据进行消费偏好分析,从而发布更有效的推广信息,促进精准营销活动的开展。另外,消费者也可以根据需求自主定制个性化的广告,并对需求进行即时更新,这能使广告的有效性得到进一步提升(表 8-1)。

表 8-1 移动营销与传统营销的区别

区别	传统大众营销	传统互联网营销	移动营销
用户年龄	各年龄层	以中青年群体为主	以年轻群体为主
传播平台	传统媒体	PC 端	移动端
传播方向	单向传播	以单向传播为主	双向互动
传播成本	高	低	低
传播类型	各种格式的文本、音频与视频	各种格式的文本、音频与视频	受限于传播速度及视觉空间大小的文本、音频与视频
营销设计	丰富翔实	丰富翔实	简约清晰
营销终端	固定媒体	PC 单屏	多屏交互
营销路径	泛化传播	水平撒网	立体真实
营销效果	品牌展示	品牌展示及促销	即时参与

8.2 二维码营销

8.2.1 二维码营销的定义

随着移动互联网技术的高速发展和智能移动终端的普及,二维码凭借其便捷性和应用领域的多样性已经在各式各样的场景中随处可见。目前,全球 90% 的二维码个人用户在中国,二维码已经渗透到我国民众生活的方方面面,可以说我们的生活已经被二维码包围。二维码不仅改变了人们的生活方式,也改变了企业的营销方式。在营销过程中,二维码不会局限于线上线下,而是将两者巧妙结合到一起,让企业在营销上展现出灵活多变、更具创意的一面。

二维码营销是指通过对二维码图案的传播,引导消费者扫描二维码,推广相关的产品资讯、商家营销活动,刺激消费者进行购买行为的新型营销方式。

8.2.2 二维码营销的主要应用

1. 获取用户

以前,企业想和用户建立联系,获取用户信息,必须借助相关的平台或工具。比如,让用户给企业写信,或打电话、发传单。进入互联网时代后,有了更多便捷的选择，比如让用户加企业的 QQ、发邮件，或是让用户主动留下他们的联系方式。

但是以上方式，都做不到随时随地获取用户资料。比如有人看到了企业投放在户外的广告牌，企业如何快速获取这个人的信息，与这个用户建立联系呢？传统的方式是让用户给企业打电话或是发邮件，但是这种做法有两个缺点：第一，不方便；第二，不一定能够获取到用户详细的资料及建立长期的联系。而有了二维码后，这个问题得到了解决，通过二维码，企业可以延伸推广渠道，随时随地进行推广，获取用户。比如现在很多企业都在尝试申请微信公众号平台，然后传播公众号的二维码，将二维码印到包装盒上、名片上、广告中、宣传单中、户外广告上等。

2. 互动广告

在广告领域，二维码除了能使广告变成吸引用户的平台外，还能让传统广告"活"起来。以往的广告都是死板的，而且广告的信息承载量也有限，与二维码结合后，广告可以无限增加内容，而且还可以变得有声有色，活灵活现。比如企业可以在杂志、报纸、广告牌等广告上面加入二维码，用户看完广告后，如果想了解更多信息或是享受更多服务，可以直接扫二维码跳转到企业的网站。

3. 内容互动

通过二维码可以实现各种传统内容形式的互动。比如在报纸或杂志上看了某篇新闻后，扫描新闻后面的二维码，就可以对该新闻进行评论，以及阅读相关文章，甚至是观看视频。

除了报纸、杂志之外，也可以在电视屏幕上显示二维码，这样可以促进电视节目与观众的互动。

除了传统媒体上的内容互动，企业也可以在产品说明书、包装盒上加入二维码，当用户扫描二维码后，可以看到生动有趣的文字、图片甚至视频。

4. 活动促销

二维码可以延伸活动范围，增强活动的互动性，增加活动的效果。通过二维码可以将线上互联网、线下商家以及手机端打通，相互带动。在做促销活动或发放优惠券时，企业还可以引导用户将活动或优惠券信息转发到微博、朋友圈中，带动企业宣传的二次营销。

5. 防伪溯源

通过二维码将企业生产、仓储、物流等环节的全程记录下来，可以让客户看到安全、放心的产品。这样一来，不仅客户方便查询产品信息，能够放心购物，而且企业也能在整体上降低成本，加强质量监控。

6. 数据分析

大数据时代，足量的用户数据必不可少，但是企业获取足够多的用户数据是比较困难的。现在，企业可以通过二维码快速收集顾客多维度、多角度的数据，并进行精准的统计和详尽的数据分析，从而实现营销效果的量化，挖掘商业机会。

7. 会员管理

会员系统是增加用户黏性、提升复购的利器。用户扫一扫即成为会员，方便快捷，企业随时随地都可以发展用户成为会员。成为会员后，用户可以通过手机查询积分、二维码优惠券及参与促销活动等。

8. 移动电商

借助二维码，企业可以成为真正的移动电商，即可以在任何可以印上二维码的地方设点销售。

8.2.3 二维码设计技巧

1. 用色彩组合吸引眼球

在二维码创意上，企业不要忽略了，二维码还可以制作出彩色的。只有不一样的二维码才能让消费者眼前一亮，引起消费者的扫码欲望。

色彩是最吸引眼球的东西，在制作彩色二维码时，最好先了解色彩的搭配原理，或者请专业的色彩搭配设计师，通过对企业文化的了解，搭配设计出符合企业文化和最让人舒服的彩色二维码。

2. 中心替换法让信息传递更明确

在二维码设计上，许多企业只是把二维码制作出来，二维码的图形起到引导性作用。中心替换法是指在二维码中心位置添加企业 Logo 等图片，增加辨识度。加入其他独具特色的元素也能够激起消费者的扫码欲望（图 8-1）。

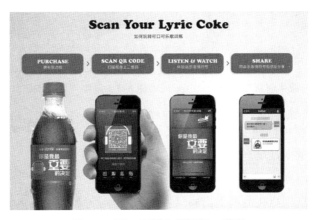

图 8-1　可口可乐音乐耳机二维码

3. 接入众人熟悉的元素

二维码出现在大街小巷，最终目的就是等着消费者去扫它。既然想要消费者扫企业的码，那就需要制作吸引消费者眼球的二维码，让他们对二维码产生兴趣。因此，在二维码的设计上，还可以结合消费者最熟悉的事物，让他们看到时会产生一种亲切感。

蒙牛作为生产牛奶的大型企业,为了让消费者喝到放心奶,在二维码的功能上使用了溯源功能。通过扫码,消费者可以了解牛奶的产地、日期及奶牛的信息等。为了吸引消费者扫描,蒙牛在制作上使用了环境嫁接法,将二维码与外界元素巧妙地结合在一起,生成一个富有企业个性的二维码。蒙牛将这个二维码设置成了蓝绿色——绿色是内蒙古草原的颜色,而蓝色为天空的颜色。蒙牛还将一头牛的图样放进了二维码中,展现出"天苍苍,野茫茫,风吹草低见牛羊"的意境,消费者在超市或者商场购物时,一眼就能够认出这是蒙牛的二维码。(图8-2、图8-3)

图8-2　蒙牛创意二维码

图8-3　蒙牛"牛运按钮"二维码

4. 塑造整体美感

一个独特的造型可以使二维码动起来,不仅好看,还能让消费者觉得好玩。

如果企业已经有了二维码,即使是黑白的,也可以通过颜色和风格创意在造型上出彩(图8-4)。

5. 用场景讲故事

企业可以设计出消费者感兴趣的、独具特色的场景二维码,在场景故事中引起消费者的扫码兴趣(图8-5)。可以将二维码制作成生活场景、电影场景、动画场景等,通过场景的风格、元素和故事来

图8-4　足球二维码

吸引消费者扫描。既可以制作永久使用不过时的经典场景，也可以制作具有时效性的当下最火、最热的话题性场景。

6. 不走寻常路

二维码的组成不一定非得是黑白方格，或者印在海报上、纸上，可以将二维码与产品、场景等相结合，起到让人眼前一亮的轰动效果，通过媒体的报道与关注来达到宣传的目的。

图 8-5　游戏元素二维码

 APP 营销

APP 是英文 Application 的简称，是指智能手机或平板电脑等移动智能设备中使用的各种应用程序。APP 营销就是利用移动端的各种应用程序来进行营销。

8.3.1　APP 营销的特点和优势

1. 成本相对较低

APP 营销的模式相对于电视、报纸，成本要低得多，只要开发一个适合于本企业的 APP 即可。不过其成本相对于微信公众号来说，还是要高一些。

2. 自主性强

对于一般企业来说，微信公众号就能满足其大部分需求，没必要开发 APP。但是公众号毕竟是别人的平台，而 APP 是自己的地盘，我的地盘我做主，这种自主性是微信公众号、微博等第三方平台所比拟不了的。

3. 持续性强

一旦用户下载 APP，那么持续性使用就成为必然。

4. 随时服务

现在的用户几乎都是 24 小时不离手机的，所以一旦企业的 APP 被用户下载到手机上，就意味着会 24 小时跟随他左右。

5. 互动性强

企业可以通过 APP 与用户进行各种互动，如即时对话，各种游戏、活动等。

6. 用户黏性强

如果 APP 的内容或功能能够得到用户的认可，那其黏性是特别高的。比如微信，我们的生活几乎已经离不开它了。

8.3.2 APP营销策略

1. APP广告

APP广告是最简单的APP营销方式，是指在与企业相关、目标用户集群中的APP上投放广告。

2. 推广平台

针对自己的产品特点及目标用户需求，开发一款能够吸引用户安装使用的APP，通过优质的内容吸引精准客户和潜在客户，实现营销目的。

【案例】

耐克的 Nike + Running 和星巴克闹钟

在体育运动领域，有一个叫Nike + Running的APP，是定位于跑步的APP。通过Nike + Running，可以追踪和记录跑步的路线、速度等并计算成绩，而且其计算的精确度相当高；在跑步过程中，还可以设置语音提示（如提醒路线距离、速度、时间等）、激励音乐；同时程序还可以拍摄跑步全程照片、记录成绩等，跑步结束后，用户可以晒到朋友圈等；程序还有等级系统，等级不同，颜色不同；此外还有排行榜功能，可以和其他用户一较高下。

在同类APP中，Nike + Running用户量和知名度都非常高。实际上，这是耐克公司于2010年推出的一款APP应用。这款应用是耐克布局移动互联网的一枚重要棋子，对耐克的移动互联网营销起到了非常大的促进作用。

与耐克相比，著名咖啡连锁品牌星巴克的做法要简单得多。星巴克的用户以白领为主，白领早晨赖床是常事。对此，星巴克别具匠心地推出了一款闹钟应用。用户在设定的起床时间闹铃响起后，只需按提示点击起床按钮，就可得到一颗星，如果用户能在一小时内走进任意一家星巴克店，就能在购买正价咖啡的同时享受早餐新品半价的优惠。

这款应用是星巴克于2012年10月作为配合10月上市早餐新品的推广活动而推出的。星巴克在中国推出这一创新应用后，很快获得了不少星巴克粉丝的青睐。

叫醒用户的一天从闹钟开始，让咖啡品牌从用户睁眼就可以与之产生联系，这在咖啡连锁行业是很难做到的，而星巴克通过一个小小的闹钟就做到了。

3. 服务工具

针对自己的产品特点及目标用户需求，开发一款以服务用户、提升客户体验和满意度为主的APP。最常见的是快捷酒店和航空公司的APP。

第 8 章 移动营销

【案例】

宜家 APP 让你在手机上设计家具摆放

家居巨头宜家的营销战略中有一个重要的手段：产品目录营销。每年，宜家都会隆重发布新品目录，并将它发放到锁定的目标消费者手中。宜家的目录手册制作精美，融家居时尚、家居艺术为一体，可以说是宜家自我包装的巅峰之作；而对于无暇上街购物的忙碌人群来说也十分适合，他们不用往商店去挤，可供选择的范围广泛，能以最低的价格购物，受到很多新中产阶层的喜爱。据悉，宜家新品目录的发行量已经达到 2.11 亿份，数字十分惊人。

但是家具类的产品有一个问题：必须看实物、现场体验。对于一些消费者来说，不可能就凭一张图片下单；即使消费者来到了宜家门店，但是家具摆放在家里具体什么效果，尺寸适合不适合，能不能放得下，也是问题。根据有关市场调查表明，有 14% 的消费者表示买过尺寸错误的家具，而 70% 的消费者则表示他们根本不知道自己需要多少尺寸的家具。

针对这些问题，宜家在发布 2014 年新品目录时，同时推出了一款 APP 应用：IKEA Now。这是一款可让用户自定义家具布局的 APP，在实际使用时，用户只要扫描目录上的产品即可了解家具实际摆放在家中的样子。

在启动应用程序之后，消费者首先要选择功能分类，包括卧室、客厅、厨房或者书房，在确定好房间功能之后，便可以对房间中的具体元素进行添加。消费者可以将桌子、椅子和台灯等元素添加到房间中。

消费者可以将各个家具放到任意自己想放的位置，不管是椅子还是水龙头，只要你愿意，放在哪里都可以。该技术能够借助实体产品目录的标准尺寸来推算出家具的实际尺寸，然后将家具与家中实景按照实际尺寸比例投放到手机、平板电脑的显示屏上。这样一来，用户就能够更直观地看到家具摆到自己家中的具体状态，款式是否搭配、尺寸是否合适等，都能一目了然。

如果对某一件家具真的很喜欢，那么就可以继续点击该款家具查看它的详细参数与价格。如果真的决定购买，可以直接通过应用程序进行付款，在填写好收货地址和时间之后，宜家选择距离消费者最近的卖场将货物送到消费者的家中。

如果出现某件商品无货的提示，那么消费者可以查看宜家别的卖场是否还有库存，宜家会自动为消费者选择有库存的卖场进行配送。

此外，用户还可以创建并与其他用户分享自己中意的布局，同时还可以对其他用户的创意布局进行投票，选出自己喜欢的布局。宜家还会对这些优秀创作者进行奖励，利用个性化定制营销来达成传播效果。

4. 销售渠道

企业可以将APP作为一条销售渠道，甚至是主要销售渠道来使用。

5. 创意营销

企业可以利用APP这种全新的技术和表现形式来策划一些传统营销手段无法达到的营销效果，实现创意营销。

8.3.3 APP推广策略

1. 登录应用推荐平台

登录各种APP应用推荐的网站、商店、APP等。此类的平台非常多，如苹果官方的应用商店AppStore，安卓软件应用商店Google Play，此外还有移动MM、天翼空间、沃商店、安卓市场、OpenFeint、Amazon AndroidApp Store、安智市场、机锋市场、爱米软件商店、优亿市场、掌上应用汇、N多市场、安卓星空、安丰下载、力趣安卓市场等。

2. 排名优化

对一些主要的应用平台和商店进行排名优化，就像进行搜索引擎优化一样。不同的平台，排名规则不同，所以优化的方法也不同。通常情况下，影响排名的因素有以下4个。

（1）用户的下载量和安装量。

（2）应用使用状况（打开次数、停留时间、留存率）、新应用，或者刚更新会有特殊权重、下载状况、评论数和评星。

（3）APP标题、关键词中的词汇，与用户搜索关键字的匹配度。

（4）软件评分。

3. 发码内测

发码内测其实就是饥饿营销。在软件正式上线前，不断地造势和预热，塑造APP的形象和价值，提高用户对APP的期望值和下载使用的欲望。时机成熟后，开始宣布内测，比如只发放1 000个内测码，邀请1 000个人进行内测。

4. 线下预装

如果有实力或资源，能够和一些手机厂商合作，使它们的手机在出厂前直接将企业的APP预装到手机里的话，效果肯定好。不过这一操作要么需要非常强的资源关系，要么需要有足够的资金实力。

5. 互联网开放平台的应用

互联网上的各大平台都在开放，如腾讯开放平台、360开放平台、百度开放平台等。企业可以将APP接入这些开放平台中，直接吸引这些平台上的海量用户。

6. 软文营销

文章的传播性非常强，而且文字也非常容易影响用户。在APP的推广上，比较常见的软文策略有以下 3 种。

（1）请权威媒体去报道。

（2）请专业机构或媒体对产品进行评测，撰写评测稿。

（3）请一些在用户中有影响力的行业专家、名人等撰写评论文章。

7. 限时免费

对于收费的 APP 应用（或是应用内的部分功能收费），可以采用限时免费的策略，这是常用的方法，也是比较有效的方法。互联网上有很多限时免费的平台，如搞趣、iApps、苹果园、软猎、网易等，企业可以好好利用。

8. 资源交换

APP 本身就是一种资源、渠道，所以可以利用 APP 自身的资源，与其他 APP、媒体、平台等进行资源互换。不过互换前要注意，在设计 APP 时，一定要预留一些应用推荐位，无论在什么位置，一定要有，这是资源交换的筹码。

9. 网络广告

虽然广告要花钱，但是如果策略得当，就不失为一种能够快速提升安装量的方法。建议选择一些按效果付费的互联网、移动互联网广告公司或联盟合作，比如投放 CPA 广告，这种广告风险低且可控。

8.4 移动广告

移动广告就是在各种移动设备上投放的广告，广告的形式包括图片、文字、插播广告、链接、视频等。

8.4.1 移动广告的特点

1. 精准性

移动广告较之互联网广告在精准性上有了进一步的提升，因为它可以根据用户的实际情况和实时情境将广告直接送到用户的手机上，真正实现"精准传播"。移动广告可以根据用户浏览的时间、地点，结合用户经常活动的地区以及个人背景、喜好、经常使用的 APP、手机终端的品牌/价格等进行匹配和推送。

2. 即时性

移动广告的即时性主要来自手机等移动设备的可移动性。现代人手机随时随地都要带在身边，甚至 24 小时不关机，而且很多用户随时随地都要打开手机看一看，"低头族"队伍不断壮大。这些特性，使手机比任何一种传统媒体都要强大，包括互联网媒体,可以说手机这种媒介对用户的影响是全天候的。基于此,移动广告的到达也是最及时和最有效的。

3. 互动性

由于手机具有便捷性及可移动性特点,所以移动广告的互动性也非常强。比如摇一摇广告、央视春节抢红包中植入的广告等,都是传统媒体及 PC 互联网所实现不了的。这种互动性提升了用户的参与度,继而提高了用户对品牌的认知度,使广告的效果大大加强。

4. 扩散性

这里说的扩散性,是指二次传播。手机是现代人必不可少的通信工具,这里说的通信,不仅仅是指手机本身的通话功能、短信功能,还包括手机中安装的各种相关应用,如微信等。所以,企业可以通过一些策略方法,引导用户通过微信、短信、微博等,帮助传播广告内容,如早些时候比较流行的集赞等。

5. 可测性

相对于传统广告及 PC 互联网广告,移动广告的可测性和可追踪性更强,目标受众更容易精确统计。

8.4.2 移动广告的表现形式

1. 短信广告

短信广告是指通过短信平台向用户发送广告以达到营销目的的方式。短信方式虽然"古老",但依然具有极高的打开率和阅读率,是广告传播的有效方式。短信广告的关键点在于手机是人们的私人用品,有效且合理地获得目标客户群体的手机号码并获得其许可一直是短信营销努力解决的一大问题。事实上,发送短信必须以用户的好感与愿意接受为基础,这一点主要体现在对品牌忠诚者的推销上。比如,用户已经对一个品牌十分有好感并且养成了购买的习惯,那么对该用户进行广告推送、活动宣传就会收到很好的效果,也为客户了解产品动向提供了极大的方便。狂轰滥炸、漫无目的的广告推送反而会破坏产品形象,令消费者反感。

2. WAP 广告

WAP(无线应用协议)广告主要利用企业自有媒体和 WAP 媒体合作进行广告推广。广告主按照约定的标准核实后支付相应的广告费用。WAP 媒体包括门户网站、手机浏览器、搜索引擎、社区论坛等(图 8-6)。

图 8-6　WAP 广告

3. 插屏广告

插屏广告是指在 APP 开启、暂停、退出时以半屏或全屏的形式弹出的广告。这种展现形式巧妙地避开了用户对应用的正常体验，具有强烈的视觉冲击效果（图 8-7）。

图 8-7　插屏广告

4. 置入类广告

置入类广告主要有两种表现形式。一种是终端置入型，通过 SIM（用户身份识别）卡、RFID（射频识别）芯片、客户端软件嵌入等方式实现。广告可以通过屏幕保护、壁纸、开关机画面、无线互联网接入画面、电源开关画面等方式来呈现，广告内容可以自动联网更新。另一种是内容置入型，包括手机游戏、手机电视、手机搜索等。例如，用户在玩植物大战僵尸游戏时，畅优植物乳酸菌的巧妙植入既没有干扰用户游戏的过程，又潜移默化地将乳酸菌"植物""消化"的概念映射到用户的脑海里。国外有一家名为 Tap.me 的手机游戏广告商，能够在网页和手机游戏中创建切合场景的逼真的广告，为各大品牌提供游戏内置广告解决方案。Tap.me 会先让游戏开发者指出赞助广告的位置或功能，然后由广告赞助商在相应位置或功能中插入广告，当用户到某一位置或想要使用某功能时，便可看到赞助商的广告。

5. 虚拟现实（VR）广告

VR 是 Virtual Reality 的缩写，即虚拟现实，是一种可以创建和体验虚拟世界的计算机仿真系统。它利用计算机生成模拟环境，是一种多源信息融合、交互式的三维动态视景和实体行为的系统仿真，使用户沉浸到该环境中。VR 技术与广告极高的契合度使其从一开始就受到了广告界的青睐，并在社交、医疗、旅游、汽车、电商、房地产等领域得到广泛应用。得益于交互性、沉浸感等特性，VR 广告成为移动广告发展的新方向，而且 VR 广告能够实现定制化，配合品牌定制不同的营销场景，将场景营销的效果发挥到极致。例如，沃尔沃推出了虚拟展示厅，允许消费者观看虚拟汽车，查看内部构造（图 8-8）；奥利奥为了推广新出的纸杯蛋糕口味限量版饼干，发布了 360 度全景体验广告，带消费者体验新品制作的全过程。

图 8-8 沃尔沃 VR 广告

6. 增强现实（AR）广告

AR 是 Augmented Reality 的缩写，中文含义是增强现实，指一种将现实世界的环境和计算机生成的虚拟物体实时融合在一起的技术。AR 广告是一种可以将商品的 AR 版本加载在它周围的广告形式，是一种沉浸感更强的广告交互模式。消费者和商品直接交互的场景，能让消费者对产品留下更深刻的印象，消费者在观看的过程中，很有可能直接点击商品，甚至购买，这样便极大地缩短了购买的路径，是一种极为便捷和有效的广告形式。例如，宝马率先在 Snapchat 测试了 AR 广告，人们可以在视频或图像上滑动以触发相关的品牌镜头。宝马用它推出宝马 X2，让 3D 版本的汽车出现在镜头前，以便人们可以在它周围走动，就像在车展上看车一样（图8-9）。近年来，AR广告的市场规模扩展迅速，品牌商、广告商投入积极，展示了其未来巨大的发展空间。

图8-9 宝马AR广告

8.4.3 移动广告的应用策略

1. 做到专为移动设备定制

在移动广告营销中，首先要关注移动广告的形式，确保广告形式是专为移动设备定制的。移动设备的许多特点为营销者提供了得天独厚的机会。首先，要设计针对本地的广告。利用智能手机的位置功能，相关店铺可以向附近的消费者发送广告信息，吸引消费者前来购买。其次，设计移动富媒体广告，充分利用高端移动设备和平板电脑的性能，提供有吸引力的、可互动的广告。多样化、趣味性的广告形式是吸引消费者的关键。最后，要关注点击下载广告这一形式，广告主可以在广告中宣传其应用程序，借助智能终端的方便性将受众引导到相关应用程序商店下载商家的应用，这一点也是移动广告与APP相结合的创新之处。

2. 扎根生活服务

从根本上来说，如果直接把互联网上的广告模式照搬到移动互联网，并不能获得增量市场，因为二者的价值不同，互联网的主要价值在于信息传播，移动互联网的主要价值在于信息化的生活服务。互联网是一个兼容并蓄、包含丰富信息的数据库，移动广告则应从繁杂的信息中选取有效的信息进行特定推送，满足特定用户的特定需求。比如，企业可以利用大数据获取精准的目标消费者，向他们推送所需信息，商家可以向特定商圈的目标客户发送相关产品信息。如此一来，移动广告具有了更大的现实意义，它使消费者摆脱了在互联网上搜寻海量信息的烦恼，扎根于目标消费者的生活服务，做精准客户的生活指南。

3. 使移动广告具有兼容性

市场上从高端到低端的手机有很多种，许多消费者都配置了不止一部手机。可供广告主选择的移动广告形式也是多种多样的，包括文字、视频、移动横幅和手机应用广告等。AdMob 可使发布商的应用程序在各种移动平台上盈利。因此，应使移动广告具有针对不同终端平台的兼容性，以避免一则移动广告需要设计多种形式。

【案例】

优秀的移动营销案例分析分享

一、简单操作类

操作类营销方案即比较单纯地围绕移动设备的操作方法做文章，与 PC 单纯的鼠标键盘方式不同（电视及路牌就更别提了），移动设备有摇、触、划、扫等多种招式供选择。下面就来看看广告界是怎么巧用招式赚取眼球的。

FedEx 想要给人传递的是送货迅速的概念。围绕这个想法，借助 iPad 等平板电脑的滑屏功能，通过背景图的快速切换生动地予以诠释。如图 8-10 所示，包裹刚刚还在夏威夷，手指一扫就变成了纽约，是不是很快呢？这就是所谓的弹指间快递到家。这种类型的创意简单而有趣，不少商家都乐意使用，比如下面这个案例。

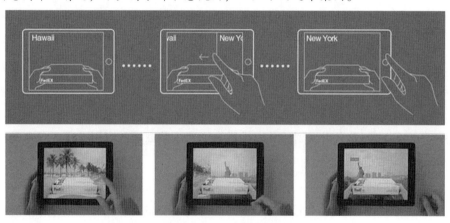

图 8-10 FedEx 移动营销

沃尔沃向来以安全著称，最近新推出的防撞系统则是一种利用高科技侦测技术辅助驾驶员安全行驶的安全科技，这则广告正是为这个系统而诞生（图 8-11）。用户任意点击 iPad 屏幕，汽车就会及时在触摸的位置停下。创意很简单，跟 FedEx 的广告相似，两者都用生动有趣的方式诠释了品牌诉求，令人印象深刻。有时候，就是这么一点有意思的交互形式便可以改变平面广告死板的传达方式！

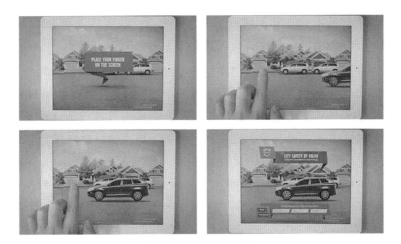

图8-11 沃尔沃广告

以上两个案例都属于单纯操作类广告营销方式,没有涉及场景、多屏互动等复杂的操作逻辑,但依然可以创造出令人惊艳的效果,抓住用户心理,让用户参与其中。一个好的想法或许只需一步简单的操作便可实现。

二、场景互动类

移动互联网相比PC互联网的一大优势就是取消了用户的场景限制,你可以在电影院,可以在图书馆、酒店、马路上随时上网浏览信息,只要你手里有台智能终端设备。解放场景意味着扩大营销的边界,增加营销渠道整合的可能性。

马来西亚麦当劳开展了一次有趣的解暑活动。选一个开阔的场景——人来人往的市中心十字路口,找一个巨大的多媒体广告牌。在这里,用户只要操作手机,快速滑动屏幕,就可联动广告牌上的风扇,为用户解暑。虽说此中物理原理的应用完全错误,但依然能够吸引大量用户参加,因为参与的人可以获得免费甜筒。不过话说回来,即使抛开这种"蝇头小利",这种小手机控制大屏幕的"壮举"也能够吸引不少人一起玩吧。

场景互动类的活动更加适合O2O模式,多为移动终端与线下实体店的互动。不同的场景有不同的特点,围绕具体场景展开相应的活动显得有趣且生动。人类是在环境中生存的,适应环境的变化,因地制宜地设计营销活动才能达到满意的效果。

三、技术类

某些技术的革新可以给生活制造很多小惊喜,有的商家机智地利用这种技术革新为品牌做营销。

GAP举办了一场名为"High Touch(击掌)"的活动,大致过程如下:消费者进入门店时会领到一个植入NFC技术的手环,环顾店内以后选出穿着最潮的店员并击掌,使手环和店员的智能手机接触。接着,手机内会传出一阵欢呼声,你的投票将被记录,且店员身上的行头会随机更新在你的Facebook账户中。参与这个活动的消费者可以得到环保袋和打折券。

NFC只是移动端技术趋势的一种,还有很多其他技术有待开发和应用。无论如何,在互联网的领域内,技术一直都是极为重要的驱动力,技术的革新会产生巨大的影响,如何合理地运用技术为品牌服务是营销人员需要思考的问题。

四、产品互动类

场景的互动可能更适合O2O,但卖实体商品的商家该怎样结合移动媒体展开营销呢?不难想到,我们可以在自身的产品上做文章。不需要租用高昂的广告牌,不需要修建环境优美的门店,只需在产品包装上印制一枚小小的二维码就可以实现产品与终端的沟通。这仅仅是一种方式,千万种产品匹配千万种营销模式。图8-12展示了可口可乐在这方面的尝试。

图8-12 可口可乐公司广告

继2013年"昵称瓶"大获成功后,可口可乐公司于2014年又启动了全新的营销计划"歌词瓶"。"歌词瓶"的具体玩法如下:在可口可乐瓶身包装上印制最流行的歌词,人们通过扫描瓶身上的二维码,可以观看小段音乐动画,并可以在社交媒体上分享。唱歌是比语言更能表达情绪的方式,试想一下,看到耳熟能详的歌词,谁都会控制不住地轻哼出来吧。

"歌词瓶"看似简单,但红色包装上的每句歌词都是一段自我感受。安索帕中国首席创意官杜天捷补充道:"把歌词印在可口可乐的瓶身和罐身上,是我们为产品创造的自我表达方式。通过这一活动,中国的年轻人可以通过分享可口可乐歌词瓶和这首歌最核心的一句歌词,来表达自己的感情。"通过这个理念,音乐表情符号可以在社交媒体上得到分享和传播。有时候,音乐比语言更容易表达情感。

第9章 微电影营销

【导入案例】

十多年了，微电影营销为什么依然这么火

蒙牛的《背后》，伊利的《不多》，金典的《淑贞》，泸州老窖的《停不下来的"我们"》，广汽传祺的《广州塔》……每逢中秋季，不少品牌纷纷选择拍摄有故事、有泪点、有共情点的微电影，来完成和消费者的情感对话，实现品牌在中秋节的营销占位和价值输出，也为"月圆人团圆"的中秋节营销增添了许多暖色。

诚然，如今的微电影营销我们已经见怪不怪，很多微电影的故事也有些老生常谈，但是如果回顾追溯微电影的发展历程，会猛然发现，从2010年凯迪拉克拍摄出第一部品牌微电影《一触即发》，微电影营销已经发展了十多年。都说营销需要新意，需要创新，但为何微电影营销在十多年里会一直受到品牌青睐？微电影营销又给品牌的营销推广产生了哪些赋能作用？

加拿大的原创媒介理论家麦克卢汉曾提出过"媒介即讯息"这一著名理论，他认为，相对于我们通俗所说的"内容"，媒介本身才是更重要的"讯息"，媒介的特性在更大程度上改写着我们认知世界和改变世界的方式，而与此相比，媒介所承载的"内容"对人的影响反而居于其次。就比如我们习惯了碎片化的阅读模式，很多人对长文章的阅读就失去了耐心；很多人会"提笔忘字"，因为用输入法打字让我们产生了"书写障碍"；当人们习惯了数字化存储信息，对于过去能轻易记住的信息诸如朋友的电话号码、生日，就会产生记忆困难……

微电影营销的产生，同样是媒介发展的产物。2009年8月新浪推出"新浪微博"内测版，成为门户网站中第一家提供微博服务的网站。2011年1月21日，腾讯的"微信"正式上线，再加上BBS、贴吧等网络传播平台，中国的互联网发展进入了高速发展的新时期，而微电影的产生也是在这一时期，因为这些平台为"微信息"的传播提

供了肥沃的土壤。

2010年,由吴彦祖主演的凯迪拉克动作悬疑微电影广告《一触即发》,被认为是第一支微电影广告。该影片讲述了主人公在一次高科技交易中遭遇敌手突袭,为了将新科技安然转送至安全地带,联手女主角施展调虎离山等计策,几经周折后成功达成目标的故事。十多年后再看这支《一触即发》广告,跌宕起伏的剧情依然引人入胜,让人感受到凯迪拉克品牌的科技感和未来感。最重要的是,这部微电影将品牌营销拉入了一个新时代,这种广告和电影的跨界联姻,让品牌可以用"讲故事"的方法来传达品牌的主张和理念,让消费者在潜移默化中接收广告信息。

2011年,微电影营销在营销圈迅速爆发,凯迪拉克的第二部微电影《66号公路》、益达的《酸甜苦辣》、七喜公司的《圣诞许愿》、大自然家居的《我的山》、慕思寝具的贺岁片《床上关系》等,都创下了不俗的播放量,为品牌赢得了巨大的传播声量。

微电影对于品牌营销推广的积极作用是肉眼可见的。过去,品牌的视频投放大多是商业性质浓厚的广告片,需要不断重复才能将品牌的核心诉求点烙印在消费者记忆深处,甚至还会因为广告太"硬"遭遇消费者抵触情绪。但微电影则不一样,它自带的故事性可以激发消费者看下去的欲望,电影的艺术性可以提升品牌的整体形象,将品牌文化、产品信息等诉求点巧妙地融入剧情中,可以让广告信息的传达更加潜移默化,而立足于消费者情感共鸣的主题表达,还可以拉近品牌和消费者之间的情感距离,增加大众对品牌的信任感。

2011年,姜文联合佳能拍摄了一部微电影《看球记》,讲述了一位离异的父亲满怀热情与希望,带着一年中难得见面几次的儿子去看球的艰难经历。整个故事有笑点,有泪点,硬朗的姜氏风格中满是温情和感动。整个微电影全程使用佳能影像器材拍摄,佳能数码相机还成为剧情发展的关键道具,消费者能从微电影中感知到佳能DV、佳能相机的各种功能和卖点,佳能品牌也完成了和消费者的情感共振,彰显了数码电子品牌有温度的一面。

可以说,微电影营销的出现,让许多与消费者"有壁"的行业和品牌等变得亲近、柔软起来。尤其是汽车圈,可以说在微电影营销上一直坚持不懈。无论是最早拍摄微电影的凯迪拉克,还是2014年联合冯小刚将微电影投放在"春晚前两分钟"的Jeep,或是近年来以走心微电影著称的雷克萨斯,汽车品牌纷纷用微电影的温情故事和消费者沟通,也在潜移默化地改变着消费者对整个行业的认知,让原本"冰冷"的汽车行业真正走进了大众的生活和内心。同样地,许多电子数码品牌、金融品牌等,也通过微电影故事,让对于消费者来说并不熟悉的产品变得有温度、有人情味,从而更好地打动消费者,扭转整个行业在营销中的不利局面。

近年来,随着消费者对品牌的情感依赖度逐渐增强,微电影营销开始成为许多品牌的常规操作,许多品牌甚至因此拥有了自己的名号。比如华为的"华为影业",五芳斋的"五芳影业",中国银联的"银联影业",欧派家居的"欧派影业"。消费者之所以给予如此高的评价,是因为这些品牌在拍摄微电影时,已经不仅仅局限于故事,而是更多地融入了电影的拍摄手法和态度,每一帧、每一个画面都给人"大片"的感觉。这些品牌的加入,让整个微电影营销提升了一个档次,也给消费者带来了更多元化的"观影"体验。

在微电影营销的发展过程中,还有值得一提的一点是,品牌的微电影广告和电影之间的边界不再那么明显,甚至在内容生态上已经融为一体。这不仅仅体现在前面提到的微电影越来越有"大片感"。首先,越来越多的电影人加入到了品牌微电影的创作中,如许多电影导演和演员加盟其中。Apple 连续三年的春节微电影,导演从陈可辛到贾樟柯,再到 2017 奥斯卡金像奖提名影片导演西奥多·梅尔菲、华语影坛影后周迅与 2020 金球奖提名影片摄影指导劳伦斯·谢尔的组合,制作团队越来越豪华。其次,具有商业属性的品牌微电影和更具艺术性的电影,内容上的合作也在不断加强。在北京国际电影节上,必胜客 30 周年品牌大片《比萨人生》放映后受到了广泛关注,更得到了电影节品牌拓展部部长的高度赞扬。最后,品牌微电影开始和院线电影深度结合,成为电影故事的延伸。比如在 2019 年《我和我的祖国》上映的同时,海尔拍了《夺冠》番外篇《藏在冰箱里的约定》,由电影中的两位小演员演出,向观众讲述了《夺冠》中冬冬的番外故事,侧面传递了海尔作为国货品牌的自强不息的民族精神。

广告人李奥贝纳曾说:"一个真正的创意,拥有它自己的力量与生命。"这也是微电影营销在十多年中一直受到品牌和消费者欢迎的原因。因为无论在思想表达还是在创意题材等方面,微电影都为营销人、广告人提供了无限的发挥空间和可能性,自身也蕴藏着无限的创意源泉。

9.1 微电影营销概述

随着移动互联网的发展以及智能手机、平板电脑等移动设备的普及,消费者的时间越来越碎片化,"微革命"成为这个时代最具代表性的标签,人们毫无疑问地进入了一个"微时代"。微博、微信、微小说、微访谈等碎片化的内容形式不断涌现,彰显着一种"润物细无声"的力量。作为微时代重要的媒介形态之一,微电影以其独特的魅力引发了社会各界的广泛关注。微电影的出现不仅给电影界带来了新的发展方向,还给广大的企业与商家提供了一条新的微营销渠道,带来了更大的商机。

9.1.1 微电影概述

1. 什么是微电影

微电影,即微型电影。对于微电影,人们并没有一个公认的定义。一些业界人士认为,微电影指作品时长在一分钟以上,有完整故事情节,适合在新媒体上观看的视频内容。著名导演陆川认为,"微电影就是由以前的短片演变而来的,只不过微博诞生后,短片也赶时髦换了个'微电影'的新名称"。

学术界更倾向于结合电影的本质特性来分析微电影。例如,中国艺术研究院丁亚平认为,"微电影是除影院电影、电影短片之外的'第三电影',微电影可被视为一种文化文本,它兼具以微时代为创生背景的电影运动,以市场为核心的反映互联网新形态和当代媒体新格局及其优势的商业运动,以及知识分子社会批判的萌发和基础性的风向标"。北京师范大学黄钟军将微电影定义为"在网络和新媒体平台播放的视频短片",具有完整的策划和故事情节,片长在30秒至50分钟之间。中国传媒大学潘桦则如此界定微电影:"所谓微电影,是产生于新媒体时代,主要依托于网络、手机、平板电脑等新媒体平台,具有微时长、微周期、微投资等特点,区别于传统大电影制作模式的一种电影新形态。"

2. 微电影的特征

从各界对微电影的定义不难看出,大家公认的微电影具有以下几个特征。

(1)微时长。与传统电影通常要一两个小时不同,微电影短则几分钟,长则不超过二三十分钟。即使是分集播出的系列微电影,总时长也大多控制在一小时以内。

(2)微制作。微电影的时长决定了它不必像传统电影那样耗时耗力,即使是高成本投入的高品质微电影,花费也远远低于传统电影。较低的准入门槛催生出众多的微电影。

(3)以新媒体为传播平台。微电影诞生的时代背景决定了它不需要再走传统的院线投放路径,微电影往往选择手机、iPad、电脑等更符合大众接收习惯的新兴媒介作为播放平台,到达率和普及率相对较高。

(4)受众参与性强。网络媒体时代信息互动性更强,受众参与广告主微电影制作的机会也越来越多,如前期的剧本创作、中期的宣传预热和后期的话题讨论等,这使广告主在进行病毒式营销时游刃有余。

(5)故事性强。一部好的微电影就是一个好的故事,它包括好创意、好情节、好制作等多个方面。怎样在短时间内讲好一个故事,是微电影制作时必须深入思考的问题。

9.1.2 微电影营销概述

微电影营销伴随着微电影的成长逐步兴起,特别是在移动互联网技术快速发展以及移动终端大力普及的时代,微电影营销为商家带来了巨大的商业价值。

1. 微电影营销的定义

同微电影概念一样,微电影营销直到今天都没有明确统一的定义。于泷、耿改智把微电影营销定义为"企业利用短小的电影制作模式,将特定企业品牌文化、精神、产品等代表企业形象的符号,融入具有完整故事情节的剧本,于无形中推广企业品牌、渲染企业文化,以期使消费者在观看视频的过程中既享有娱乐的快感,又达到推广目的的一种介于传统广告与商业电影之间的营销模式"①。

简单地说,微电影营销就是微电影广告营销,其本质是微电影的广告植入。值得注意的是,微电影式广告和广告式微电影还是有细微差别的。微电影式广告的侧重点是电影,即以电影的故事情节为主,植入的广告为辅。比如由赵奕欢主演的《女人公敌》就是在讲述故事的同时巧妙融入聚美优品的广告。广告式微电影则不同,它以广告内容为主,把一系列广告情节拼凑起来形成故事完整的电影。比如益达《酸甜苦辣》篇,通片以益达口香糖为主要传播内容,只是因为制作者试图将情节串联起来,才形成了一个完整的故事,使一部广告片具有了电影的特性。通常情况下,可将微电影式广告和广告式微电影统一划入微电影营销的范畴。

2. 微电影营销的特征

微电影不同于网络视频短片,它更偏向于商业化,更偏向于影视专业制作,能够起到像商业电影一样的视觉与情感享受,并为企业打造品牌。

微电影与微博有异曲同工之妙,两者都十分短小精悍。微博是靠几百字和图片等有限信息支撑起大众言论的平台;而微电影是在短短十几分钟,甚至几分钟内,靠故事引发观众的情感共鸣,打动观众,引发关注的品牌推广平台。

微电影营销一定是故事情节与品牌的结合,让用户看完一部微电影后愿意转发、评论与分享,甚至愿意寻找故事中出现的人和品牌。比如,中国台湾大众银行制作的老人环岛旅行微电影,其故事情节与品牌十分契合,吸引了众多的电影观看者关注品牌,成功完成了微电影的营销活动,树立了品牌形象。

微电影拥有开放的传播平台,除在网络上播出之外,还可在手机、公交和地铁的移动电视等多种移动终端上播放,优秀作品还可在电影院播放。例如,优酷的"11度青春"微电影系列就率先开通了网络与电影院播出的双平台。

3. 微电影营销模式

营销模式的核心在于如何去执行,把一个好的营销策划案执行到位,取得最大的营销效果,就是最好的营销模式。通常微电影的营销模式有基于口碑传播的自愿分享式、院线联动式和线上线下互动整合式三种。

---

① 于泷,耿改智. 浅析微电影营销 [J]. 企业导报,2013(2):103-104.

（1）自愿分享式：自发传播，多次传播。如果微电影总是需要前期的宣传才能达到高点击率，就没有实现真正的"微成本"投入。一部好的微电影必定能达到与受众内心的契合，引发受众的共鸣，进而开启受众的自动传播模式。前面讲到的病毒式营销就是最好的说明。不管是虚拟世界里的草根大号还是现实世界里的明星名人，广告主的微电影要能调动他们自愿分享的积极性，实现信息的多次传播，这样才能真正地降低微电影的营销成本，达到良好的营销效果。

（2）院线联动式：网院联动，新旧媒介的联合。微电影再"微"也是电影的一种，因此一些商家想到了借助两者的共性实现互联网和电影院的联动宣传，将新旧媒介巧妙地联合起来，吹响品牌营销的号角。例如，疯狂传遍朋友圈的微电影《啥是佩奇》就是长片《小猪佩奇过大年》的姊妹篇，该片利用微电影和传统电影遥相呼应的关系，在网上预先引爆，而后在院线放映《小猪佩奇过大年》电影。这种网院联动的新模式将独立成篇的微电影当成大银幕电影的超长预告片，实现了微电影互联网点击量狂飙和院线电影票房井喷的双赢。

（3）线上线下互动整合式：线上线下多渠道整合，共同发力。广告主在开展营销活动时需要充分利用社会化媒体互动的优势，实现线上线下内容的多渠道整合，使营销效果最大化。例如，2012伊利子品牌每益添赞助的微电影《交换旅行》，其主演拍摄之前就在微博上与网友展开了互动，征求拍摄方向及意见，海量的粉丝回复与转载使还未开拍的微电影备受关注。更重要的是，该微电影由主演亲自操刀，自导自演，其自身的话题性提高了伊利品牌在传统渠道的曝光率。多渠道的整合营销传播使该微电影将伊利每益添"健康生活"的理念和产品"有益健康"的卖点完美地展现了出来。

4. 微电影营销的优势

（1）节约交易成本。微电影营销能够节约交易成本。交易成本的节约体现在企业前期运营和寻找客户这两个方面。对于企业前期运营来说，尽管在互联网微电影制作与运营上需要一定的投资，但是相比其他销售渠道，交易成本已经大幅降低，这些降低的交易成本主要包括通信成本、促销成本和采购成本等；此外，在寻找客户方面，企业无须销售人员主动寻找客源，而是通过微电影让客户主动"送上门"，节约了人力资源以及在寻找客源上所花费的其他成本。

（2）提高互动性。互联网微电影营销是一对一的，是消费者主动了解信息，而不是强制性的，这有利于企业与用户交互性沟通的顺利进行。微电影营销是一种低成本、人性化的推广，不仅能避免企业促销员对消费者的干扰，还能通过互动对话让企业与消费者建立长期良好的关系。微电影是一个活跃的信息传输通道，与传统的销售方式比较，企业可以在网络上发布微电影，让用户了解自己的品牌。在微电影营销中，企业还可以积极活跃市场，辅助以其他营销方式，利用互联网与移动互联网的便利性来完成整个营销活动。企业可以在微电影发布后，给广大用户发送一封电子邮件广告，让用户了解到电影信息，吸引用户观看。在微电影发布后，企业如果能继续利用微博、微信实现与用户间的双向互动，将有助于完善整个微电影营销流程。

（3）突破众多限制。互联网，特别是移动互联网，已经超越了时间和空间的限制，微电影可以利用互联网的这一特性突破时间和空间的限制，完成交易。在移动互联网的世界，企业可以有更多的时间和空间用于市场营销；此外，物流的快速发展也促进了微电影营销的发展，打破了传统的空间限制，让企业与消费者之间的距离更加"贴近"。

（4）投放精准与渠道精细。微电影通过微博、视频网站、社交网站等多种社会化媒体进行传播，用户在欣赏观看的同时进行转发和分享，实现快速传播的营销效果，而这正是企业微电影营销所期盼的。

同时，微电影营销更精准。在微电影的内容制作上，制作方可结合自身产品或品牌特性，选择与品牌精神相契合的影视内容和调性进行创作；在广告投放上，网络传播的特性使微电影制作方可以通过观众使用网络的习惯和偏好，选择特定区域、特定人群、特定时间进行发布和传播，这样更具有针对性、选择性，可以实现精准营销，进一步提升品牌形象，让产品推广变得更加有效。

（5）增强用户黏性。传统电视广告只有 5 秒至 15 秒，就算是网络视频前贴片的广告最长也不过 2 分钟，在极短的时间内，品牌与消费者之间的关系很浅。微电影时间长于电视广告、视频广告，通过一个完整的故事，逐步向消费者传达品牌的精神和信息，这些潜移默化的东西，使得品牌与消费者之间建立起更加深厚的关系，加强了消费者对品牌的认同感。

（6）传播多元化与立体化。微博这样的社会化媒体兴起之后，微电影的传播变得更加多元化和立体化。特别是对一些预算不太多的中小企业来说，微电影制作成本低、传播效率高、能通过微博用户进行转发和评论，很容易形成二轮甚至多轮传播效应，表现出很强的长尾性。

9.2 微电影营销策略

9.2.1 微电影营销方式

1．娱乐营销

有学者认为娱乐营销就是借助各种娱乐活动与消费者实现互动，将娱乐元素融入产品或服务，通过娱乐元素在品牌与顾客之间建立起情感联系，从而实现传达品牌内涵、培养顾客忠诚、促进产品销售等营销目的的营销方式。微电影营销时要注重微电影的娱乐性，将娱乐元素注入故事情节，与顾客建立联系，以达到产品促销和品牌形象宣传的目的。在运用微电影进行娱乐营销时要注意适度，"娱乐至死"迟早会把微电影逼上绝路。现在流行的很多微电影中，就有不少以娱乐为噱头，过度使用低俗情节以博取受众眼球的镜头。虽然现在很多视频网站都已经对类似的微电影进行了清除，但还是得提醒广告主，凡事适可而止，过犹不及。

恰到好处地运用娱乐营销的优秀微电影也有不少。例如，2014年5月9日在爱奇艺播出的由中韩演员共同主演的爱情微电影《一线钟情》，充分借助《来自星星的你》带来的韩流热度，契合受众追捧韩星的热潮，准确抓住了年轻受众群体的特征，为通信软件Line做了一次非常成功的娱乐营销。仅11天，该微电影的播放量就突破了2 000万。

2. 情感营销

情感营销就是把消费者个人情感差异和需求作为广告主品牌营销战略的情感营销核心，通过借助情感包装、情感促销、情感广告、情感口碑、情感设计等策略来实现企业的经营目标。现在很多营销活动都喜欢打感情牌，试图通过感人的情感故事触动受众的心，以达到与受众在消费层面产生共鸣。微电影也不例外。不过，在越来越浮躁的数字时代，能真正做到情感沟通的微电影少之又少。令人欣慰的是，每年都会有佳作诞生。

小熊电器系列微电影自2012年推出第一部起就走红网络。以父爱为主线的《爱不停炖1》讲述了年迈的老人千辛万苦地为因节日期间加班而无法回家的女儿送去止咳雪梨汤的故事，牢牢抓住了背井离乡、难与家人团圆的奋斗人群的心。随后，小熊电器推出的第二部和第三部微电影均讲述了青年情侣之间的爱情故事，不同程度地抓住了年轻人的心。同样以爱情为主线的《爱不停炖4：饭与爱情》围绕夫妻之间的爱如何保鲜这一主题，讲述了一对平凡夫妻不平凡的爱情，感动了无数观众。小熊电器在创立9周年之际采用全新的跨屏观影模式推出《爱不停炖5：爱9在一起》，再次聚焦年轻情侣的故事，这部作品获得金瞳奖2016最佳互动微电影金奖。小熊电器从消费者的情感需求出发，激发消费者在亲情和爱情方面产生情感共鸣，让有情的故事赢得无情的竞争。

3. 网络口碑营销

网络口碑营销是指利用互联网上的口碑传播机制，通过消费者以文字等表达方式为载体的口碑信息传播，实现塑造广告主形象、推广广告主品牌、促进产品销售等营销目的的网络营销活动。口碑即利用人际传播的优势，达到一传十、十传百效果的营销方式。一部好的微电影往往能够引起受众的兴趣，打动受众，促使其自发评论、分享、转发，利用人际传播机制达到广告主的营销目的。网络口碑营销成本低，收效高，已经成为广告主喜闻乐见的营销方式。但是，产出优秀的微电影并非易事，在竞争激烈的微电影市场更是难上加难。

最经典的案例莫过于"11度青春"系列微电影之一的《老男孩》。该片讲述的是两个痴迷迈克尔·杰克逊十几年的平凡"老男孩"经过岁月的洗礼后，鼓足勇气重新登台找回梦想的故事，以缅怀青春、祭奠梦想为名，激起了很大一部分受众关于自己青春和梦想的回忆，一炮而红，赚足了口碑。通过该微电影，不仅科鲁兹汽车品牌形象深深地印在了受众的脑海里，就连同名主题曲《老男孩》也唱响中华大地，让受众念念不忘。

4．明星营销

明星营销是指具有一定名气和影响力的明星间接通过网络手段代言某种商品的营销事件。明星齐聚虽然会增加微电影的制作成本，但名人效应带来的营销效果也是显而易见的。很多资金实力雄厚的公司通常都会选择微电影的明星营销方式。

例如，百事集团拍摄了微电影《把乐带回家》系列贺岁片，每部都起用了大量明星，一连串的明星效应引发了百事品牌的大传播，巩固了百事的品牌形象。

9.2.2 微电影营销策略

1．注重艺术性与品牌调性的完美结合

企业应当明确微电影不同于传统的广告营销，它是一种特殊的媒体产品。成功的微电影必须具备足够的艺术性和观赏性。然而光有艺术性还不够，微电影内容还应与企业文化气质、品牌调性相契合，恰到好处地将企业品牌融入其中，而非植入广告一样生硬。

2．进行大数据营销，实现微电影的精准投放

新媒体的发展带来了大数据的广泛运用，实现了广告主大规模的个性化定制。如今的广告主不再是无头苍蝇，他们懂得利用大数据寻找目标受众，制作符合受众口味的微电影，实现广告的精准投放。大数据不仅为广告主提供不同地域、不同族群、不同文化背景的受众群的特征数据，还提供受众群的网络活跃度和活跃范围，使广告主能够在微电影的故事编排、情感诉求以及宣传包装等方面紧紧跟随目标受众群的需求点，实现资源的优化配置，提高广告收益。

3．充分利用整合营销传播优势，打造立体传播网络

前面提到，微电影营销可以整合新媒体时代下的各种工具和多种渠道，实现全方位立体的营销传播。广告主可以将综合型的广告网络从 PC 平台向其他数字终端平台扩展，从而全面覆盖到各个接触点，打造出立体的微电影传播网络。

数字营销

第10章　电子商务营销

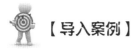【导入案例】

阿里的"留量"时代

2022年5月20日,阿里举行了一场线上品牌闭门会,阿里巴巴国内数字商业板块总裁戴珊强调要从交易转向消费,将过去消费者的交易行为分别向前后两段拉长,不仅要做好前端的内容,更要做好后端的服务,消费者成为阿里的"第一客户"。

戴珊认为,过去是"流量时代",今天是"'留量'时代"。在此背景下,"天猫如何帮助商家稳大盘、有增长,是我今年最重要的事情"。戴珊的认知,充分符合了政策和宏观的导向。

流量时代,需要的是做大规模,一方面是用户的规模,另一方面是商品的规模,流量的本质是"用户"。而在后电商时代,平台尤其要关注中小商家的健康状况,一方面要把商家留在平台上,另一方面要尽可能把用户留在自己的平台上。

从流量到"留量",也在一定程度上证明了阿里会逐渐进入一个"存量运营"的时代——对现有的用户和商家进行深度运营,提升平台的服务价值和消费体验。

"留量"时代的阿里会怎么办?

第一,从交易到消费。交易是纯粹的买卖、交换关系。但是消费不仅仅包括交易,更重要的是前前后后一系列围绕交易而形成的体验。交易时代可能只需要为商家带来流量,促成买卖就行了。但是真正的消费要让用户感到愉快和满意。线下消费时,"逛店"既有商用空间提供的体验消费,还有包括零售、娱乐、餐饮等复合业态带来的立体互动消费。那么,线上的消费体验来自哪里呢?

到目前为止,戴珊对于"消费体验"的改造似乎来自两方面:逛逛、直播作为一种全新的方式,成为推荐和搜索的必要补充。戴珊表示:"在淘宝这个超级APP上,要坚定完成品牌商的发现、导购、种草、互动,最后是成交的全链路交付。"这是指的

"逛逛"功能。2020年12月,"逛逛"被正式作为淘宝的首页一级入口推出,实现了从0到超过2亿月活用户的增长。"逛逛"从本质上说有点像"小红书",主要是用于促进用户的分享。另一方面是淘宝直播正式升级为独立APP"点淘"。但是,从目前来看,"逛逛"以及设立直播的独立APP,对"消费体验"功能的强化似乎并不十分明显。

第二,自营业务。在"留量"时代,阿里开始强化自营业务。自营业务能带来更好的购物体验,至少能提升用户的"选择信任"。2022年一季度,大淘宝体系开始力推直营,深度介入到商品流通链条,3月淘特上线了淘特10元店、淘特100,两者均为线上官方直营模式。与淘系类似,天猫也开始不断探索自营业务,更注重用户运营。一季度,阿里中国零售商业中的直营及其他业务同比大增,与整个电商大盘相比增速几乎翻倍,主要就是盒马鲜生、天猫超市等直营业务贡献的。

第三,降本增效。2022年5月26日,阿里巴巴集团首席财务官徐宏在财务报告后的电话会议上称:"改善利润是阿里未来一年的重要任务。""降本增效"成为阿里的一个高频词。戴珊明确表示,"今天我会坚定砍掉一些投入产出比不清晰的项目,比如天猫正当红、天猫活力营、天猫精彩盒等"。

电商未来格局会如何变化呢?

在国内电商领域,京东、拼多多与阿里三家,基本上已经形成了相对稳定的态势和格局,三家各有各的品类优势,而且分别锁定不同的消费人群。当下或者未来不久的战略阶段内,对阿里来说,最大的竞争对手来自抖音以及美团。抖音是强悍的流量入口,而且从短视频切入电商,抖音的步骤走得很顺滑。随着抖音加速电商布局,未来直播电商的竞逐将会愈演愈烈。再来分析美团,美团的平台电商化趋势越来越明显。随着在本地生活领域不断扩充,本地生活市场格局也会迎来变化。对于阿里来说,从流量时代到"留量"时代,要做好的是两头精细化运营,第一是商家,第二是消费者。让商家更有钱赚,让用户体验更佳,是当下阿里的战略选择。

10.1　电子商务概述

10.1.1　电子商务的含义及特性

1. 电子商务的含义

电子商务可以简单理解为一整套通过网络信息技术支持商业活动的过程。关于电子商务的定义有很多不同的说法,下面整理了一些具有代表性的定义。

联合国经济合作与发展组织将电子商务定义为：电子商务是发生在网络上的包含企业之间（B2B）、企业与消费者之间（B2C）的商业交易。

世界电子商务会议（The World Business Agenda for Electronic Commerce）从商业角度提出电子商务的概念：电子商务是指实现整个贸易活动的电子化，交易各方以电子交易方式而不是通过当面交换或直接面谈方式进行的任何形式的商业交易，技术上它是一种多技术的集合体，包括交换数据、获得数据和指导捕获数据。

全球信息基础设施委员会（GIIC）电子商务工作委员会报告草案中对电子商务定义如下：电子商务是运用电子通信作为手段的经济活动，通过这种方式人们可以对带有经济价值的产品和服务进行宣传、购买和结算。这种交易的方式不受地理位置、资金多少或零售渠道的所有权影响，公有企业、私有企业、公司、政府组织、各种社会团体、一般公民、企业家都能自由地参加广泛的经济活动，其中包括农业、林业、渔业、工业、私营和政府的服务业。电子商务能使产品在世界范围内交易并向消费者提供多种多样的选择。

世界贸易组织认为，电子商务就是通过电子方式进行货物和服务的生产、营销、交易和流通等活动。

欧洲议会认为，电子商务是通过电子方式进行的商务活动。它通过电子方式处理和传递数据，包括文本、声音和图像。它涉及许多方面的活动，包括货物电子贸易和服务、在线数据传递、电子资金划拨、电子证券交易、电子货运单证、商业拍卖、合作设计和工程、在线资料、公共产品获得。它包括产品（如消费品、专门设备）和服务（如信息服务、金融和法律服务）、传统活动（如健身、教育）和新型活动（如虚拟购物、虚拟训练）。

加拿大电子商务协会给出了电子商务的较为严格的定义：电子商务是通过数字通信进行商品和服务的买卖以及资金的转账，它还包括公司间和公司内利用电子邮件（E-mail），电子数据交换（EDI），文件传输、传真、电视会议、远程计算机联网所能实现的全部功能（如市场营销、金融结算、销售以及商务谈判）。

《中国电子商务蓝皮书2001》认为，电子商务是指通过互联网完成的商务交易。交易的内容可分为商品交易和服务交易，交易是指货币和商品的异位，交易要有信息流、资金流和物流的支持。

IBM公司的电子业务（E-business，EB）概念包括三个部分：企业内部网、企业外部网、电子商务，它所强调的是在网络计算环境下的商业化应用。不仅仅是硬件和软件的结合，也不仅仅是通常意义下的强调交易的狭义的电子商务，而是把买方、卖方、厂商及其合作伙伴在因特网、企业内部网和企业外部网结合起来的应用。

HP公司提出电子商务、电子业务、电子消费和电子化世界的概念。它对电子商务的定义是：通过电子化手段来完成商业贸易活动的一种方式。电子商务使我们能够以电子交易为手段完成物品和服务等的交换，是商家和客户之间的联系纽带。

综合以上定义，可以从狭义和广义两个方面对电子商务进行定义（图10-1）。

狭义上讲，可以用英文 Electronic Commerce 来理解，即通过使用互联网等电子工具进行的商务贸易活动，也就是以互联网为基础所进行的各种商务贸易活动。本书所说的电子商务是指狭义上的电子商务。

广义上讲，电子商务源自英文 Electronic Business，就是指通过使用电子工具，公司内部、供应商、客户和合作伙伴之间利用电子业务共享信息，实现企业间业务流程的电子化，配合企业内部的电子化生产管理系统，提高企业的生产、库存、流通和资金等各个环节的效率。

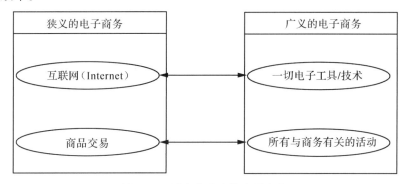

图10-1　狭义和广义的电子商务

2. 电子商务的特性

（1）普遍性。电子商务作为一种新型的交易方式，可以改变市场交易方式，具有普适性，尤其在适用面积与领域方面具备普遍性的特点。

（2）方便性。在电子商务环境中，人们不再受地域的限制，客户能以非常简捷的方式完成过去较为繁杂的商业活动。如通过网络银行能够全天候地存取账户资金、查询信息等，同时使企业对客户的服务质量得以大大提高。

（3）集成性。电子商务用到了大量新技术，其真实商业价值在于协调新老技术，使用户能更加行之有效地利用他们已有的资源和技术，更加有效地完成他们的任务。电子商务的集成性还在于事务处理的整体性和统一性，它能规范事务处理的工作流程，将人工操作和电子信息处理集成为一个不可分割的整体。这样不仅能提高人力和物力的利用，也提高了系统运行的严密性。

（4）协调性。商业活动本身需要客户与生产商、批发商、零售商间的协调。在电子商务环境中，它更要求银行、配送中心、通信部门、技术服务等多个部门的通力协作。不管是协调卖家与消费者之间的关系还是协调商家和银行之间的关系，电子商务都可以发挥很重要的作用。

（5）安全性。对于客户而言，无论网上的物品如何具有吸引力，如果他们对交易安全性缺乏把握，就不敢在网上进行买卖。企业和企业间的交易更是如此。在电子商务中，安全性是必须考虑的核心问题。欺骗、窃听、病毒和非法入侵都在威胁着电子商务，因此要求网络能提供一种端到端的安全解决方案，包括加密机制、签名机制、分布式安全管理、存取控制、防火墙、安全万维网服务器、防病毒保护等。为了帮助企业创建和实现这些方案，国际上多家公司联合开展了安全电子交易的技术标准和方案研究，并发表了 SET（安全电子交易）和 SSL（安全套接层）等协议标准，使企业能建立一种安全的电子商务环境。

（6）可扩展性。电子商务在生活以及生产的各个领域都得到普遍应用，发展空间非常大，而且还有很大的发展潜力，可扩展性非常强。

10.1.2　电子商务的涵盖范围与类型

电子商务涵盖的范围很广，一般可分为代理商、商家和消费者（Agent、Business、Consumer，ABC）、企业对企业（Business to Business，B2B）、企业对消费者（Business to Consumer，B2C）、消费者对企业（Consumer to Business，C2B）、个人对消费者（Consumer to Consumer，即 C2C）、企业对政府（Business to Government，B2G）、线上对线下（Online to Offline，O2O）、商业机构对家庭（Business to Family）、供给方对需求方（Provide to Demand）、门店在线（Online to Partner，O2P）、企业对市场（Business to Marketing，B2M）、制造商对消费者（Manufacture to Consumer，M2C）、政府对市民（Government to Citizen，G2C）、政府对雇员（Government to Employee，G2E）、供应链对渠道商对消费者（Supply Chain to Business to Consumer，S2B2C）等模式，其中最基本的有企业对企业，企业对消费者和个人对消费者三种模式。消费者对企业也开始兴起，并被认为是电子商务的未来。S2B2C 是 B2C 走向 C2B 的过渡模式，同时 O2O 也得到了快速发展。

1. B2B

B2B 是指商家对商家的电子商务，即企业与企业之间通过互联网进行产品、服务及信息的交换。即进行电子商务交易的供需双方都是商家（或企业、公司），他们使用互联网的技术或各种商务网络平台（如拓商网）完成商务交易的过程。这些过程包括：发布供求信息，订货及确认订货，支付过程，票据的签发、传送和接收，确定配送方案并监控配送过程等。

主要的 B2B 电子商务平台主要有阿里巴巴/阿里巴巴国际站、慧聪网、中国制造网、敦煌网、FOBGOODS、Tradewheel 等。

2. B2C

B2C 是按电子商务交易主体划分的一种电子商务模式，即表示企业对消费者的电子商务，具体是指通过信息网络以及电子数据信息的方式实现企业或商家机构与消费者之间的各种商务活动、交易活动、金融活动和综合服务活动，是消费者利用互联网直接参与经济活动的形式。

国内市场 B2C 电商平台主要有天猫、淘宝、京东、苏宁易购、亚马逊中国等。跨境 B2C 电商平台主要有亚马逊、速卖通、Ebay、Shopee、Coupang、Lazada 等。

3．C2C

C2C 是消费者个人与个人之间的电子商务，是指通过电子商务网站为买卖用户双方提供一个在线交易平台，使卖方可以在上面发布待出售的物品的信息，而买方可以从中选择进行购买。同时，为便于买卖双方交易，提供交易所需的一系列配套服务，如协调市场信息汇集、建立信用评价制度、多种付款方式。

在众多电子商务模式中，C2C 由于用户参与性强、灵活方便、成本少、门槛低等特点表现出较强的发展潜力。国内 C2C 平台主要有淘宝、易趣、拍拍、有啊。另外，一些二手交易平台也属于 C2C。

4．C2B

C2B，即消费者对企业，是互联网经济时代新的商业模式，代表着以消费者为中心的商业模式。真正的 C2B 应该先有消费者需求产生而后有企业生产，即先有消费者提出需求，后有生产企业按需求组织生产。通常情况为消费者根据自身需求定制产品和价格，或主动参与产品设计、生产和定价，产品、价格等彰显消费者的个性化需求，生产企业进行定制化生产。

C2B 的核心是通过聚合分散分布但数量庞大的用户形成强大的采购集团，以此来改变 B2C 模式中用户一对一出价的弱势地位，使之享受到以大批发商的价格买单件商品的利益。常见的形式有团购、预售和逆向拍卖等。另一种 C2B 模式是参与感，就是通过社群电商模式，聚集大量的发烧友，让粉丝参与到生产和营销的过程中去。比如小米手机和江小白酒业就是这种模式。

【案例】

用户共创：江小白的新消费试验

如果说江小白营销做得好，不如说江小白和用户打交道的能力强。这样的"以用户为中心"，江小白有点做得"令人发指"，它把用户摆在应有的位置，并坚持了 8 年。"以用户为中心"是商业界的一个基本常识，但是在酒行业里面可能不多见。

和江小白在同一个时间坐标轴下，有一家更知名的依靠用户异军突起的企业——小米，它们有许多相似之处。2011 年末，小米开始举办线下"同城会"，覆盖 31 个省市，各同城会自发搞活动；小米官方则每两周在不同的城市举办"小米同城会"，与江小白的朋友会大同小异。时至今日，在探索用户价值的道路上，两者几乎都朝着相同的方向在前进。2019年11月19日,小米举办了"MIDC2019小米开发者大会",开启共创"万物智慧互联"新时代。在这场开发者大会结束后的第10天,江小白与消费者举行了一场"江小白+品牌创造者大会",开启与用户共创产品的新消费试验。

自成立以来,小米就一直强调用户的"参与感",让用户不断参与到系统的改良当中来。江小白的用户群则参与到江小白的产品设计、口感调整甚至品牌文化当中来。在这种用户参与背后,最关键的一点,是企业让用户成了企业的智囊团,并直接孵化用户的创意,创造出新产品,形成"用户共创"。但也许是因为消费品与3C产品(计算机类、通信类、消费电子类产品)不同,江小白的用户参与小米的用户参与有很大的不同。

2018年初,抖音、微博等社交平台上流传着一种视频,网友们将雪碧和江小白混在一起,再用力摇晃,制作出一种有点甜有点爽的混饮,叫"情人的眼泪"。随后,也就有了让江小白和雪碧"在一起"的呼声,并且建议江小白推出官方标配版的"情人的眼泪"。

2019年9月,江小白联合雪碧,推出白酒柠檬风味汽水和柠檬气泡酒,两样产品放在一起做成了限量礼包。随后,江小白柠檬气泡酒也作为一款常规产品,陆续登录线下和线上渠道,引起了不小的轰动,官配版、民间版的"情人的眼泪"在用户群中又掀起了一股浪潮。

作为快消品,江小白和小米共创的最大区别在于,它可以让平凡的用户参与其中;用户给的建议是普适性的,做出标准性的消费品让更多人喜欢;它让用户参与共享,它和用户一起分钱。

小米是让用户参与,然后在体验中找到成就感;江小白除了让用户在体验中找到成就感,更让消费者在收益中找到收获感和归属感。在江小白看来,一个"共创共享"的机制是吸引用户持续参与共创的必要条件。

从用户中来,到用户中去,让创造者享受产品收益,按此模式,可以大胆想象一下:企业可不可以让用户来主导产品设计,让用户做产品的推广,让用户释放创造力,最大限度地融入用户需求?

从玩法到产品到品牌,江小白的用户共创是新消费时代下用户体验的综合性提升。而且这并不是务虚的概念,而是"用户为中心"、C2B等理念的具象化,甚至走得更远。企业成为一个平台,生产者与消费者在平台上模糊了界限,形成了对接外部的"无边界组织"。让用户体验往上游扩展,让用户参与到生产端,享受共创的产品,也享受共创的利润,这种玩法有机会把用户体验提升到更高维度,把C2B的模式推向更深的层次。这个模式可能还并不够优秀,它还有许多方面要完善,如共创用户的回报机制、沟通机制、工作机制都需要进一步完善,但它至少来了一次尝试。社会型的企业,无边界的组织,或许在未来不远处。

5. O2O

O2O 即将线下商务的机会与互联网结合在了一起,让互联网成为线下交易的前台。这样线下服务就可以在线上揽客,消费者可以在线上筛选服务,成交可以在线结算。

O2O 通过促销、服务预订等一系列营销方法,把线下实体店的各种信息发送给线上用户,将线上用户引流到线下店铺享受商品和服务,进行线下消费体验。

随着各种技术的快速发展,电商行业出现了新的 O2O 模式,也就是最近比较热门的新零售。阿里研究院对新零售给出的定义是:新零售是以消费者体验为中心的数据驱动的泛零售形态,有以心为本、二重性、物种大爆发三大特征,并认为零售的本质是无时无刻始终为消费者提供超出期望的"内容"。学者蒋亚萍、任晓韵给出的新零售定义为:在现代互联网商业环境下,以互联网技术为手段,线上和线下结合,架构"店商+电商"的经营格局,实现零售创新的一种全新的零售模式。① 杜睿云、蒋侃则认为,新零售是企业以互联网为依托,通过运用大数据、人工智能等先进技术手段,对商品的生产、流通与销售过程进行升级改造,进而重塑业态结构与生态圈,并对线上服务、线下体验以及现代物流进行深度融合的零售新模式。②

提到新零售,盒马鲜生作为新零售旗手会被大众提起。盒马鲜生从刚开始疯狂生长的网红到近期的关门潮,期间固然有疫情影响的因素,但真正原因是业界都没有真正理解新零售到底是什么,怎么样才能发展好新零售。大家都是在探索中前进,盒马鲜生也在经历这样的过程。在新零售这一探索过程中还会遭遇各种挫折,但正是这种探索、这种愈挫愈勇的精神带领着我国零售业的不断前行。新零售是电商业的下一个风口,相信会迎来好的发展。

【案例】

一波三折的盒马,期待着重获新生

"早上六点抢美团买菜、七点抢盒马、七点半抢叮咚买菜……我的身体已经形成了抢菜的生物钟!"在社交平台上,一位在上海的网红苦笑着对镜头说道。因为疫情,越来越多的人开始关注线上生鲜平台,从前手机上一个买菜软件都没有,现在各个平台什么时候更新都一目了然,如今的生鲜平台对于生活而言,越来越重要了。虽然在疫情下显示出了重要性,但实际上,生鲜平台的发展之路可谓是相当坎坷,盒马就是其中一个响当当的例子。

---

① 蒋亚萍,任晓韵. 从"零售之轮"理论看新零售的产生动因及发展策略 [J]. 经济论坛,2017(1):99-101.
② 杜睿云、蒋侃. 新零售:内涵、发展动因与关键问题 [J]. 价格理论与实践,2017(2):139-141.

2016年10月，盒马鲜生作为扩大"新零售"领域的平台，从一开始就明确了其定位以及发展模式，着重布局生鲜市场，通过线上线下相结合的方式开创零售新业态。用了四年的时间，盒马终于走到了生鲜电商行业的第一梯队。

在产品方面，盒马鲜生主打生鲜产品，线下门店食品占比80%，其中生鲜占比达20%，丰富的种类可以从各方面满足消费者的需求。随着人们收入和消费水平的提升，生鲜市场一直有着很大的发展空间，再加上疫情的出现，大家已经开始习惯于宅在家里的生活，从小就在互联网灌溉下生长的"95后""00后"，更习惯于通过生鲜平台购物。

良好的态势也为盒马的扩张做好了提前准备。成立五年来，盒马的扩张脚步始终未停止，不仅如此，盒马还延伸出了盒小马、盒马工厂等多种店铺业态，从开店之初就进行了一场加速跑，这样的策略在旁人看来不免显得有些激进，不过从盒马亮出的成绩单来看，开业三个月的门店每日销售额可以达到20万元，这样不俗的成绩，似乎正在预示着一个新时代的兴起。

然而美好的表象背后，往往藏着汹涌的波涛。

2018年11月，盒马上海大宁店被曝出胡萝卜"标签门"事件；同年12月，盒马上海金桥店爆出进口"过期椰奶"，"盒马关店"开始频频登上新闻头条；2019年4月，开业300多天的"盒小马"首店关停；2019年5月，苏州昆山的盒马鲜生店关闭；2022年2月，南京两家店铺停止营业；到了3月，盒马鲜生在广州、成都、青岛又分别关闭一家。

有多年线下零售经验的从业者表示，关店和之前的大规模扩张有关，"传统商超开店周期没那么快，选拔的店长需要有很长时间去磨合，但是盒马有互联网属性，它要求的时间周期会更短，容易带来人才不足，很多业务人才跟不上，人员梯队也面临挑战"。生鲜电商的弊端已经老生常谈了，生鲜成本高，运输、仓储费用贵，导致亏损严重，为了应对这些问题，盒马也一直在积极寻求解决办法。

2021年，盒马上线了本地社区服务盒马邻里，和其他的社区服务差不多，用户只需要在该频道内下单，就可以在附近的自提点取货，这样的方式大大降低了成本。然而好景不长，4月1日，盒马邻里在APP首页挂出公告称，部分站点将从4月3日起暂停营业。追究根本，还是因为盒马邻里店铺的亏损现象太过严重，不得已做出关停的打算。从开店到扩张，再到一家家的关停，盒马走了很多弯路，始终没有摸索出一条适合自己的。尽管如此，盒马从来没有想过放弃，一边是老业务、新业务相继倒台，另一边盒马又一次尝试新的机会。

2022年3月31日，盒马旗下主打生鲜产品折扣售卖的盒马奥莱长沙首店开业。当月，盒马奥莱的重庆首店也已开业。盒马奥莱的定位是品质折扣店，价格基本是周边生鲜超市的一半以下，主要是打折生鲜，来自盒马订单量备货的多余品，而非下架品。品类较全，基本覆盖日配、冷冻、标品等生鲜全品类，有不到 1 元的蔬菜，五折的肉类、水果、烘焙、乳制品等。盒马奥莱凭借着价格优势迅速走红。

原先是主打高端生鲜品类，现在逆势布局，新业务走起了薄利多销的低端路子，这样的新业态究竟如何呢？

有网友表示，家附近的盒马奥莱不管是白天还是晚上，工作日还是休息日，永远是人头攒动，排个队都需要十几分钟，大爷大妈大抢购，仿佛不要钱一样。而一些社交平台上，大家对于盒马奥莱的评价也相当不错。盒马奥莱良好的态势自然为盒马的发展带来了一个良好的开端，一直"烧钱"的盒马如今也提出了全面盈利的新目标，盒马奥莱的出现，无疑是朝着这一目标奋进的一大壮举。然而盒马只靠一个盒马奥莱显然是不够的，折扣只是获客的手段，想要长久盈利，还是得用优质的商品和良好的服务留住客户。

不断尝试、不断失败，如今的盒马在经历了重重挫折后，似乎有着越挫越勇的态势，新业务的兴起和老业务的转型，正逼迫着盒马快速成长。能否在市场的洪流中抓住机会的浪潮，对于盒马而言至关重要。背靠阿里，盒马虽然有着资源和资金的优势，但也背负着巨大的盈利压力，能否在颓势中逆转，还需要市场和时间来给出答案。

10.2 电子商务营销模式

电子商务发展到今天，已经不仅是一种简单的商业模式，而是一种新的营销方式，其经营模式有以下四种。

1. 广告模式

电子商务广告是广告产业与电子商务模式相结合的产物，是把广告、传媒、营销推广产业链的各种产品和服务搬到网上，利用网络便捷地实现广告资源信息流通、在线交易和客户关系管理的一种商业模式，是广告业营销模式和渠道的创新。

广告是传统的营销方式，传统的依靠四大媒体进行的广告，都有较高的成本，而且取得的效果也不尽如人意。随着网络技术以及移动网络技术的快速发展，在线用户迎来爆发式增长，这为电子商务营销中的广告模式提供了更好的发展条件。

电子商务营销的广告模式会给商家和消费者提供相应的服务，将商家和消费者聚集在一个平台，进行供需匹配，最终达成交易。为了达到这样的效果，电子商务平台需要提供足够的网页空间，满足商家对产品或服务的介绍，同时要制作具有吸引力的广告内容，让消费者愿意购买相应产品或服务。

广告模式的优势在于电子商务平台为商户提供了足够的网页空间，让产品或服务的特征能够让更多、更广泛的消费者了解到。广告内容顺畅的穿搭、品牌的好感度续存是一项需要长期努力的任务，需要电子商务平台按照一定的原则、采取一定的手段、通过一定的方法，进行全方位的营销推广。为了更加高效地触达消费者，提高品牌商的投放转化率，增强平台的竞争实力，电商平台不断升级创新广告模式。电商广告营销模式常见的有四种：搜索广告、展示广告、导购营销、直播广告（表10-1）。

表10-1 电商广告常见营销模式对比

电商广告营销模式	定义	优缺点	结算方式	使用品牌/商户类型
搜索广告	展示于商品搜索结果中、搜索结果页左侧及下方商品推荐位中的广告形式	贴合强需求人群推送；品牌效应较弱；触达被动，搜索商品以外的时间和场景触达效果弱	CPC（根据点击数率付费）	能够通过竞价得到靠前排名的投放，适合预算较多的品牌主和商户
展示广告	以图片形式形成的电商平台页面焦点图、横幅等广告形式	醒目展示，加强品牌形象；展示图片可以跳转链接商品，辅助消费转化；展示效果有限，转化成果有限	CPM（每千次印象费用）为主，辅以CPM和CPC的混合模式、CPD（按下载收费）等	能够通过竞价得到靠前排名的投放，适合预算较多的品牌主和商户
导购营销	通过转发商户在电商平台上申请生成的商品导购链接而产生商品交易的营销模式	操作简单，付出成本必带来消费转化，随着转发者广泛触达电商站外流量；品牌效应较弱，流量易流失至站外商品信息展示渠道	CPS（根据实际销售额付费）	虽然高佣金更易得到导购转载，但因确保交易转化后才支付导购佣金，投放预算较少的商户也适用
直播广告	在电商平台直播频道中以直播形式展示商品的推销营销模式	限时优惠吸引转化，粉丝效应强，互动性强；高粉丝量、影响力能带来高转化的直播者费用也高	CPS	预算较少的商户可选择自行直播或合作腰尾部KOL，预算较多的品牌主和商户可与头部KOL联合直播

电子商务广告行业的未来发展趋势，除了发展及应用已较为成熟的程序化广告相关技术以外，如程序化创意平台、AR/VR等内容侧技术的深化应用，也将进一步帮助电商平台加强消费者的购物体验、品牌和商户的广告投放体验，以及提升电商广告的展示与转化效率。当前，如淘宝、天猫、京东等头部电商平台已陆续加入对该类技术探索与应用行列，随着AI、AR、VR等各类技术的进一步成熟，预期更多电商平台将在以上技术的帮助下不断提升平台广告的展示效率与触达体验。

2. 零售模式

电子商务营销中的零售模式是指在网上开设虚拟店铺，进行商品或服务的销售。但是，随着互联网流量红利的消失，传统行业现期所面临的消费结构、市场环境、传播形态、营销环境等多方面发生了巨大变化，所有电商从业者都感受到了压力，"新零售"模式由此产生，各大零售企业对此赋予新的表现形式，"新零售"在互联网、大数据、云计算等科技不断发展的大背景下，以用户体验为中心的新型经营模式有利于线上线下实现共赢，这是我国零售业发展的新趋势。

3. 中介模式

和传统的中介模式一样，电子商务中介模式也是以服务市场主体为目的，以促成买卖双方交易为主，从中获取佣金。电子商务中介模式是利用互联网的联通作用，应用人与计算机的结合来进行管理，打通企业商家和个人从实体销售到网络销售的最优路径，收集企业商家和消费者的购买习惯等信息，利用大数据的优势，有机整合资源，集合优势平台与专业团队为线上线下商务互联提供有效的解决方案。

4. 服务模式

电子商务服务业是伴随电子商务的发展、基于信息技术衍生出的为电子商务活动提供服务的各行业的集合；是构成电子商务系统的重要组成部分，是一种新兴服务行业体系；是促进电子商务应用的基础，是促进电子商务创新和发展的重要支撑性基础力量。

电子商务服务业在构成上主要包括电子商务平台服务业、电子商务代运营服务业、电子商务物流服务业、电子商务信用服务业、电子商务咨询服务业、电子商务教育培训服务业、电子商务数据基础服务业、电子商务金融服务业等。

随着人工智能、大数据等新技术应用的不断成熟，短视频、直播带货、社区团购等模式的进一步下沉，电子商务营销的技术和模式将更加多元化。电商营销服务业不仅帮助品牌企业和产品实现了以内容营销为主的社交媒体传播，同时，也正在通过其技术、创意和内容资源不断赋能品牌和产品在核心生活场景当中的品牌势能传播，从而推动线上线下营销模式的创新。越来越多的品牌企业和电商从业者将短视频和直播平台作为新主场，利用大数据实现精准营销应用的场景也更加广泛，基于大数据的精准营销和数字化营销已逐步下沉到各个应用场景，成为电子商务营销的主流方式。

【案例】

零食帝国的成长之路
——三只松鼠玩转新零售

在人们越发关注健康的大前提下，如今休闲食品的定位也趋于多样化，如补充体力、富含营养、替代正餐等。正因如此，休闲食品电商的交易额也持续走高。从2012年开始立足电商平台的三只松鼠，2014年销售额突破10亿元，2015年实现收入26亿元,2016年实现收入约55亿元,收入保持高速增长。当前三只松鼠全面覆盖天猫、淘宝、京东等各类渠道,并已建成全国八大物流中心,实现全国90%区域的消费者次日达极速物流服务。

只用了短短五年时间,三只松鼠税前收入规模就突破50亿元大关,一举超越线下零食龙头品牌——来伊份和洽洽食品,并于2019年7月在深交所挂牌上市,被誉为"国内互联网休闲零食第一股"。在新消费、新零售时代来临时,三只松鼠作为休闲零食行业的典型代表企业,也被投资者与市场寄予厚望,更给消费者带来很多期待,而这背后,是三只松鼠的商业逻辑使然。

一、发展遇瓶颈,寻求突破

三只松鼠可以说是互联网第一零食品牌,线上电商模式目前已经非常成熟,但是问题也比较明显,电商平台的流量焦虑已初见端倪,即线上流量费越来越贵的问题。想要好的展示和位置,代价就是营销费用的持续增加。2021年一年,三只松鼠的销售费用高达23亿元人民币。

另外,休闲零食赛道的竞争愈发激烈,百草味、良品铺子从线下转战线上,正不断蚕食三只松鼠的扩张空间。短期之内,对三只松鼠来说线上仍然会是主要市场,但过于依赖线上渠道的状况,并非长久之道。

目前三只松鼠市场面临的主要竞争上市公司有良品铺子、百草味、洽洽食品等,相较于传统的线下为主的竞争对手,它们都有各自优势和劣势。

百草味以销售坚果为主要业务,在众多电视剧中的植入让其在观众眼中加分不少,成为观众耳熟能详的零食牌子,同时线下营销活动也如火如荼地持续开展。

良品铺子经营多年,采用直营+加盟模式,门店较多,拓展速度较快。良品铺子以收集全世界美味零食为主线,满足了不少猎奇"吃货"的好奇心,产品种类也极其丰富。良品铺子开始走线下零售模式后,比之前的销售范围更广了一些,店铺在二、三线城市分布比较密集,干净整洁的店面环境和独特的招牌让其在年轻人眼里加分不少。

洽洽食品作为传统老牌食品企业,虽然进入电商渠道晚了好几年,目前坚果系列正在发力,但具有广泛的线下渠道商优势,一旦零食坚果口碑打开,销售额就会跟上,也是不可小觑的对手。

三只松鼠擅长的就是营销,品牌形象融入卡通文化,深受小孩和年轻人喜爱。三只松鼠吃亏的地方就是进军线下渠道时间晚了一些,在其成立的2012年之际,休闲零食市场就是红海一片,彼时百草味、良品铺子、来伊份等品牌彼此间交战多年,并且线下战火正在不断向线上蔓延。

庆幸的是,三只松鼠还没有丧失补齐自己短板的时间窗口期。2019年春节期间,三只松鼠宣布将在一年内开出1 000家线下门店,预计到2022年开出10 000家线下店,这就是三只松鼠著名的"万店计划"。这番洞察力加决断的勇气,如果置身于彼时彼景,着实会有些许惊心动魄的感觉。

但减少线上的依赖,大举进军线下,是未来必然的趋势,三只松鼠最大的优势在于有强 IP 化品牌形象的深度引流,这对三只松鼠拓展线下布局、实现全渠道转型有着重大意义。事实上,相对于线上实时、灵活、覆盖面广等特点,线下渠道更具备便利、社交互动、体验感等诸多优势。2020 年休闲食品线下渠道占比 82%,可见线下渠道仍是休闲零食市场的主战场。目前来看,三只松鼠也正在极力抓住这块尚未被完全占领的市场空间。

2021 年 10 月,三只松鼠发布新分销战略、新模式,与近 300 家经销商伙伴建立合作,入驻全国各地的百强连锁商超,累计覆盖 300 多个地级市。随着三只松鼠线下拓展,效果也很明显。

三只松鼠在坚果行业的电商渠道是专业的,但离开这个范畴去冲击新零售渠道的话,考验的是多元化布局和变现能力。三只松鼠在上市后的种种行为凸显了其冲向前方更大市场的决心。

三只松鼠 2021 年度的财务报告显示,2021 年全年三只松鼠的营业总收入为 97.7 亿元,净利润为 4.11 亿,同比增长 36.43%。最近几年营收连年增长,股价飙升,证明了三只松鼠在 2019 年开始进行持续性扩大线下门店规模的决策是正确的。

三只松鼠崛起的原因可以简单地归结为他们抓住了"时机差"。电商的黄金十年,见证了三只松鼠的行业传奇,而在更大的时间尺度下,企业抉择显示出了比流量更坚韧的生命力。三只松鼠的成功逻辑似乎只有一个:逐"势"而动,然后放手一搏。这或许是能给许多企业最有意义的借鉴,也是诱发思考的地方。三只松鼠负责人表示,从 2022 年开始,三只松鼠将告别以扩张为主的上一阶段,开始走品牌升级路线。期待三只松鼠走得更高更远,未来出圈的不只有坚果而已。

10.3 电子商务营销策略

10.3.1 全域营销

1. 全域营销的概念

对于全域营销(Uni Marketing),目前尚无准确的定义,业内专家对"全域营销"的解读集中在媒介接触和传播渠道两个层面:一方面是指企业的营销推广行为能够通过融媒体的多触点覆盖更广泛的人群,渗透进入消费者的融媒体生活圈。另一方面是指企业的营销推广能够实现对线上入口和线下终端的完整覆盖,打通整合营销传播链条,实现对消费全过程的持续影响，起到营销聚合和促销收网作用，从而形成一个在新零售体系下以消费者运营为核心，以数据为能源，整合各类可触达的消费者的渠道资源，实现全链路、全媒体、全数据、全渠道的智能营销方式。全域营销有两种，一种是阿里巴巴的全域营销方法论，另一种是在公域和私域全局视角下的全域营销。

2016年底，阿里巴巴提出全域营销方法论，是在新零售体系下以消费者运营为核心，以数据为能源，实现全链路、全媒体、全数据、全渠道的营销方法论。该方法论利用阿里Uni Identity（统一身份）的数据基础设施，重新定义了经典的消费者链路（AIPL）概念，将认知（Aware）、兴趣（Interest）、购买（Purchase）和忠诚（Loyalty）的消费者链路变成可视化、可运营的消费者资产管理过程。全域营销方法论就是帮助品牌商以消费者为中心做数字化品牌建设，通过数字化管理消费者关系、分析消费者行为，最终把消费者跟品牌的关系用数据表达出来。全域营销的本质虽然还是营销，但是基于数据赋能，营销的应用不再断层，它变得可视化、可优化、可量化。这就是全域营销之于营销方式的核心突破和最大变革。①

2. 全域营销的发展历程②（阿里全域营销）

（1）全域营销1.0时代

从2016年开始，阿里巴巴就提出了全域营销的概念，即数据技术驱动、以消费者为中心的数智化营销方法论。全域营销设计的初心是全洞察、全渠道、全触点、全链路，以数字化"AIPL消费者运营"为方法论，助力品牌全面加速营销数字化的升级。阿里推出的AIPL消费者运营理论开始越来越多地被品牌方接受，即从认知（Awaren）、兴趣（Interest）、购买（Purchase）、忠诚（Loyalty）四个层级进行消费者的区分，并借助品牌数据银行、策略中心等产品工具，来进行深度的用户运营和增长实现。这些做法被称为全域营销的1.0时代，品牌方联合天猫摸索出了一套在数字营销变革的大背景下适合自己的品牌增长模式，这也帮助很多中小企业完成了数字营销变革的转型，让这些中小企业第一次清楚地看到自己的客户是谁、特点是什么以及如何能用更少的钱完成效果更好的广告。

（2）全域营销2.0时代

完成了基础的全域营销体系构架之后，随着时间的推移、数据的积累以及各种方法论的不断尝试，全域营销进入了全新的发展阶段，实现了从1.0到2.0的演进，主要体现在三个方面的升级。

一是数据洞察能力的升级。基于商品和地理位置的洞察能力加强，品牌可以从多维度更立体地把自己的消费者"看得更清楚了"。未来，如"从货找人继而优化产品和创

---

① 陆弢. 阿里巴巴：全域营销 Uni Marketing [J]. 成功营销. 2018（Z1）：28-29.
② 中华网. 阿里全域营销再升级 重塑品牌营销新玩法[EB/OL].［2021-03-09］. https://life.china.com/2021-03/09/content_27490.html.

意",或是"从地理位置圈人继而精准营销"等创新的方式会把品牌数字化营销的能力提升到一个前所未有的高度。

二是跨端消费者运营能力的升级。消费者 AIPL 运营可以串联起手淘、天猫、支付宝、饿了么、淘鲜达及线下商超、品牌自有门店等多个端,实现跨端消费者资产沉淀、跨端洞察和跨端触达应用的打通。通过阿里云数据中台,品牌还能把阿里域外其他端上的消费者资产用 AIPL 的逻辑统一管理,在阿里生态内进行最高效的运营和转化。

三是线上线下全渠道增长能力的升级。全域营销2.0 的推进和应用,帮助品牌在近场(同城电商)和现场(新零售门店)都找到各自的品牌增长配方,最终实现线上线下品牌全渠道增长,享受数智时代带来的红利。

在 1.0 阶段,全城营销开创了品牌"以消费者为中心"的数智化营销,到 2.0 阶段又实现了三大跨越:数据洞察能力的升级;从线上到线下,推动全渠道的数字化改造;从整合到融合,实现跨端的消费者运营。

全域营销2.0 从本质上来看,加强了三端的数字化能力,从前端来看,数据洞察能力开始变得越来越强,消费者的消费行为被越来越清晰地分类和归纳,从而得出了更为精准的用户画像,加强了营销投放的精准程度,让营销内容直击刚需消费者的痛点,大幅度提升营销的转化能力。

总体来看,整体化、数字化的思路,线上线下融合的趋势,跨平台信息的打通成为这一轮营销升级的关键。从本质上来看,这些都是围绕着全域营销的设计初心——全洞察、全渠道、全触点、全链路——来进行的相关升级。通过技术和数据的力量用确定的信息来对抗不确定的世界,让营销发挥出最大的优势,正是全域营销的关键所在。

3. 全域营销的作用

(1)提升广告投放效率。全域营销基于海量数据进行预算分配,媒介产品优化,整合 PC、移动、微信以及 APP 等线上线下、公域私域各种营销资源渠道,提升广告投放效率,实现精细化运营。

(2)重构品牌与消费者的关系。全域营销可以更好地统筹用户,经营用户资产,重构品牌与消费者的关系,加强用户购买转化意向,刺激用户购买转化,促进潜在用户成为成交客户。

(3)促进品牌长效增长。全域营销持续性比较强,这不仅可以深入消费者,让客户通过不同渠道了解品牌,增强用户与企业间的黏度,还能快速提升品牌知名度。

(4)助力企业实现科学增长。全域营销传播效果快,其通过传播策略分析、制定、执行以及数据监测与优化,弥补了传统网络营销的不足,一次性解决企业的互联网推广难题,同时通过线上营销专业策划+落地执行等多维度保障,帮助企业快速提升线上营销效果,保障 KPI 的达成,助力企业打造科学增长模型,实现健康可持续增长。

4. 全域营销策略

要做好全域营销,除了向内的战略和资源布局,也需要向外与优质的营销服务商建立合作关系，借助营销科技工具和解决方案共同推动全域营销的应用落地。营销模式创新，从顶层支持到团队建设到合适的工具，缺一不可。

（1）战略决策。将全域营销的资源布局、营销技术等方面的投资提升到战略决策层面。

（2）公域、私域渠道打通。全域营销的核心链路为公域引流→私域沉淀及运营→持续触达→购买转化→反复触达→提高复购及忠诚度。这是用户从进入公域到成为企业私域用户，最终实现购买转换的全过程。全域营销的难点和重点在于线上、线下，公域、私域的数据打通，当私域和公域整合后，才具备全域营销的基础。企业应该打通部门之间的数据孤岛，提升对数据的分析和洞察能力。

（3）选择合适的营销工具。合适的营销工具会为企业带来巨大流量，增加企业客户。技术能力不足的中小企业，需要选择一家适合的服务平台，助力全域营销的实现。

（4）营销执行。每一个员工都可以成为企业社会化营销的一个节点，通过朋友圈、微博等渠道，通过分销等机制传达到他们的圈层，最终达到多维度的传播链条。在不同区域有分公司的企业，或许不能再按照各自区域做营销体系了，需要总部进行联动一体化，通过区域广泛邀请自己的客户，挖掘客户的价值点，由总部统一去传播，以此实现对客户要求的敏捷反应。

（5）梳理好人、渠道和内容三个实体之间的关系。做好全域营销的核心是梳理好人、渠道和内容三个实体之间的关系。如图10-2所示，全域营销要解决的核心问题是围绕用户构建数据根基，解决"什么样的人通过什么渠道触达""什么样的人看到什么内容""不同渠道匹配什么内容"等关键问题。在"人"这个实体层面要做到全数据接入，站在一个全域的视角去筛选用户、知晓用户、触达用户；运用技术手段去进行身份识别和精准匹配；创建人群标签及分群进行全域数据筛选。在"渠道"实体层面，需

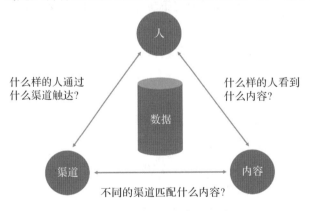

图10-2 全域营销三个实体之间的关系

要找到合适的渠道，打通所有渠道，使数据一次性接入，方便后续频繁调用。"内容"实体层面，需要具备个性化推荐能力和配置能力，根据用户不同的浏览历史和消费情况推荐配置不同的、准确的内容；同时还要加强内容素材的通用性，使内容素材适用

第 10 章 电子商务营销

于所有渠道。

雀巢如何落地全域营销策略，从 0 到 1 打通全域营销链路

在多平台崛起的今天，达人带货、笔记种草、短视频、直播等各类营销方式层出不穷，各品牌方应接不暇。通过全域营销快速抢占新消费群体，已成为品牌共识。作为食品饮料行业的领军企业，雀巢为实现加速落地全域营销，提高营销效率，选择携手新略数智，通过全域营销数据中台"策略魔方"，沉淀多平台营销数据资产和消费者资产，用数据驱动品牌生意增长。

一、打通投放与交易平台，建立全链路 ROI 评估体系

此前，雀巢电商业务尚未启动天猫站外引流，如何在站内外落地一致的营销策略，以实现营销效率提升？新略数智帮助雀巢将抖音平台投放的数据实时回流、沉淀至全域营销数据中台"策略魔方"。通过"策略魔方——人群透视"，对回流人群进行深度分析，评估 TA 人群（目标受众）浓度，筛选符合 TA 标签的种子人群，并一键推送至阿里"数据银行"，经放大后，使用钻展和超推在天猫站内落地人、货、触点、素材匹配的精细化运营，最终完成人群从域外种草到域内二次触达收割的全链路运营。

二、实时监测站外投放回流数据，及时调整人群策略

任何营销活动的成功落地都离不开准确的人群策略。工欲善其事，必先利其器，品牌需要一个可以实时监测站外投放回流的数据平台，基于数据及时指导和优化。雀巢借助"策略魔方——后链路分析"，实时掌握抖音回流人群在天猫站内的后续转化数据与表现，包括 AIPL 人群数量分布、AIPL 拉新数量、后链路行为与付费收割效果追踪等，从而及时了解人群转化效果，快速调整站外投放的人群策略与素材的沟通优化方向，不断清晰用户画像，调整人群策略，确保全域营销效果最大化。

三、持续共创新场景：全域素材 ROI 优化、达人全链路 ROI 评估等

短视频素材投放是目前品牌最常见的营销形式，品牌经常会把一个素材跨计划、跨平台使用。如果想分析素材效果，则必须整合不同平台的数据，但不同平台数据统计口径并不一致，大大影响素材分析效率。雀巢也同样面临多平台素材管理难、效果归一评估难这两大痛点。基于这样的诉求，新略数智与品牌一起共创了"全域素材库"分析管理功能，以实现对全域投放短视频的一站式管理、监控与分析。

经验证，雀巢站外回流人群在站内二次触达转化的全链路营销，对比仅站内投放，ROI（投资回报率）提升 200% 以上。更重要的是，借助策略魔方，雀巢实现了从 0 到 1 的全域营销链路打通，并沉淀了行之有效的全域人群运营策略。

合作至今，雀巢认为："截至目前，雀巢累计回流人群近千万。且通过该品牌沉淀的方法论，可以持续指导雀巢集团其他品牌的全域营销策略落地，这是与新略合作的最大价值。"

10.3.2 精细化运营

随着互联网人口红利的消失，企业获取流量的门槛和难度越来越大，增长变得越来越困难。在如此激烈的竞争中，企业要超越竞争对手，就必须提供比对手更好的产品、服务、体验、管理、技术等，而升级这些方面，就意味将来要比先前做得更细致、优秀。在这个过程中，精细化运营的价值和必要性得到了充分的体现。

1. 精细化运营的概念

精细化运营就是将渠道、用户行为、流程、场景等维度的数据分析与企业所处的发展阶段相结合，对用户开展针对性的运营活动，以达到运营目标的行为。这个运营目标可以是吸引更多的新用户、提升用户留存率、提高核心业务环节的转化率等。精细化运营就是针对用户做更细颗粒度的运营，如针对用户群体、营销渠道、转化流程、使用场景、用户行为数据，展开更有针对性的运营活动、运营分析，以实现运营目的。

精细化运营具有以下特点。

（1）注重用户细分，深入剖析用户，从用户行为、设备、渠道等维度对用户进行分析，得出尽可能完整的用户画像。

（2）有效利用流量，区别于以往的粗放型管理，更加注重精确，注重用户留存和转化，充分挖掘现有流量的价值。

（3）多元的数据分析角度，注重数据价值最大化。

2. 如何进行精细化运营

（1）用户精细化

精细化运营要以人为本，以用户为核心。用户精细化的前提是对用户熟悉，就要有较为清晰的用户画像和用户分层。

① 用户画像的建立。用户画像可以理解为把用户信息标签化，就是人为地给客户打上已制定的标签体系。标签体系可分为基础信息标签、行为标签和定制类标签。

基础信息标签就是人口统计学、社会经济学等方面的基础信息，比如年龄、性别、学历、职业、收入水平、婚姻状况、地域等。行为标签是指由客户的行为产生的标签。比如用户的浏览行为、点击行为、交易行为等。自定义标签，是基于一定的行为特征产生的标签，也可以归属到行为标签中的预测标签。这一类型的标签的特别之处在于他们代表了一类的人。比如二次元、篮球迷、装备党；再比如养宠人士、有房一族、有车人士、美妆、游戏等。

确定好标签之后，针对用户的信息统计、行为分析，加上不同维度的数据类型合并，并赋予一定的权重，运用一定的计算方法，就能产生用户标签库及画像生成，并运用到运营上来。

② 用户分层。用户分层是进行用户高效管理的一种方式，即对用户群组进行划分，通常用来描述用户在产品上所处的状态。根据各个层次用户群体的不同，可以有目的地制定出更精准、更有针对性的运营策略，避免浪费。通过用户分层可以对不同级别的用户提供不同的资源倾斜，同时为不同级别的用户推送不同的内容。

常用的用户分层模型有 RMF（Recency、Monetary、Frequency）模型、AARRR（Acquisition、Activation、Retention、Revenue、Refer）模型、分群模型、金字塔模型、生命周期模型等。

（2）流程精细化

流程精细化就是分析用户路径，即分析不同的用户路径，查看不同路径下的漏斗数据。在引导用户的过程中通过对不同路径的分析，找到不同路径触点下的障碍点，用户在哪个节点流失了，要用什么样的策略去拓宽漏斗。做流程精细化的目的不是产出数据，而是找到需要调整和改进的策略。

（3）场景精细化

场景精细化就是深挖用户需求之后，解决一些客户群体在使用产品过程中的一些问题，解决其核心痛点。场景精细化最近几年比较常见，如贝壳找房的 VR 看房、百度导航的新手模式，以及现在很多导航上的高清路况导航，还有一些买机票、火车票时候用到的中转购票，都是深挖用户需求之后做出的场景精细化运营的方法。

第11章 搜索引擎营销

【导入案例】

今日头条扣动"搜索广告"扳机，步入百度"竞价排名"后尘？

当前，字节跳动系产品们可算顺风顺水，流量、地位双丰收，但也难掩商业化带来的压力。在全球化进程受阻下，字节急求一个"变"字。2019年8月，旗下今日头条"搜索广告"的上线，又能演绎怎样"变"化呢？在搜索市场还未变天之际，今日头条就将目光瞄准搜索广告市场，是否有点操之过急呢？

一、搜索还未做成，就做搜索广告？

2019年8月，字节跳动旗下今日头条正式宣告入局搜索市场。一年后，头条搜索并未取得多大成绩，国内市场也一直被百度、搜狗及360几家互联网巨头霸占。在大家注意力依旧集中在今日头条如何做搜索引擎，以及能否打破市场格局时，头条搜索悄悄地上线了搜索竞价广告。据公司情报专家《财经涂鸦》的消息，今日头条于2019年8月10日上线了"搜索广告"。在其商业化广告方案中，除了信息流之外，新增了搜索广告类。作为搜索界的"后浪"，今日头条还未将搜索业务做出规模，就动用搜索广告这把"变现斧头"，是否有点操之过急呢？

二、急求商业化变现

字节跳动目前只有三款"神话级"的产品：头条、抖音和Tiktok。这三款产品都遇上了不同难题：Tiktok在美业务进程受阻；抖音流量增长遇天花板；头条增长空间同样也遇天花板。截至2020年，据多家媒体消息，抖音月活已破6亿，而中国网民数量只有9亿！同样，据数据统计，2019年今日头条的广告营收位居国内互联网第二，百度位列第三。但是字节系流量显然比百度高，在这一对比下，今日头条流量变现能力并不高。字节跳动旗下产品或许都有着同一种焦虑，那就是变现焦虑。而商业化变现上的焦虑，又该从何转移呢？那就是靠发展新业务、打造"现象级"产品来舒缓压力。且由于搜索是极具"现金流"属性的模式，又是广告变现的一把利器，下一款现象级产品也就非头条搜索莫属了。

据数据统计，2019年，百度总营收为1 074亿元，其中广告收入达到781亿元；字节跳动总营收为1 400亿，其中广告业务收入1 200亿，占比超过85%。关于今日头条悄悄上线"搜索广告"这件事，其实并不突然。字节跳动CEO张一鸣曾在内部沟通会上表示："如果没有搜索场景的拓展和优质内容，今日头条的增长空间可能只剩4 000万DAU（日活跃用户）。"而在搜索广告这块，头条其实早就动用了竞价排名这把"金枪"，变现速度已经赶超当年的百度。

综上所述，对于全球化进程受阻，处于商业化嬗变阶段的字节跳动来说，是必须拿下搜索广告变现这把利剑的。

最后，在搜索引擎市场上，字节跳动直接成对手公司的"挖墙脚机"，如这次头条做搜索引擎之前，就先将百度的核心高管挖了过来，这样既可复制、创新百度多年来的搜索技术和资源为己所用，又可在人力上减弱百度积累的优势，打击敌对品牌声誉。而光通过"挖墙脚"，就能下好搜索广告商业化这步棋吗？做搜索广告又有何种阻力呢？

三、竞价排名"乱象丛生"

在百度一直稳坐国内搜索市场头把交椅的今天，今日头条分食搜索市场都难，何况搜索的商务市场了。这确实是今日头条短期内无法跨越的鸿沟，但字节系矩阵有将近8亿日活，是完全能吸引广告主们来投放广告的。假设今日头条能将用户月活优势充分利用，将月活全部转化至头条搜索中，这一庞大的数目可将头条搜索推至行业第一。不可忽视的是，头条搜索毕竟没有百度搜索稳扎稳打，想要动百度搜索广告的饭碗，那无异于摸老虎屁股。

另外，搜索广告中出现的乱象亟须解决。互联网企业们做搜索引擎，并不是无私奉献的，都是以盈利为第一目的。当然，丝毫不求利益肯定无法支撑搜索市场持续发展。在这种情形下，占据搜索及商务市场头把交椅的百度，却走出了一条竞价排名的"野蛮路"。在搜索广告上，百度竞价排名闹出了许多事情。现如今，在搜索引擎这根"电线杆"上，依旧能看到五花八门的牛皮癣式广告。所以，搜索引擎假广告泛滥，排序只看"出钱多少"这种现象并未能有效治理，而这种牛皮癣式广告的泛滥，也使消费者选择权大量被"绑架"，越来越多的网民开始讨厌搜索市场。

四、能不走百度搜索广告老路吗

今日头条搜索广告，又能否区分搜索与广告竞价排名的界限？不会走百度的后路吗？

笔者认为，头条搜索广告不做竞价排名，只为打造一个"纯净"的搜索广告环境，这件事是很难的。就整个行业而言，搜索广告靠竞价排名的规则已成行业共识，今日头条很难打破，或其压根不想打破。

细数近年来我国违反互联网广告规则，它们面临的罚款金额也大抵在20万—30万之间。对于百度、360或者字节跳动这些巨头们来说，只是在挠痒痒，并未伤筋动骨。面临竞价排名带来的巨大利益，这些公司是不会做纯公益型公司的。

此外，人民在线副总经理杨松曾表示："竞价排名不是新鲜事，它关系到互联网公司根本上的运营机制，国外也发展出较成熟的广告模式。但一定要按照法律要求、行业道德等对它规范管理，把握好竞价的度，尤其对医疗、教育、招聘广告等问题多发领域应采取特殊处理，善待公众搜索中的刚需。"这句话说起来容易做起来难，竞价的"度"在哪？谁都不好说。

从今日头条用户来说，其用户年龄主要集中在35岁以下，占比79%。其中30岁以下用户占比53%，用户整体趋向年轻化。在新闻资讯当中做搜索广告，是容易误导这些用户群体的，况且这些用户群体正成为当下的消费主力军。再从今日头条上线搜索广告的目的来说，就是商业化变现。在竞价排名这么大一块肥肉下，很难做到把关严谨、不以利益为第一目的，打造"纯净"的搜索广告环境。

另外，笔者认为头条做搜索广告，可能专攻的是招聘及教育广告，也正因为其用户群体趋向年轻化，所以教育与工作是这些年轻群体的刚需。今日头条是新闻资讯平台，相较于医疗，教育及招聘可能更符合自身定位。

最后，今日头条为了搜索广告的口碑，也说不准会做"纯净"环境第一人。况且，未来这种广告行业乱象逐渐会有法律条款——规整、治理。例如，2016年国家出台了《互联网广告管理暂行办法》，明确界定了互联网广告，要求互联网广告应当具有可识别性，在显著位置标明"广告"字样。

搜索引擎市场的乱象，在未来某一天终将全部净化。头条搜索广告如若创新求变，未来迈出的每一步，也一定是面向光明的。

11.1 搜索引擎营销概述

当今网络技术以及网络经济的发展，使消费者处于信息大爆炸的时代，利用搜索引擎进行信息检索已经成为消费者消费时的一种重要方式，也逐渐成为消费行为中一个重要环节。搜索引擎技术和服务越来越完善和人性化，不仅降低了消费者搜索信息的成本，也为企业进行搜索引擎营销提供了诸多可能。

搜索引擎是所有数字营销中资源节点最少，但在某些行业距离销售最近的数字营销环节。根据研究，国内消费者在购买超过价值2 000元的商品或者涉及健康、教育商品的时候，会花时间进行前期研究，特别是使用搜索引擎收集信息。广告主通过标准的搜索引擎工具（如关键词购买），以及基于搜索引擎排名规则进行的自身主页优化，在消费者搜索时，可获得更高的排名。

11.1.1 搜索引擎营销的定义

搜索引擎营销就是基于搜索引擎平台的网络营销，利用人们对搜索引擎的依赖和使用习惯，在人们检索信息的时候将营销信息传递给目标用户，以此来获取信息的曝光、点击、浏览和产品的销售。搜索引擎营销的基本思想是让用户发现信息，并通过点击进入网页，进一步了解所需要的信息。企业通过搜索引擎付费推广，让用户可以直接与公司客服进行交流、了解，实现交易。

搜索引擎营销的本质是利用用户输入关键词检索信息的机会将企业的营销信息传达至目标用户。当消费者在搜索引擎中输入相应的关键字进行搜索时，就意味着以消费者需求为导向的消费行为已经形成，搜索引擎就可以根据消费者的需求推荐相应的信息、产品和服务，从而完成搜索引擎营销。企业还可以根据用户检索的关键词来分析他们的行为及心理预期，以更好地满足用户的消费需求；同时也能改进网站营销信息，进而通过搜索引擎更加精准地向潜在顾客群投递广告。①

11.1.2 搜索引擎营销的过程

1. 企业将信息发布在网站上，成为以网页形式存在的信息源，被搜索引擎索引库收录。
2. 在自然搜索结果中获得较高排名，或者通过付费广告能够被目标消费者注意。
3. 提高用户对搜索结果的点击率。
4. 用户根据对检索结果的判断选择有兴趣的信息，并点击进入信息源所在网页。
5. 将点击者转化为消费者。

此过程也可以通过搜索引擎营销漏斗图进行说明（图 11-1）。

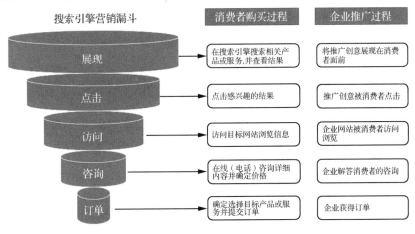

图 11-1　搜索引擎营销漏斗图

---

① 李凯，邓智文，严建援. 搜索引擎营销研究综述及展望 [J]. 外国经济与管理，2014，36（10）：13－21.

11.1.3 搜索引擎营销的模式

搜索引擎营销模式主要有分类目录、搜索引擎优化、竞价排名等。最常用的是搜索引擎优化和竞价排名。

1. 分类目录

搜索引擎分类目录（Directory）即搜索引擎的人工分类目录。登录分类目录是网站建成后非常基础、重要的工作，尤其登录几大主要分类目录，其重要性不在于访问者是否通过目录链接找到你的网站，而主要在于通过这些目录网站获得了重要的、高质量的外部链接，这对于网站提高排名具有举足轻重的作用。目前，对于中文网站来说，最重要的分类目录有以下几个：开放式目录（Open Directory Project，ODP）、雅虎及门户搜索引擎目录如搜狐、网易、新浪。这些分类目录可以分为免费收录和付费收录两类。

（1）免费收录。最著名的免费收录目录是全球最大的开放式目录库www.dmoz.org。ODP的宗旨是：建立网上最全面、最权威的目录，以及建立一个被公众认为高质量的资源库。在这一宗旨下，全球志愿编辑员选择高质量内容的网站，经核准后进入分类目录。由于谷歌等重要搜索引擎都采用ODP的数据库，ODP是谷歌每月一次深度索引的基础，因此向ODP提交网页成为每个网站完成后的首要工作。收录至ODP是免费的，但要接受较为严格的人工审核和较长时间的等待，并且最后可能网站收录不成功，还要经历反复提交的过程。

（2）付费收录。英文雅虎实行付费收录商业网站政策，国内的门户搜索引擎目录也对商业网站纷纷采用付费收录。付费收录商业模式包括普通收录和固定排名，一般按年付费，网站在付费之后立即被收录至目录，无须等待和受到其他因素的影响。门户搜索引擎的搜索程序也比较偏重于对自身付费目录数据的抓取。总体上而言，付费收录对于商业网站和采用了大量不利于搜索引擎友好的手段建设的网站来说，还是有必要的。

2. 搜索引擎优化

搜索引擎优化（Search Engine Optimization，SEO）是指通过人为的调整和设计，让企业网站在搜索引擎的搜索结果中排名靠前。搜索引擎优化的主要工作是通过了解各类搜索引擎如何抓取互联网页面、如何进行索引以及如何确定其对某一特定关键词的搜索结果排名等技术，来对网站或网页进行优化设计，使其提高搜索结果排名，从而提高网站或网页访问量，最终提升业务达成率。

3. 竞价排名（按点击付费）

竞价排名是搜索引擎关键词广告的一种，按照付费高者排名靠前的原则，对购买了同一关键词的网站进行排名，一般采取按点击付费方式。基本特点是按点击付费，推广信息出现在搜索结果中（一般是靠前的位置）；如果没有被用户点击，则不收取推广费。

4. 搜索引擎优化与竞价排名的对比

作为最常用的搜索引擎营销方法，搜索引擎优化和竞价排名各有优劣，具体对比见表 11-1。

表 11-1 搜索引擎优化与竞价排名的对比

对比内容	搜索引擎优化	竞价排名
操作	主要对网站结构、内容、关键词、反向链接、内链建设等网站本身进行操作	需要向搜索引擎支付费用，然后申请相关关键词进行排名
时效性	全天 24 小时保持在搜索引擎首页，时效性长	一旦账户余额不足或超过当天预算，广告就会下线
费用	综合费用相对低廉	费用相对较高
见效时间	至少需要 3~6 个月才能达到目标位置	立竿见影
关键词数量	一般维持在 3~4 个	无限制
排名位置	有不可预见性，可操作性差	根据点击价格来决定
通用性	具有通用性，针对网站本身做了优化，会在各个搜索引擎提高网站排名	没有通用性，每个搜索引擎都有自己的竞价后台
管理	每天需要对网站进行维护，并进行相应推广	为保证位置和控制成本，需要每天都进行价格查看，设置最合适的价格来竞价

11.1.4 搜索引擎营销的特征

1. 搜索引擎营销与企业网站密不可分

搜索引擎营销需要以企业网站为基础，企业网站设计的专业性对搜索引擎营销的效果又产生直接影响。

2. 搜索引擎传递的信息只发挥向导作用

搜索引擎检索出来的是网页信息的索引，一般只是某个网站或网页的简要介绍，或者搜索引擎自动抓取的部分内容，而不是网页的全部内容，因此这些搜索结果只能发挥一个"引子"的作用。如何尽可能好地将有吸引力的索引内容展现给用户，是否能吸引用户根据这些简单的信息进入相应的网页继续获取信息，以及该网站或网页是否可以给用户提供给他所期望的信息，这些就是搜索引擎营销所需要研究的主要内容。

3. 搜索引擎营销是用户主导的网络营销方式

没有哪个企业或网站可以强迫或诱导用户的信息检索行为，使用什么搜索引擎、通过搜索引擎检索什么信息完全是由用户自己决定的，在搜索结果中点击哪些网页也取决于用户的判断。因此，搜索引擎营销是由用户所主导的，最大限度地减少了营销活动对用户的滋扰，最符合网络营销的基本思想。

4. 搜索引擎营销可以实现较高程度的定位

网络营销的主要特点之一就是可以对用户行为进行准确分析并实现较高程度的定位，搜索引擎营销在用户定位方面具有更好的功能，尤其是在搜索结果页面的关键词广告，完全可以实现与用户检索所使用的关键词高度相关，从而提高营销信息被关注的程度，最终达到增强网络营销效果的目的。

5. 搜索引擎营销的效果表现为网站访问量的增加而不是直接销售

搜索引擎营销的使命是获得访问量，至于访问量是否可以最终转化为收益，不是搜索引擎营销可以决定的。

6. 搜索引擎营销需要适应网络服务环境的发展变化

搜索引擎营销是搜索引擎服务在网络营销中的具体应用，因此在应用方式上依赖于搜索引擎的工作原理、提供的服务模式等，当搜索引擎检索方式和服务模式发生变化时，搜索引擎营销方法也应随之变化。因此，搜索引擎营销方法具有一定的阶段性，与网络营销服务环境的协调是搜索引擎营销的基本要求。

11.1.5 搜索引擎营销面临的问题

1. 搜索引擎优化市场混乱

搜索引擎优化前几年进入我国，到现在还处于混乱期。多是作坊式经营，即主要是对公司的网站进行一定的修改，就成了所谓的搜索引擎优化。也有专业的公司，但规模不大，技术也一般。

2. 垃圾 SEO 较多，影响搜索引擎检索结果的价值

与搜索引擎垃圾类似，垃圾 SEO 也是指那些专门欺骗搜索引擎从而获得在检索结果中好的排名的手段。不过有所区别的是，垃圾 SEO 的主要目的是利用搜索引擎优化手段来牟利。垃圾 SEO 影响了搜索引擎检索结果的价值，对用户通过搜索引擎获取信息形成误导，因此垃圾 SEO 也影响了正当搜索引擎优化的声誉。

3. 搜索引擎营销应用层次较低

我国好多企业对搜索引擎营销的应用处于较低层次，要么是购买搜索引擎广告，要么就是搜索引擎优化，或者就是只做网站推广，而没有把搜索引擎营销作为企业营销策略的一个组成部分，没有上升到战略的高度来应用搜索引擎营销。

4. 竞价点击率和业务达成率的转换率不高

搜索引擎营销的最终目标是将浏览者转化为顾客，促使业务达成，给企业带来订单。从目前的实际情况来看，用户点击搜索结果进入企业网站之后，业务达成率比较低，也就是说点击率和业务达成率的转换率较低。这是搜索引擎营销面临的最重要的问题。

11.2 搜索引擎营销策略

11.2.1 搜索引擎优化策略

搜索引擎优化策略的基本思路是：通过搜索引擎优化这样一套基于搜索引擎的营销思路，对网站功能、结构、布局、内容等关键要素进行合理设计，为网站提供生态式的自我营销解决方案，使网站的功能和表现形式达到最佳效果。[①] 搜索引擎优化既是一项技术性较强的工作，也是一项同企业特点息息相关，需要经常分析和寻求外部合作的工作。实践证明，搜索引擎优化不仅能让网站在搜索引擎上有良好的表现，而且能让整个网站看上去轻松明快，页面高效简洁，目标客户能够直奔主题，使网站达到沟通企业与客户的最佳效果。搜索引擎优化策略主要有以下几点。

1. 主题明确，内容丰富

在设计制作网站之前，要清晰设定网站的主题、用途和内容。根据不同的用途来定位网站特性，可以是销售平台也可以是宣传网站，网站主题须明确突出，内容丰富饱满，以符合用户体验为原则。网站标题应简洁明了，方便搜索引擎和消费者识别，通常为企业或者品牌名称。对于一个网站来说，优化网站的主题与实际内容才是最为重要的。一个网站需要有鲜明的主题，与主题相关的丰富内容，专注于某些领域的变化，及时更新。

2. 关键词的设定

关键词是用户与网页之间的桥梁，用户通过在搜索引擎上输入关键词来查找资料。同时，搜索引擎也只是机械地将含有用户所输入关键词的网页查找并显示出来，而不会进行所谓的筛选，因此网页建设时关键词的选择、布局和优化都十分重要。[②]

在关键词选择方面要严格遵循以下原则：所选择的关键词必须紧贴网站主题，避免对热门词汇的盲目追求；避免选择具有较为广泛含义的普通词汇；依照产品特性与种类，尽量选择具体关键词；应该设定日常搜索时用户常用于关于网站服务与产品推广的词。

对于搜索引擎优化，关键词的位置十分重要，一般关键词应在网站 URL（统一资源定位系统）、网站标题 title 标签、meta 标签及 meta 标签中通过 content 属性出现需要

---

① 阮卫华. 搜索引擎优化技术的研究与实现 [J]. 软件，2014，35（7）：72-77.
② 同上.

优化的关键词、页面内容（尤其是内容第一段和最后一段出现关键词）、H1 和 H2 标签中出现关键词、图片的文件名通过 ALT 属性中出现关键词等。因为蜘蛛爬行程序关注的是一定位置的关键词，所以关键词的放置要自然，在该出现的地方有一到两次就可以了。

关键词密度是指在网页正文中出现的次数与正文其他文字的比例，一般都用百分比的高低来表示关键词密度的大小，一般情况下关键词密度在3%～8%之间是相对比较合适的。当然一个页面上出现的关键词的次数也不能过多，否则会被搜索引擎视为作弊。

3. 网站内容

网站最好使用原创的内容，切忌使用被多次转载的内容。一个频繁更新的网站，且内容都是原创的居多，即使不做过多的优化，也能有好的排名。网站内容与其他页面至少保持30%互异也很重要，不同页面的内容尽量不要太雷同，差异化小的页面，网络蜘蛛只会收录其中一个页面。页面内容不适合太长，要注意分段。每个版面最好是1 000～2 000字，注意合理分段。对于网站内容的更新，最好是每天都进行有规律的更新，这能让网络蜘蛛每天都会光临站点去收录新的信息。一个没有规律且不经常更新的网站，网络蜘蛛访问的次数就会逐步减少。发布与网站主题相关文章内容的时候，内容要围绕关键词展开，并尽量出现三到四次关键词。

4. 导出链接

导出链接指的是网页中对其他网站页面的链接，当搜索引擎分析当前网页的时候，也会根据当前网页的超链接去分析导出的链接，当导出的链接与当前网页的内容相关时，是有利于对当前网页的搜索排名的。外部链接数量与所链接网站的质量是搜索引擎对网站质量进行判断的重要标准，创设有价值、人气化的网站引出链接，对网站链接广泛度予以不断提升，不仅可以提升网站搜索排名度，而且还具有彼此宣传的功效。

可以通过以下方法做好导出链接：（1）网站单项链接。这主要适合于一些权重比较高的网站，可以做单项链接。（2）友情链接交换。网站级别相同或者网站内容类似时，进行一定的友情链接也是必不可少的。（3）论坛、博客等。可以选择信誉度高的论坛、博客，同时论坛选择帖子生成的静态页面。（4）加网址站等目录。可以找一些免费网站导航，因为是单向链接，所以效果很好。（5）软文。软文效果明显，尤其是质量较高的软文，这样既能增加站外链接，又能有效宣传网站。（6）购买文字链接。购买一些靠卖链接赚钱的网站，但不能仅仅看网页级别高就买，应该注重是否与本网页内容相关。

5. 网站结构

对于一个网站来说，什么样的结构才能使网络蜘蛛抓取更有利呢？那就是扁平化结构的网站。扁平化结构就是网站纵向结构更加简单，这样对于用户来说可以通过相对少的点击次数到达所想访问的页面。网站不能为了追求过分美观、创意新颖等来增加网站的层次,这样对于网络蜘蛛的抓取极为不利,因为网络蜘蛛在抓取网络数据时都是通过各个网页之间的层次关系来进行抓取的,层级结构越大,随着网站的更新,网络蜘蛛就越难抓取,所以好的扁平化结构对于搜索引擎优化是非常重要的。

11.2.2 竞价排名策略

1. 分析企业是否适合竞价排名

竞价排名本身并不能决定交易的实现,只是为用户发现企业信息提供了渠道或者机会,由此也可见,网站建设是网络营销的基础,没有扎实的基本功,什么先进的网络营销手段都不会产生明显的效果。另外,某些行业由于受国家直接控制,基本上属于垄断性的行业,如石油和煤炭行业,这些行业的开发生产型企业就没有必要做竞价排名。而一些网络服务企业、IT产品生产和销售企业等,最好做竞价排名。

2. 选择适合企业自身的搜索引擎

在同样的价格条件下,应尽量选择用户数量比较多的搜索引擎,这样被检索和浏览的效率会高一些,但在同一关键词参与竞价的网站数量较多的情况下,如果排名靠后,则反而会降低营销效果,因此还应综合考虑多种因素来决定性价比最高的搜索引擎。在可能的情况下,也可以同时在若干个搜索引擎同时开展竞价排名,这样更容易比较各个搜索引擎的效果。

3. 根据企业实际情况购买适量的关键词

实际上,即使在同一个行业,由于用户使用关键词也是有一定分散性的,所以仅仅选择一个关键词所能产生的效果是有限的。比较理想的方式是,如果营销预算许可,选择3~5个用户使用频率最高的关键词同时开展竞价排名活动,这样有可能覆盖60%以上的潜在用户,取得收益的机会将大大增加。此外,在关键词的选择方面也应进行认真的分析和设计,热点的关键词价格较高,如果用几个相关但价格较低的关键词替代,也不失为一种有效的方式。

4. 提高点击率和业务达成率的转换率

(1)将搜索引擎营销的思想贯穿于整个网站策划建设过程中。最好是在网站策划和设计阶段就将网络营销思想结合进来,这样不仅要比网站发布之后效果不佳再回过头来考虑这个问题节省时间和金钱,也在很大程度上增加了网络营销人员的信心。

(2)网页内容与搜索关键词具有相关性。如果在百度或谷歌上就某些关键词进行宣传,在用户输入那些关键词并登录网站后应该能正确地进入与关键词相关的网页的位置。例如,用户在百度中输入"鲜花",你的链接就会显示出来,继续点击就可以进入一个涉及并出卖"鲜花"的网页而不应是网站的主页或者与鲜花无关的网页,然后通过一个链接将用户带至其他相关产品的网页。

(3)测量和实验是提高转换率的关键。在没有测量的情况下,无法提高转换率。

因此，需要具备一种好的测量系统，了解其实际情况，并测试网站的更新。

（4）提高网络品牌形象，获得客户的信任。可以积极地展示企业的隐私政策、采购程序，对站点上的表格采用 SSL（安全套接字层）加密保护，展示成百上千的满意用户已经在站点上进行购买以及企业所提供的易于使用的联系方式，比如名称地址和电子邮件等帮助用户建立对企业的信任。

（5）通过网络营销软件、搜索引擎优化、排名自动检测软件和网站流量分析系统监控网站并找出那些转换率较高的搜索词，删除那些转换率低的搜索短语，这一点也至关重要。

（6）点击付费预算百分率在各个搜索引擎之间的分配也是影响转化率的一个因素。在网站的内容和设计中，要认真鉴别目标客户，了解他们的确切需要并且提供给他们真正所想所需的信息。

第12章　直效营销

【导入案例】

戴尔：网上直销先锋

计算机销售最常见的方式就是由庞大的分销商进行转销。这种方式似乎坚不可摧，也令许多计算机制造厂商的直销屡屡受挫，因为广大的消费者似乎已经认同了这种销售形式。而戴尔却抗拒了这种潮流，决定通过网络直销 PC 机，并接受直接订货，精彩地演绎了业界的经典故事。

一、戴尔公司的核心概念

在戴尔刚刚接触电脑的时候，他用自己卖报纸存的钱买了一个硬盘驱动器，用它来架设一个 BBS，与其他对电脑感兴趣的人交换讯息。在和别人比较关于个人电脑的资料时，他突然发现电脑的售价和利润空间没什么规律。当时一部 IBM 的个人电脑在店里的售价一般是 3 000 美元，但它的零部件很可能六七百美元就买得到，而且还不是 IBM 的技术。他觉得这种现象不太合理。另外，经营电脑商店的人竟然对电脑没什么概念，这也说不过去。大部分店主以前卖过音响或车子，觉得电脑是一个"可以大捞一把"的时尚品，所以也跑来卖电脑。光是在休斯顿地区就忽然冒出上百家电脑店，这些经销商以 2 000 美元的成本买进一部 IBM 个人电脑，然后用 3 000 美元卖出，赚取 1 000 美元的利润。同时，他们只提供顾客极少的支持性服务，有些甚至没有售后服务。但是因为大家真的都想买电脑，所以这些店家还是大赚了一把。

意识到这一点后，戴尔开始买进一些和 IBM 机器里一模一样的零部件，把他的电脑升级之后再卖给认识的人。他说："我知道如果我的销量再多一些，就可以和那些电脑店竞争，而且不只是在价格上的竞争，更是品质上的竞争。"同时他意识到经营电脑"商机无限"。于是，他开始投身于电脑事业，在离开家进大学那天，他开着用卖报纸赚来的钱买的汽车去学校，后座载着三部电脑。

数字营销

在学校期间,他的宿舍经常会有一些律师和医生等专业人士进出,把他们的电脑拿来请戴尔组装,或是把升级过的电脑带回家去。他还经常用比别人低得多的价格来销售功能更强的电脑,并多次赢得了德克萨斯州政府的竞标。他说:"很多事情我都不知道,但有一件我很清楚,那就是我真的很想做出比IBM更好的电脑,并且凭借直接销售为顾客提供更好的价值及服务,成为这一行的佼佼者。"

他从一个简单的问题来开展他的事业,那就是:如何改进购买电脑的过程?答案是:把电脑直接销售到使用者手上,去掉零售商的利润剥削,把这些省下来的钱回馈给消费者。这种"消除中间人,以更有效率的方式来提供电脑"的原则,就是戴尔电脑公司诞生的核心概念。

二、直接模式的开始

1988年,戴尔公司股票公开上市发行,"直接模式"正式宣告开始。

从一开始,他们的设计、制造和销售的整个过程,就以聆听顾客意见、反映顾客问题、满足顾客所需为宗旨。他们所建立的直接关系,从电话拜访开始,接着是面对面的互动,现在则借助于网络沟通,这些做法让他们可以得到顾客的反应,及时获知人们对于产品、服务和市场上其他产品的建议,并知道他们希望公司开发什么样的产品。

直销模式使戴尔公司能够提供最有价值的技术解决方案:系统配置强大而丰富,无与伦比的性能价格比。这也使戴尔公司能以富于竞争力的价格推出最新的相关技术。戴尔在他的回忆录中这样描述了直销模式的好处,他说:"其他公司在接到订单之前已经完成产品的制造,所以他们必须猜测顾客想要什么样的产品。但在他们埋头苦猜的同时,我们早有了答案,因为我们的顾客在我们组装产品之前,就表达了他们的需求。""其他公司必须预估何种配置最受欢迎,但我们的顾客直接告诉我们,他们要的是一个软盘驱动器还是两个,或是一个软驱加一个硬驱,我们完全为他们定做。"

与传统的间接模式相比,直接模式真正发挥了生产力的优势。因为间接模式必须有两个销售过程:一是从制造商向经销商,另一则是从经销商向顾客。而在直接模式中,只有一级销售人员,并得以把重心完全放在顾客身上。在这点上,戴尔公司并没有以一种方式面对顾客,他们把顾客群进行细分,一部分人专门针对大企业进行销售,而其他人则分别负责联邦政府、州政府、教育机构、小公司和一般消费者。这样的架构对于销售大有好处,销售人员因此成为专才。他们不必一一搞懂多家不同制造商所生产的不同产品的全部细节,也不必记住每一种形态的顾客在产品上的所有偏好,而在处理自己客户的问题时则成了行家里手,这使得戴尔公司与客户之间合作的整体经验更为完善。

同时,按单订制的直销模式使戴尔公司真正实现了"零库存、高周转"。正如戴尔所说:"人们只把目光停留在戴尔公司的直销模式上,并把这看作戴尔公司与众不同的地方。但是直销只不过是最后阶段的一种手段。我们真正努力的方向是追求零库存运行模式。"

由于戴尔公司按单定制，它的库存一年可周转 15 次。相比之下，其他依靠分销商和转销商进行销售的竞争对手，其周转次数还不到戴尔公司的一半。对此，波士顿著名产业分析家 J. 威廉·格利说："对于零部件成本每年下降 15％以上的产业，这种快速的周转意味着总利润可以多出 1.8％到 3.3％。"

12.1 直效营销概述

12.1.1 直效营销的定义

直效营销（Direct Marketing）也被称为 CRM 营销、直复营销，是以盈利为目标，通过个性化的沟通媒介向目标市场成员发布信息，以寻求对方直接回应（问询或订购）的营销管理过程。美国直效营销协会给直效营销下的定义是，指一种为了在任何地方产生可度量的反应或达成交易而使用一种或多种广告媒体的互相作用的市场营销体系。

直效营销起源于邮购活动。1498 年，阿尔定出版社的创始人阿尔达斯·马努蒂厄斯（Aldus Manutius）在意大利威尼斯出版了第一个印有价目表的目录。这普遍被认为是最早的有记载的邮购活动。1667 年，威廉·卢卡斯（William Lucas）在英国出版了第一个园艺目录。后来，邮购活动在美国、意大利、英国等地有了一定的发展。到了 1926 年，谢尔曼（Sherman）和沙克海姆（Sackheim）在美国创办了第一个现代图书俱乐部——月月图书俱乐部（The Book of the Month Club）。他们开始运用免费试用方式，即先向消费者寄书，直到消费者不再订购或者不再付款为止。这与传统的先收款后寄书的方式截然不同，这也是营销人员试图测量顾客终身价值（Lifetime Customer Value）的首次尝试。

世界第二大直接反应公司——伟门营销顾问公司（WCJ）——创办人莱斯特·伟门说，生产商 90％的利润来自回头客，只有 10％来自零星散客。少损失 5％的老顾客便可增加 25％的利润。因此，从战略上讲，企业必须明确自己是要侧重于争夺市场份额还是要保持顾客或培养忠诚度。据专家分析，面临激烈的市场竞争，维持一个老顾客所需的成本是寻求一个新顾客成本的 50％，而要使一个失去的老顾客重新成为新顾客所花费的成本则是寻求一个新客户成本的 10 倍。如何把传统广告投放得到的客户保持下去并转化为忠实客户是进行直效营销需要解决的主要问题。

文德曼（Wunderman）在 1967 年首先提出直效营销的概念。他认为人类社会开始的交易就是直接的，那种古典的一对一的销售（服务）方式是最符合并能最大限度地满足人们需要的方式,而工业革命所带来的大量生产和大量营销是不符合人性的,是不道德的。

最初,直效营销即直销,是指厂家不通过中间商,直接经推销员将产品销售给顾客;后来这一名词专指邮购的销售方式,直到20世纪80年代才发展成今天意义上的直销营销,即通信技术与市场营销的产物。

因此,网络营销所包含的一系列活动完全符合直效营销的理念,并成为典型的直效营销活动。互联网作为一种交互式的可以双向沟通的渠道和媒体,为企业与客户之间架起了方便的双向互动的桥梁,通过互联网,顾客可以直接参与从产品设计、定价到订货、付款的生产和交易全过程;企业可以直接获得市场需求情况,开发产品,接收订单,安排生产并直接将产品送给顾客。网络营销作为一种有效的直效营销策略,源于网络营销活动的效果是可测试、可度量和可评价的。互联网信息处理高效率、低成本的特点,使企业可以及时了解消费者需求变化的情况,细分目标市场,提高营销活动效率。有了及时的营销效果评价,企业还可以及时改进以往的营销策略,从而获得更满意的营销执行结果。

移动互联网技术以及数字技术的发展,为直效营销提供了更丰富、更高效的方式方法。《中国数字营销生态图2021》将数字营销时代的直效营销定义为基于广告主自有数据和触点的营销方式,虽然触点方式相对传统,客户沟通成本远高于数字广告,缺乏实时性,但优点是承载的内容更多,沟通形式更直接,容易形成双向互动,广告主也能积累到自己的数据资产。

12.1.2 直效营销的表现形式

第一,直效营销作为一种相互作用的体系,特别强调直效营销者与目标顾客之间的"双向信息交流",以克服传统市场营销中的"单向信息交流"方式的营销者与顾客之间无法沟通的致命弱点。互联网作为开放、自由的双向式的信息沟通网络,企业与顾客之间可以实现直接的一对一的信息交流和直接沟通,企业可以根据目标顾客的需求进行生产和营销决策,在最大限度地满足顾客需求的同时,提高营销决策的效率和效用。

第二,直效营销活动的关键是为每个目标顾客提供直接向营销人员反应的渠道,企业可以凭借顾客反应找出不足,为下一次直效营销活动作好准备。互联网的方便、快捷性使得顾客可以方便地通过互联网直接向企业提出建议和购买需求,也可以直接通过互联网获取售后服务。企业也可以从顾客的建议、需求和要求的服务中找出企业的不足,按照顾客的需求进行经营管理,减少营销费用。

第三,直效营销强调在任何时间、任何地点都可以实现企业与顾客的"信息双向交流"。互联网的全球性和持续性特性,使得顾客可以在任何时间、任何地点直接向企业提出要求和反映问题,企业也可以利用互联网实现低成本的空间跨越,突破时间限制地与顾客进行双向交流,这是因为利用互联网可以自动地全天候提供网上信息沟通交流工具,顾客可以根据自己的时间安排任意上网获取信息。

第四,直效营销活动最重要的特性是直效营销活动的效果是可测定的。互联网作为最直接的简单沟通工具,可以很方便地为企业与顾客交易时提供沟通支持和交易实现平台,通过数据库技术和网络控制技术,企业可以很方便地处理每一个顾客的订单和需求,而不用管顾客的规模大小、购买量的多少,这是因为互联网的沟通费用和信息处理成本非常低廉。因此,通过互联网可以以最低的成本最大限度地满足顾客需求,同时了解顾客需求,细分目标市场,提高营销效率和效用。

12.1.3 直效营销的特征

1. 互联性

互联性(Interaction)指营销人员和消费者之间的相互联系,它包括两层含义:(1)营销人员怎样在目标市场上提供旨在引起消费者反应的刺激物。(2)消费者怎样对此做出反应。与消费者的相互联系中,营销人员可以获得能有效地进行目标化和控制的信息和怎样与消费者保持联系的信息。因此,在直效营销的四个特征中,互联性是处于中心位置的。

2. 目标化

目标化(Targeting)是指营销人员选择产品或服务信息的接收人的过程,信息的接收人可以是已购买过产品或服务的消费者,或极有可能成为主顾的潜在消费者,或广大的潜在消费者。营销人员可以定期检查上次营销活动的结果,以期获得更准确地进行目标化的信息。

3. 控制

控制(Control)指的是对营销活动的管理,包括制订目标和计划,做出预算和评估结果。它是一个循环过程,营销人员一般根据过去控制过程的结果来制订未来的计划。

4. 连续性

连续性(Continuity)是指保留现有的顾客群,向他们销售其他产品和更高级的产品。在企业中,很多利润来源于已有的顾客群,因此连续性显得很重要。与顾客的相互联系中获得的重要数据,能使营销人员更好地与顾客进行沟通,及时获得他们的兴趣和偏好,了解他们对过去营销活动的看法。虽然现在很多企业并未认识到连续性的重要性,但已有研究表明,向已购买过产品的消费者再次销售的成本只占吸引新客户的一小部分。

直效营销的上述四个特征是相互联系的,其总的目标是通过建立数据库,保留老顾客,吸引新顾客,使顾客终身价值最大化。顾客终身价值是指顾客终身对一个企业带来的总的净收入,它意味着顾客对该企业保持忠诚的期间,将带来的预期未来收入的价值总和。

12.2 直效营销策略

《中国数字营销生态图 2021》认为直效营销包含 7 个子类：营销自动化（Marketing Automation）、地理位置营销（Location-based Marketing）、电子邮件营销（EDM Marketing）、短信营销（SMS Marketing）、电话营销（Telemarketing）、会议营销（Event Marketing）和目标客户营销（ABM，Account Based Marketing）。

12.2.1 营销自动化

1. 营销自动化的概念

营销自动化最早出现在电子邮件营销场景中，营销人员会一次性发电子邮件给一大堆人，有些会回复，而有些不会，在对大量线索逐条跟进时，很多线索都无效、不匹配需求或与客户沟通的时机并不成熟。与此同时，营销人员还要从早到晚重复性地跟进大量潜在客户，这使营销人员应接不暇、手忙脚乱。早在 1992 年前后，美国就出现了用程序自动化来检查客户后续行为，自动触发预设动作的产品。它通过采集客户在交互过程中的行为数据，自动判断出匹配度和活跃度，然后通过和 CRM（客户关系管理系统）的集成，再结合内容进行大规模营销培养，快速提供关键的客户信息，在提示出最值得跟进的潜在客户后再通知销售接手。这种提高效率的产品，就是营销自动化的雏形。微信公众号等的自动回复功能就是最简单、最基础的营销自动化体现。

在全球，依托营销自动化技术成立的公司已逐渐形成一个价值超百亿美元的产业，而在国内，营销数字化正在进入爆发前夜。不管是提供营销自动化技术的第三方服务商，还是应用该技术实现业务数字化升级的品牌，目前都还处于发展和应用的初期。随着数字化转型进程的加快与企业对营销自动化需求的不断增长，营销自动化正迎来爆发期。

《中国数字营销生态图 2021》认为，营销自动化和数字广告中的广告服务类似，是广告主私有的资源配置器，帮助广告主整合数据、内容和触点资源，根据客户画像配置最佳内容和触点策略。简单来说，营销自动化就是一种使市场活动变得自动化的系统工具，品牌的市场部门通过使用营销自动化进行邮件营销、社交媒体发文或者广告投放等市场活动，实现工作效率和效果的快速提升。

营销自动化整合了企业内部包括数据在内的分散的营销资源，通过自动化工作流优化企业内部营销活动管理，让营销人员更好地协调和优化跨渠道互动，从而为消费者提供无缝的数字化渠道体验。其不仅有助于提供场景化和个性化的客户体验，还可以帮助营销人员在整个客户生命周期中与消费者进行互动。

2. 营销自动化的能力与功能

当前国内已有很多比较成熟的营销自动化服务公司，综合该类公司的业务和服务，营销自动化具有以下能力并能提供相对应的功能。

营销自动化具备的能力：

（1）自动识别追踪多渠道潜在客户，自动化提供有用内容，快速建立客户对品牌的信任与尊重；

（2）细分用户群体，针对客户群体量身定制个性化内容，精准个性化触达策略；

（3）识别其中更感兴趣、更具转化潜力的用户交给销售团队，快速将销售线索转化为真正的客户；

（4）提供细分渠道、节点分析功能，使营销阶段成效易衡量；

（5）使企业重复性的营销任务简化且自动执行。

营销自动化可以使公司让营销环节的任务和流程自动化，包括在核心数字化渠道中的数字抓取、用户画像、潜客打分、自动发送个性化内容，以此来提升用户体验，提高潜在客户转化率。营销自动化的核心就是转化率的提升。

通过这样一系列的数字技术赋能的自动化流程，营销自动化将帮助企业提高运营转化效率，节省成本并快速实现创收。营销自动化可为企业提供以下能力：

（1）全渠道获客与追踪；

（2）销售线索生命周期管理；

（3）粉丝行为追踪、培育、打分机制；

（4）CRM（客户关系管理）整合；

（5）个性化营销互动形式；

（6）社交营销能力；

（7）邮件营销；

（8）营销分析与渠道 ROI（投资回报率）衡量。

3. 营销自动化的准备工作

进行营销自动化时需要完成以下准备工作：

（1）梳理线索来源，做全渠道数据打通。整合官网留资表单、活动/直播报名、内容下载等留资路径，建立统一的用户体系。

（2）制定用户生命历程路径，针对不同营销环节制定营销手段。

（3）组建数字化营销团队，包含官网投放、内容生产、新媒体运营、社群/活动运营、BD（商务拓展）、SDR（线索运营）等岗位职能。

（4）结合前中后期优先级策略精准触达，生产图文、视频、直播、白皮书、线下活动 PPT、物料等多种类型的营销内容。

（5）打通 CRM 系统，市场部与销售部制定商机转出标准、销售反馈周期、孵化再分配机制。

【延伸阅读】

7种营销自动化策略

相比较过去的几年，我们很高兴看到现在市场上可供选择的优秀营销自动化工具越来越多。但是在实际使用过程中，我们往往不知道如何用好它，反而觉得营销自动化只是一个噱头，并不能带来实际的效益，就会最终放弃。营销自动化工具和营销策略相结合才能最大限度发挥效用，双方相互融为一体非常重要。这就需要我们的心态发生转变，就是不能想当然地认为有了工具就可以解决一切市场效率的问题，如果把营销自动化工具看成一个引擎的话，营销策略就是引擎运转需要的油和润滑剂，它们可以帮助我们获得新线索、培养潜在用户、提高市场 ROI 和提升销售漏斗的效率等。

下面提供的行之有效的营销自动化策略供你参考，这些策略都是得到市场验证的。

一、使用动态内容吸引客户

动态内容可以帮助自动化营销工具得到最佳结果，动态内容驱动客户与线索良好互动，而不合适的内容推介会拒客户于千里之外。那么什么是动态内容？我们看 HubSpot 如何定义它：智能内容又称"动态"或"自适应"内容，是网站、广告或电子邮件主体的术语，根据阅读者的兴趣或过去的行为而生成。它创造了一种体验，专门为此刻的访客或读者定制。了解用户和客户过去的行为和兴趣的一种方法是充分拥抱内容营销，并开始与客户建立互信。

根据 DemandGen 报告，47% 的买家在与销售代表互动之前就已经查阅了 3—5 篇相关内容的文章。这就是不仅要发表文章，而且要发可信度高的有趣的文章的原因，难怪 96% 的 B2B 买家都希望阅读来自行业思想领袖的内容。如果要使自动化营销效率最大化，首先得有符合客户过往行为记录并能提供满足其兴趣的内容。例如，通过收集和分析营销自动化软件中的数据，一个中国大陆排名前三的在线人力资源公司实施了基于行为的内容营销，使得点击率上升了 3 倍。

内容的形态是多样的，且用于不同的阶段和目的。例如，博客文章和软文擅长吸引漏斗的顶部流量，当客户已经在考虑购买您的产品时，就需要更直观的内容展示，如视频、幻灯片演示、产品演示等。在某些情况下，假设你是一家销售产品的电子商务企业，视觉内容（如产品图片和其他客户使用它的视频）可能会大大有助于说服你的潜在客户。

二、滴灌营销

滴灌营销是自动化营销的最佳方式。下面这个示例是 Yesware 的三阶段滴灌营销活动。（图 12-1）

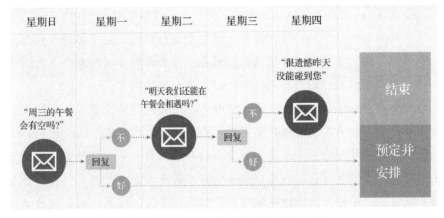

图 12-1 Yesware 的三阶段滴灌营销活动

滴灌营销是一种基于客户的在线行为而自动触发的营销活动。例如，当线索注册电子邮件时，会向他们发送欢迎邮件。如果他们访问你产品的销售页面，该怎么办？你发送更多有关该产品的内容以及促销优惠。再例如，你应该根据每个订阅者的行为为每个线索定制内容，而不是向所有电子邮件订阅者发送一封千篇一律的邮件。滴灌营销需要提供给客户想看的内容，这对公司和客户来说是双赢的。相比群发消息的营销方式，滴灌营销可以提升80%的打开率和3倍的点击率。滴灌营销不需要人工的参与执行，是营销自动化工具最容易实现的一种营销策略，所有动作都自动执行。

三、团队实时自动化协作

工作中我们面临的最大问题就是沟通。有时候客户成单之前，有些部门（如销售部门）甚至在权限允许的情况下，无法便捷地从其他部门获取到客户信息。Salesforce 对 1 400 多名企业高管、员工和培训工作者进行的调查中，86% 的参与者认为缺乏协作是造成工作失败的主要原因之一。不同的部门有不同的客户数据，有时，会计部门提供的数据对营销部门可能很重要。这种沟通鸿沟降低了每个部门与客户或线索的沟通质量。使用自动营销软件后，你可以向每个部门提供有关客户的所有信息。这使得每个部门和团队都更容易与客户互动，所有部门都能获得关于在线索方面取得的每一个进展的信息，因为任何有关线索的更新都可以通过营销自动化软件提供给公司的所有部门。

四、在漏斗中设置培养活动

并不是每个访问网站的访客都准备好购买产品，但他们中的大多数是潜在的买家，你实施的策略将决定线索是被浪费还是成为定期付费客户。

对于尚未准备好购买产品的线索，你必须培养他们。如何培养他们？通过动态内容，根据每个线索的具体需求量身定制。Forrester 的研究表明，擅长培育线索的公司可以降低 33% 的成本而创造出超过 50% 以上的销售额。

当线索订阅你的电子邮件时，你会向他们发送一封欢迎电子邮件。然而，从这个阶段开始，你的大多数线索会根据他们的在线行为采取不同的路径。无论他们走什么路径，你都可以用你的内容来培养他们，直到他们购买。

新的线索通常处于认知阶段。通过培养活动，你将你的线索从认知阶段转移到考虑和决策阶段，你将其从营销合格线索（MQL）转变为销售合格线索（SQL）。例如，如果一个线索访问你的电子商务网站上的冬季布料部分，这就是一个提示，即向他们发送与冬季服装有关的内容，如过度寒冷的负面影响是什么？你为什么要买足够的衣服过冬？等等。所有这些都可以很容易地实现，因为你的营销自动化软件提供了你需要的所有数据。使用营销自动化工具，你可以自动分类每个线索并相应地培养它们。

五、使用序列电子邮件跟踪填写表单的客户

对于填写了表格的潜在客户，使用自动营销工具，你可以准备一组（不是一封）循序渐进的序列的"欢迎"电子邮件逐步发给他们。你要准备多个序列邮件，根据不同线索的行为应用于不同的序列邮件。此电子邮件序列是从开始发送到导致它们转换为付费客户的一系列电子邮件。你是否知道每花 1 美元在电子邮件上，就能产生高达 38 美元的投资回报率？这就是为什么需要准备一个电子邮件序列，将你的线索变成付费客户是很重要的。

6. 营销自动化用于用户分类

你可以从你的线索中获取很多信息，当你掌握此信息时，就可以将线索分组到不同的细分领域。可以手动进行列表细分，但这需要更多时间，并且容易出现人为错误。营销自动化工具可以根据预先设置好的规则进行分类。客户或线索可以根据不同的标准进行细分，如人口统计信息、地理信息、过去的购买行为、参与度等。可以根据对指标的重要性进行细分。

通过开发有效的电子邮件营销自动化，QIS 包装公司提高了投资回报率和销售转化率。列表细分还帮助文具专业公司 PaperStyle.com 将电子邮件打开率提高了 244%，每次邮件的收入增加了 330%。

七、学习和模仿市场杰出领袖

在每个行业,都有表现最好的领导者。他们成为领导者的原因有很多,他们能够有效地探索新技术,在线营销的表现杰出,一般而言他们都使用了营销自动化工具。要实施最稳健的营销自动化战略,你必须向表现杰出的同行学习。他们如何实现营销自动化?他们多久向线索发送电子邮件一次?他们如何构建内容?他们向潜在客户发送什么类型的内容?当你可能无法通过单独研究去获得一些重要信息时,另一种可能的选项是付费请这些杰出者教您如何使用营销自动化。

营销自动化的可能性是无穷无尽的,事实是,总有些公司会比其他公司获益更多。从营销自动化中获得的潜在收益程度将取决于你的营销自动化战略的稳健程度。以上这 7 种策略将能够帮助你借助营销自动化成倍提升转化率。

12.2.2 地理位置营销

地理位置营销,也称为地理定位营销(Geolocation Marketing),是一种基于消费者地理位置的营销策略,一种个性化移动营销形式。它使用实时数据,根据用户的实时位置与他们进行互动。《中国数字营销生态图 2021》认为地理位置营销是基于广告主自身能收集到带经纬度的数据,或利用第三方带经纬度的数据(如电信运营商、电子地图服务商等),结合消费者地理定位进行的精准营销。

在吸引客流方面,企业可根据消费者所处位置,定向推送附近门店的营销广告,吸引到店。比如以前超市在附近社区发 DM(直接投递或邮寄)单广告一样,通过优惠商品吸引到店购买;在客户互动方面,通过位置数据,营销人员能够根据"门店距离""天气""附近事件"等个性化触达消费者。比如,某咖啡品牌做的天气营销,在恶劣天气时发送优惠券,引导用户下外卖单;盒马鲜生会通过 APP 向附近居民推送"今天吃什么"系列;在客户体验提升方面,当你来到一个新城市,打开"美团"就可以看到当地美食推荐,为客户带来及时满足。从引发兴趣到购买,再到参与和留存,地理位置营销能够贯穿客户的整个生命周期,打通线下位置和线上触点,做到细分、精准触达。

主要的地理位置营销技术有以下几种:

IP 地址营销(IP Address Marketing)。这是最简单的地理位置营销方法。每台连接到互联网的计算机或设备都有一个 IP 地址。这一串数字是独一无二的。随着技术的发展,广告主有可能根据 IP 地址锁定单个家庭或社区,甚至关联到个人,收集更精确的信息,并用于发送仅针对个人的个性化广告,而不依赖 Cookie。

GPS 营销(GPS Marketing)。根据与全球定位卫星网络的距离来确定位置。企业可以根据位置信息发起定向促销活动。企业还可以分析客户一天之内什么时间活动量最大，以及他们的活动时间和休息时间，以了解其生活方式。

地理定位营销（Geo-targeting）。根据用户的地理位置向其发送营销内容。地理定位主要是通过 IP 搜索（每个访问者的 IP 地址映射到一个特定的地理位置），以及通过 WiFi 三角（Triangulation）测量技术、用户提供的位置信息、浏览器 Cookie 先前存储的位置数据，以及选择适用的 GPS 定位服务设备。地理定位营销的核心是了解消费者的实时位置或过去的位置，有助于营销人员"在正确的时间传递正确的信息"。

地理围栏营销（Geofencing）。一种基于位置的服务，当移动设备或 RFID 标签进入或退出围绕地理位置设置的虚拟边界时，其中使用 GPS、RFID、WiFi 或蜂窝数据的 APP 或软件，触发预先编程的行为，这个虚拟边界被称为 Geofence。Geofencing 是一种为智能手机用户提供相关广告的技术，在营销层面，Geofencing 可以提示移动推送通知、触发短信或警报、在社交媒体上发送定向广告或发送基于位置的营销数据。例如，商店可以在其周围区域设置简单的地理围栏，当用户通过时，收到位置触发的提醒或优惠，使他们更有可能停下来购物。

Beacon 营销。自从苹果公司在 2013 年推出蓝牙设备以来，Beacon 技术一直受到市场营销人员的关注。与营销人员只能通过 IP 地址跟踪的台式电脑，或以 GPS 为目标的移动设备的地理定位营销不同，Beacon 营销使用蓝牙连接。Beacon 营销不需要用户拥有 4G 等移动互联网连接，因此可以部署在低信号接收区域。它对电池寿命要求不高，不过也要求用户打开蓝牙连接。此外，Beacon 设备是一个需要安装的物理实体。Beacon 可以帮助营销人员获得详细的客户信息，比如客户平均在一家商店花费的时间，以及访问了哪些产品区域。这些数据可以提供营销人员需要的信息，以便通过移动应用程序制定更精确的客户广告及优化店内体验。

地理征服（Geo-conquesting）。这是向进入竞争对手商店附近指定区域的消费者发送折扣优惠或广告，从竞争对手那里吸引客户的一种做法。为了成功地使用地理征服，品牌必须确保有准确和完整的位置数据。地理围栏和地理征服可以配合使用，以针对特定空间中的特定消费者，当他们在竞争品牌附近的位置时将他们从竞争者手中吸引过来。

邻近营销（Proximity Marketing）。这是利用定位技术，通过客户的移动设备直接与客户沟通的一种做法。相对于地理位置营销，邻近营销是一种更精确的定位营销形式。邻近营销是基于准确的位置而不是虚拟地理位置来接触客户，这使得交流更具有情境性和个性化。邻近营销不是一种单一的技术，它实际上可以利用许多不同的方法来实现。而且这并不局限于智能手机的使用，具有 GPS 功能的笔记本电脑也可以通过一些邻近技术进行定位，涉及的技术包括 NFC、RFID、二维码、蓝牙、移动浏览器、热点等，但使用较多的还是 Beacon 技术。

【案例】

全食与Thinknear合作的基于地理位置的移动广告投放

全食（Whole Foods）与基于位置的营销公司Thinknear合作，以提高其移动广告的点击后转化率，同时吸引潜在客户远离竞争对手。全食在旗下多个门店位置周围设置地理围栏，并向路过的移动用户提供有针对性的广告和特别优惠。全食还使用地理征服工具（通过在竞争对手的商店附近放置地理围栏）向竞争对手附近的购物者发送广告，从而激励他们进入WholeFoods。该活动为全食带来了4.69%的点击后转化率，是全国平均水平1.43%的3倍多。

全食一直在使用移动广告技术来吸引流量到他们的位置。全食使用Thinknear服务，该服务将自己描述为"一家定位技术公司和全方位服务的移动广告平台，专注于为代理商、品牌和消费者提供令人惊叹的广告活动"。本质上，该服务使用位置数据通过移动广告定位消费者并跟踪活动的成功。在2016年的活动中，Thinknear实施了使用地理围栏和地理征服策略来接触消费者并增加流量，特别是在周末。

地理围栏是营销人员在特定地理位置周围创建虚拟"围栏"，当用户进入或离开该区域时触发广告软件响应。Thinknear在全食的位置周围"建造"了地理围栏，以便它可以找到经常经过商店的消费者。使用这些数据，营销人员能够为这些用户提供全食广告。

地理征服是指从竞争对手位置提取的数据用于定向访问竞争对手并为他们提供移动广告以争取消费者。Thinknear通过在竞争对手周围建立地理围栏（特别针对其他以健康为导向的市场）策略，提供有针对性的全食广告。使用这些定位技术，全食不仅能够利用与现有客户建立关系的机会，还能够在正确的时间和地点与竞争对手的客户进行广告投放。

该活动的两个主要目标是：推动对全食超市新地点的访问，同时在每个相关当地市场建立全食超市的品牌知名度；将移动流量吸引到当地的全食Facebook页面。

与此活动相关的主要指标是点击率和由此产生的商店访问量。根据Thinknear制作的案例研究，全食商场活动实现了4.69%的点击后转化率，是行业平均水平的3倍以上。地址、地图、呼叫链接和商店的开业日期等信息的使用与地理位置营销相结合，极大地增加了顾客访问全食商场的频次。

12.2.3 电子邮件营销

1. 电子邮件营销的定义

电子邮件营销作为一种传统的网络营销手段,经过几十年的发展,很多人会觉得它已经过时了或者总觉得邮件营销仅适合外贸行业。其实,在如今社交营销、内容营销被广受推崇的年代,邮件营销仍然还是十分有效的营销手段之一。

电子邮件营销是指企业向目标客户发送 EDM (E-mail Direct Marketing) 邮件,建立同目标顾客的沟通渠道,向其直接传达相关信息,用来促进销售的一种营销手段。

2. 电子邮件营销的优劣势

(1) 电子邮件营销的优势

电子邮件营销的最大优点在于企业可利用它与用户(不论是企业用户还是普通用户)建立更为紧密的在线关系。电子邮件营销已逐渐开始体现出其优势,由于其具有方便、快捷、成本低等特点,这种营销方式正开始像雨后春笋一般成长。在广告界,电子邮件被称为"杀手锏",因为它可以按照收件人的兴趣爱好进行调整。

电子邮件营销人士利用邮件的优势:

① 利用邮件营销发展自己的潜在客户。互联网使营销人员看到无数的潜在或意向客户。

② 低成本的投入可以得到高额的回报。花几百元购买一些邮件库,每天给库里的邮箱邮件发送,从 10 万个邮件中提取 10 个客户就算是高回报了。

③ 快速增加网站流量访问。通过密集且匿名的发送,即使网页无意点击到了邮件打开网页,也是网站的流量。

④ 节省公司成本。通过能邮件的营销比传统信件传送可以减少达 99% 的费用。

(2) 电子邮件营销的劣势

从用户角度看邮件营销的劣势:

① 用户一般称之为"垃圾邮件",即提供的邮件内容用户不感兴趣。

② 在不尊重用户权利的情况下强制用户接收邮件。

③ 反感邮件发送方,从而降低品牌美誉度,如果产品或服务是在用户心中留有较好印象的话,则通过垃圾邮件营销则会起到反效果。

3. 电子邮件营销策略

随着个人信息保护意识的提高以及人们对"垃圾"邮件的厌恶,有效的电子邮件营销需要具备三个基本要素:基于用户许可;通过电子邮件传递信息;信息对用户是有价值的。在保证这些基本要素的前提下,开展电子邮件营销有以下策略。

(1) 建立邮件列表数据库

如何想办法扩大这个数据库,增加邮件覆盖率,是进行 EDM 营销的关键。

① 店铺积累

最常见的店铺积累邮箱地址信息的方式，就是积累自发在店铺进行邮箱注册登录的人。其次还有通过公司相关的其他网站和店铺注册的人，以及自动订阅企业邮件列表的人。这种积累方式通常需要很长的时间才能达到一定的量。但是这种积累方式获得的用户，是质量最好的用户，是最有可能达成购买率的优质 EDM 营销对象。

② 租数据库或者买数据

市场上其实有很多这种相关的数据网站。在购买或者租数据库的时候，一定要选择和目标客户重合度高的网站。同时还要找在行业内有一定知名度的网站，这样获得的数据才会更优质、更有用。

（2）电子邮件营销平台的选取

电子邮件营销的邮件发送平台，一般有以下三种：

① 专业数据营销公司。专业的数据营销公司会建设专门的邮件发送平台。用此类平台进行 EDM 营销，可以实现每小时发送 1 000 ~ 100 000 封邮件的发送速度。同时，他们还会和主要的邮件服务提供商签订放行协议，让邮件服务商对来自他们平台的邮件放行。所以用他们的平台发邮件，送达率也会很高。这大大减少了营销邮件变成垃圾邮件的可能。并且，专业的平台还会提供一个电子邮件订阅者的信息库，里面会记录这些用户的行为、喜好等数据。企业可以根据这些数据，对用户进行分类，定制个性化邮件。但是相应的，每一封邮件的成本也会偏高。

② 小型邮件发送公司。小型的邮件发送公司一般都是本土的 EDM 服务商。找他们发送邮件，成本会低很多。但是由于他们的服务器和 IP 地址不够多，所以企业的域名和 IP 被影响的风险就大很多。如果被列入黑名单的话，以后发送的营销邮件，都将会直接进入用户的邮件垃圾箱。同时，采用这种方法，企业不太能监测到营销效果。邮件的个性化程度也大打折扣。

③ 群发软件。群发软件可以支持定时、批量发送邮件。但是和小型邮件发送公司存在的问题一样，被列入黑名单的风险会很大，也不太能监测到营销效果。但是此类方法的成本非常低。

（3）邮件内容编写

① 明确营销目的。企业做 EDM 营销的目的是什么？是提高品牌的知名度，是推销产品提高销量，还是维护客户关系？只有明确了营销目标，才能就这个目标确定相关的营销内容。

② 文案撰写。首先，要想让用户点开邮件，标题的设置至关重要。标题最好简单直接地点明主题。比如，是促销活动，标题就写"××品牌××活动折扣低至××"；如果是节日祝福类邮件，就写"××品牌祝你××节日快乐，并附送你一份礼物"；注意一定要在标题带上自己品牌的名字，这样即便用户没有打开邮件，也会对企

业留下一定的印象。其次，邮件的开头要简要概括一下邮件内容，让用户对邮件有一个大概的了解，给用户提供好的阅读体验。然后就要开始介绍活动或者产品了。在这个部分，一定要给出足够让用户动心的介绍，可以是较大的折扣，也可以是正好解决用户痛点的产品……这里有一个小窍门就是，用户会对邮件中的数据和图表更感兴趣，所以可以多使用"效率提升××%""每年节省×××"这样的字样来吸引用户的关注。

③ 创意设计。创意设计包括邮件页面的设计和邮件链接指向的着陆页设计。可以通过添加一些个性化的、触发性的内容，来和用户进行互动，然后增加邮件的营销效果。比如，许可式邮件营销的规则要求邮件中必须带有"退订"功能，企业可以在用户点击"退订"之后添加各种可怜或挽留的表情包和语句来挣扎一下。比如，可以在邮件中添加分享功能，让用户可以一键将邮件内容分享到社交平台或分享给自己的好友。比如，如果邮件目标是爱宠人士，可以在邮件中添加动物元素，拉近与用户之间的距离。总之就是要想尽一切办法吸引住读者的目光。

（4）后期数据分析

营销邮件发送完成之后，要对客户的反应进行追踪，了解营销效果。评估电子邮件营销效果的指标如下：

① 到达率，即邮件进入用户邮箱的比例。到达率 = 实际到达用户收件箱数/发送数量×100%。

② 打开率，即邮件被用户打开查看的比例。打开率是转化的关键。根据美国的研究发现，70%的下单用户是在打开邮件后3个小时内决定购买的。打开率 = 被打开的邮件数/实际到达用户收件箱数×100%。

③ 点击率，即邮件中附带的链接，被点击的比例。电子邮件的点击率是精准测量EDM营销效果的指标。点击率 = 链接被点击次数/被打开的邮件数×100%。

④ 转化率，即有效的邮件（达成目标的邮件）占总邮件数的比例。在线零售网站转化目标是订单，售卖软件的公司的转化目标是下载，培训机构的转化目标是提交表单。转化率是做EDM营销最终的目的。转化率 = 有效邮件/总邮件数×100%。另外，还可以运用A/B测试的方法，测试不同邮件标题内容和链接地址的营销效果，然后根据实验结果调整邮件的设置，达到营销效果最优化。

（5）固定邮件发送频率

固定的发送频率，会在一定时间后给用户建立收到邮件的心理预期。有了这个心理预期，用户就不会对企业的邮件产生反感，同时对邮件内容的阅读也会越来越有耐心。

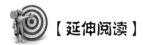

跨境电商邮件营销的写作中的 9 个营销词

不论是广告上的文案还是邮件营销中的文案，只有好的文案才能对用户产生吸引力、说服力。以下是 EMD 中最应该使用到的 9 个营销词。

1. You（你）

无论卖家是在解决客户的痛点还是在克服异议，用"You"这个词可以让读者感受到他们的重要性。其实客户在卖家是谁、卖家的产品或服务有多么好等方面并不是非常在意，但是如果他们听了，并觉得卖家的提议能帮助他们的话，他们会心存感激。这也是跨境电商卖家获取忠实客户的重要技巧。

注意：在发送邮件之前，计算第一人称代名词和第二人称代名词的数量。如果前者超过后者，应该重新编辑，直到它以读者为中心。

2. Free（免费）

这里有一项有趣的研究：当研究人员为学生们提供了一份 26 美分的 Lindt 松露巧克力和一份 1 美分的 Hershey's Kiss 巧克力时，73% 的人选择了松露，而 27% 的人选择了 Kiss。而当二者价格都降低 1 美分时，69% 的人选择了免费的 Kiss，尽管二者间的相对价格是一样的。通常情况下，卖家可以提醒客户，他们将会得到"免费产品"。人们喜欢免费赠品，所以卖家应尽可能向顾客提供赠品。如果卖家无法提供的话，就拿已经提供的服务，如免运，来提醒买家他们所获得的加值服务。

3. Because（因为）

1977 年，一位心理学家做了一个实验，从而改变了人们对消费者行为的了解。心理学家加入了排队等候使用图书馆影印机的行列，并问前面的人："对不起，我只有五页纸。我可以先用影印机吗？"一个合理的要求，但只有 60% 的人答应她的请求。之后一次测试，她又加了一句："对不起，我只有五页纸。我可以用影印机吗？因为我赶时间。"94% 的人在听到"Because"这个词时，让她插队了。这是怎么回事？

有人解释道："人们只是喜欢有理由地去做他们所做的事情。"在销售方面尤其如此。怀疑是人类的天性。如果跨境电商卖家提供免费试用服务或优惠券的话，消费者想知道原因。"Because"这个词是有效的，因为它绕过了买方的怀疑，特别是在处理异议时。

注意：如果卖家做促销活动，那就加上一个促销的理由，这可以帮助买家减少怀疑，并采取行动。

4. New（新品）

人们都喜欢新事物，因为新事物会给生活带来新奇感。每年，苹果公司都会推出一款新的iPhone手机，众多"果粉"也会随即蜂拥到最近的店面去购买。苹果公司并不是唯一一个利用消费者新鲜感进行营销的公司。虽然卖家可能并不总是会有新产品或新服务推出，但是卖家能采用新的方法来定位产品。例如，如果卖家经营的是一个服装品牌，就不需要推销新产品，卖家可以宣布一项"New"清仓大特价。

注意：如果是新产品，一定要告知客户，否则他们不会知道。可以使用"New"一词来防止客户流失，并邀请现有客户回购。

5. Now（现在）

大家可能知道在每封电子邮件中添加一个CTA（行动召集）按钮的重要性。不过大家没有注意到的是，仅仅告诉读者该做什么是不够的，还要告诉他们什么时候去做（最好是现在）。

6. PS（补充说明）

事实上，人们很少会一字一句地阅读网页。相反，他们会浏览网页，挑出个别单词和句子。这对电子邮件来说也不例外。所以，使用PS（补充说明）是吸引读者注意力的有效方法。

注意：如果写的是HTML格式的电子邮件，可以把一个在广告正文中出现过的CTA（行动号召）再用PS软件（并附有CTA）的形式呈现出来。

7. Guarantee（保证）

在得到5美元和不损失5美元之间，大多数人都会选择后者，因为人们有规避风险的本能。人们大都有过类似经历：你想投资一个产品或服务，但你不确定它是否适合你。因为如果它不能盈利，你将白白浪费辛苦赚来的钱。如果营销人员提供担保，就可以帮助消费者避开对损失的恐惧。因为担保表现出营销者对这次交易的信心。这反过来又会让潜在顾客感到安心，并增加顾客购买的可能性。所以，如果卖家们还没提供保证，那就从现在开始；如果已经提供了，那就延长期限吧。

8. Thank You（谢谢）

我们已经确立了"You"这个词的说服力。但是把它和"Thank"一词结合在一起时，我们就是在用一种感恩的姿态，而这能引起每一个客户的共鸣。

9. Limited（限量）

用"Limited"这样的词能提醒还在观望的买家，时间就是金钱，再不做决定就来不及了。

使用这 9 个词汇可以加强电子邮件的吸引力，帮助跨境电商卖家们获得客户的更多注意力，并且让客户行动起来。

12.2.4　其他直效营销方法

1. 会议营销

会议营销是营销中的重要组成内容，是一种借助和利用会议，运用营销学的原理、方法创新性开展营销活动的营销方式或模式。也指通过寻找特定顾客，通过亲切服务和产品说明会的方式销售产品的销售方式。最终目的是向消费者提供全方位、多角度的服务，以便与消费者建立长久的关系，从而提高消费者的满意度和忠诚度。

会议营销的实质是对目标顾客的锁定和开发，向顾客全方位输出企业形象和产品知识，以专家顾问的身份对意向顾客进行关怀和隐藏式销售。

《中国数字营销生态图 2021》结合当下数字营销现状，认为会议营销是指线下向消费者传递信息，包括 B2B 行业的各类客户会议，以及 2C 领域的车展、流动销售摊位等形式。今天的线下会议已经能实现自动签到、注册管理等数字化。

2. 目标客户营销

目标客户营销（Account Based Marketing，ABM）是一种企业营销策略，将资源集中在目标客户上，基于其特定属性和需求定制营销信息，使用个性化的市场活动来吸引每个目标客户，是 B2B 行业特殊的营销方式，针对访问企业官网、APP 等自有平台的匿名客户，通过 IP 地址获取所在企业真实信息，根据访问路径预判可能需求，进行有针对性的营销。

开展目标客户营销的步骤如下：

（1）确定理想客户特征。准确的目标客户是企业进行持续营销的前提。而要找到最适合的目标客户，必须先定义自己的 ICP（理想客户特征）。ICP 的制定应该关注企业自身的产品、服务与客户需求的匹配程度，从客户的基本属性与行为动作两个维度出发构建画像。

（2）确定目标客户及优先级。借助内部或外部的力量，打破数据壁垒形成符合 ICP 的 TAL（目标客户列表），锁定全量目标客户。确定了目标客户还是远远不够的，还需要将目标客户进行优先等级分组。将目标客户特征化之后将会得到不同的线索分组，可以对不同的分组制定相应的营销策略，分配相应的营销资源。

（3）明确策略和战术。由于资源和团队规模的差异，各企业的营销目标也不相同，有的希望专注于一个目标并逐渐扩展，有的则希望立即过渡到完全基于客户的策略。当已经确定了使用哪种 ABM（基于客户的市场营销）策略组合，接下来就需要制定相对应的战术。通过高度个性化的内容，企业可开展线上、线下多渠道的营销活动。

（4）选择 ABM 技术。

（5）选择渠道并确定想要传递的信息。营销渠道的选择应该是基于历史营销渠道分析，优先考虑那些对企业业务收入具有高驱动性的渠道，这样无论目标客户在哪里，都可以触达到他们。确认营销渠道后，就需要创建针对性的内容来与受众产生共鸣。可以选择为不同的买家角色、垂直市场、公司规模、交易规模或销售周期阶段创建相应的营销内容。也可以通过为每个目标客户创建一对一的消息传递来获取更多的线索信息。

（6）执行营销活动计划。使用选定的 ABM 营销工具来部署数字广告，并通过网页、活动、邮件等吸引目标客户。营销团队通过 ABM 营销在触达目标客户决策人的同时提升品牌知名度，为更有效的销售创造条件。

（7）评估、优化。

3. 短信营销

利用短信向消费者发送内容。受限于国内政策，短信营销目前有很大局限性，仅能用于消费者服务用途，细节可参阅 2015 年工信部颁布的《通信短信息服务管理规定》。

4. 电话营销

利用电话向消费者进行营销，同样受限于国内政策，可用的执行方式非常有限。

第13章 数字营销效果测评和伦理法规

【导入案例】

HoneyMaid 的网络视频广告效果测评

对于所有的营销人员来说，决定视频广告的投放时长与构思视频广告的内容创意一样艰难。广告时长一方面关系到企业的营销成本，另一方面关系到消费者对品牌的认知和体验。很多营销人员都备受困惑：究竟是快速简洁的短广告更具吸引力，还是情节完整的长广告更能引起受众共鸣？诚然，对于不同的产品类别和不同的目标客户应该采取不同的广告时长策略，但是谷歌依旧认为可以根据网络视频长短总结出一些具有规律性的结果，以此指导品牌进行有效的广告投放。

谷歌联合 Mondelez International 进行了一项关于不同广告时长视频广告营销效果的测试，被试广告为全麦饼干品牌 HoneyMaid 的一则商业广告，该广告以一个多米尼加的移民家庭为主角，通过一系列生活场景讲述了他们眼中的美国。研究人员将这则广告剪辑成 15 秒、30 秒和 2 分 17 秒三个不同的版本，使用 YouTube 可跳过的前置广告形式进行投放并测试。

在最短的 15 秒版本中，广告以父亲的画外音开场，以家人间温馨的互动场景为主要画面，于广告的第 6 秒露出产品，最后以品牌 Logo 和广告语收尾。在这个版本中，产品和品牌信息一共出现了 5 秒，占总体广告时长的 1/3。30 秒版本在 15 秒版本的基础上添加了更多的故事细节，如父亲开车上班和全家人一起休闲娱乐的场景，于广告第 11 秒露出产品信息，并在之后增加了更多产品画面，但依旧是在结尾处出现品牌 logo 和广告语。在这个版本中，产品和品牌信息一共出现了 10 秒左右，占总体广告时长的 1/3。第三个版本总长 2 分 17 秒，在父亲的画外音之余增加了家人之间的对话元素，使情节更加丰富完整，于广告进行到 1 分 17 秒时露出产品信息。在这个版本中，产品和品牌信息的露出时间并未明显加长，约为 12 秒，占到广告时长的 9% 左右。

谷歌的测试结果显示，最短的 15 秒广告是最容易被用户跳过的版本，并且在提升品牌喜爱度方面的效果最差，但却是最能唤醒广告回忆的版本。因此，对于那些急需打开品牌知名度的广告主而言，15 秒的短广告不失为一个好的选择。30 秒版本的广告完整观看率最高，在提升品牌喜爱度方面也比 15 秒版本的效果要好。对于品牌来说，30 秒是一个能够被绝大多数用户接受的网络视频广告时长，可以让消费者对品牌产生一个有意义的印象。最长 2 分 17 秒版本的广告被跳过的频率介于 15 秒版本和 30 秒版本之间，有 15％的用户完整观看了这则广告。在这则版本的广告中，直到广告播放的 1 分 17 秒的时候才露出产品信息，这意味着很多观众在没有看到广告产品的时候跳过了广告，因此这则长广告在品牌知名度方面并没有收获较好的效果。与 30 秒版本一样，2 分 17 秒的广告在品牌好感度方面表现较好，这跟故事情节紧密相关。

HoneyMaid 的网络视频广告效果测试为营销人员决定广告时长提供了一个新思路。从场景的要素来看，谷歌主要是从时间维度对 HoneyMaid 品牌的网络视频广告进行测评。随着用户注意力的分散，越来越多的企业开始采用篇幅较短的广告进行品牌宣传。由于短广告的故事情节较为简单，品牌形象露出较快，因此在企业第一次接触目标用户时，采用 15 秒左右的短广告能够使消费者在短时间内形成品牌认知。当品牌从引入期过渡到成长期时，短广告就不能满足消费者进一步了解品牌的需求了，这时就需要采用较长的广告内容来提升品牌美誉度。

13.1　数字营销效果测评模型的进化史

管理和营销之父彼得·德鲁克曾说过："你不能管理你无法衡量的东西，如果你不能测量它，你就不能改进它。"

在新媒体数字技术和移动互联网快速发展的今天，数字营销也迎来了长足发展。但对广告主和营销人员而言，数字营销实践也面临着前所未有的挑战。《尼尔森—腾讯视频广告效果评估项目结案报告》表明：有 68％的广告主认为"评估数字营销效果"是数字营销中的一项重大挑战；44％的广告主认为"数字媒体平台碎片化没有统一标准，投放耗时耗力"；40％的广告主认为"人群识别障碍造成无法精准投放"。此外，广告主还认为新媒体环境下缺少有效的媒介选择工具（36％），缺少有效的媒介投放理论（30％），要协调传统媒体和数字媒体（24％），应制订整体媒介预算分配方案（22％），缺少对平台数字营销能力的了解（20％），目前数字营销计费模式不够合理（16％）。数字营销环境下，这些问题也是广告从业者在评估广告效果时所面临的挑战。

在数字营销理论与测评工具匮乏、测评标准尚未统一的背景下，一些市场研究公司通过修正传统营销效果理论，尝试开发数字营销效果评估模型。例如，尼尔森在评估腾讯视频广告效果时，采用了"触达（Reach）×共鸣（Resonance）=反应（Reaction）"模型，并借助尼尔森数字广告收视率、尼尔森数字品牌效应、线上/线下多点接触模型等工具来实现测量。图13-1为尼尔森营销效果评估模型和基本指标。

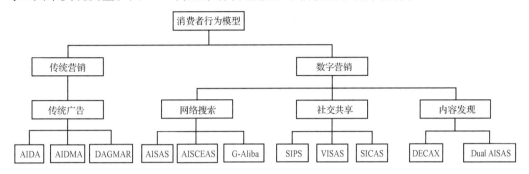

图13-1 消费者行为模型分类

由此我们可以发现，目前数字营销效果测评在实务上仍然依赖传统的营销效果理论和测评工具，数字营销效果测评理论实际上是建立在传统营销效果理论基础上的。为了直观地理解数字营销效果，指导数字营销效果测评，我们需要深入理解数字营销时代的消费者行为，并尝试构建消费者行为模型。那么数字营销效果测评都经历了哪些发展阶段呢？

13.1.1 传统广告消费者行为模型

传统广告本身不属于数字营销的组成部分，但它是数字营销的重要基础和基本前提，因此要了解数字营销效果，就不能回避传统营销效果的理论与方法。

1. AIDA 模型和 AIDMA 模型

现代意义上最早的消费者行为模型，可以追溯到美国广告专家埃尔莫·刘易斯（E. St. EImo lewis）在1898年提出的 AID 模型。这一模型仅包括三个阶段：Attention（注意）—Interest（兴趣）—Desire（意愿）。1900年前后，他在该模型基础上添加了 Action（行动），成为今天营销界和广告界最著名的 AIDA 模型。尽管他本人并未提出 AID 或 AIDA 这些新概念，只是提出了上述几个关键词，但斯坦福大学商学院心理学教授斯特朗（Edward Kellog Strong）将这些模型的原创归功于刘易斯。斯特朗（1925）认为 AIDA 模型可以解读广告和销售场景中顾客心理的变化。AIDA 模型是今天我们见到的绝大多数消费者行为模型的原型，因此直到今天它仍然是营销界最为经典的消费者行为模型。AIDA 模型清晰地说明了人们在卖场看传单或面对推销员时的心理过程。同时，它也是广告文案的经典法则，即"AIDA 法则"（图13-2）。

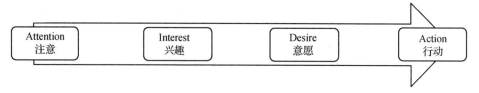

图 13-2　AIDA 模型

此后，一些学者在 AIDA 模型的基础上，通过补充或修正部分指标，进一步提出了 AIDA 模型的补充模型。比较著名的有 AIDAS 模型、AIDCA 模型和 AIDMA 模型（图 13-3—图 13-5）。

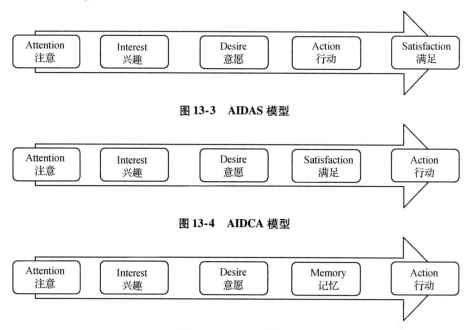

图 13-3　AIDAS 模型

图 13-4　AIDCA 模型

图 13-5　AIDMA 模型

2. DAGMAR 模型

在 1961 年的全美广告主协会上，美国广告学家 R. H. 科里提出了广告效果评估方法——DAGMAR（Defining Advertising Goals for Measured Advertising Results）模型。科里把以往混为一谈的传播目标和营销目标进行了区分，并将传播目标分解为五个层次：未知（Unawareness）、知名（Awareness）、理解（Comprehension）、信服（Conviction）和行动（Action）。他认为，传播目标的每个阶段都应设立对应的量化指标，在广告前和广告后进行调查，这样就可以基于调查结果设定明确的广告目标并测量广告效果。

在 DAGMAR 模型中，未知（Unawareness）是广告前的品牌认知状态，是广告需要解决的问题；知名（Awareness）是广告目标的第一步，就是让受众知道某品牌的存在；理解（Comprehension）是指受众通过广告不仅要知道品牌的存在，还应理解广告传达的内容；信服（Conviction）指受众经过广告接触之后，对品牌产生积极的心理倾向并产生购买欲望；行动（Action）指受众经历广告未知、知名、理解和信服阶段之后产生消费行为。

13.1.2 网页搜索型消费者行为模型

20世纪90年代，网页搜索引擎开始普及，人们开始使用网页搜索功能来搜索产品或服务信息。在"接触点"营销思想的指导下，催生了一批新的消费者行为模型，其中最著名的是2005年成为电通公司注册商标的AISAS模型。人们在电视、户外广告中"注意"到商品或服务信息，如果感"兴趣"，会上网"搜索"详细信息，然后决定是否"行动"。如果消费者产生购买行为，就有可能通过论坛、口头等渠道"分享"商品信息，共享的内容会让其他消费者有更多机会搜索到它。AISAS模型形象地反映了这一消费行动过程（图13-6）。

图13-6 AISAS模型

由于AISAS模型是基于搜索网络平台的模型，因此更适合那些意识到自己显在需求的消费者。如果消费者不知道或不清楚自己的需求，或者自己的需求无法用适合的词语表达，消费者就不会产生搜索行为，这时AISAS模型是无效的。同时，AISAS模型中各指标的重要程度并不是一成不变的，该模型未必能完全反映实际的消费行为过程。

AISCEAS模型是望野和美于2005年最先提出的。和AISAS模型相类似的是，AISCEAS模型包含了AISAS模型的所有要素，但增加了比较（Comparison）和考察（Examination）环节（图13-7）。它揭示了这样一类消费场景：消费者"注意"到广告（内容），对广告内容产生"兴趣"，上网"搜索"商品信息，和同类其他商品进行"比较"，经过深入"考察"后，决定"购买行动"，并"分享"对商品的评价。这一模型更适用于房产、汽车、电脑、手机等需要用户进行谨慎比较并做出理性判断的高价商品。

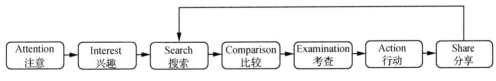

图13-7 AISCEAS模型

2011年，阿里巴巴提出了针对网络购物消费行为的G-Aliba模型。该模型以"逛"为关键节点，将消费者行为分解为五个节点，分别为看（Attention）、挑（Like）、查（Investigate）、买（Buying）和享（Amplify），英文单词首字母分别对应ALIBA，与阿里巴巴企业名称暗合（图13-8）。将G-Aliba模型分解来看，它实际仍然继承了AISAS模型的精髓。但G-Aliba模型以网状结构形式呈现出任意一个节点到另一节点的特点，还原出实际电商消费中用户碎片化的跨屏、跨场景行为,解决传统模型仅仅反映单一消费行为链路的缺陷,更加真实地反映了网络购物用户的实际消费行为链路。G-Aliba 还展示了各阶段关键指标:看(Attention)包括千人成本、每点击成本、跳出率、点击率等基本电商指标;挑(Like)包括浏览时间、浏览页面、页面停留时长、品牌检索等浏览和检索行为指标;查(Investigate)包含了查看、收藏、比较/离开、内容关联、回溯等指标;买(Buying)则有购买数量、购买频次、重复购买等消费行为指标;享(Amplify)包含评论、分享等指标。从指标的涵盖范围可以看出,G-Aliba 是一个实操性较强的模型。

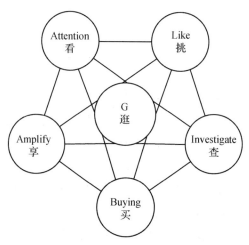

图 13-8　G-Aliba 模型

13.1.3　社交共享型消费者行为模型

社交媒体是人们彼此之间用来分享意见、见解、经验和观点的工具和平台,现阶段主要包括社交网站、微博、微信、博客、论坛、播客等。社交媒体在互联网的沃土上蓬勃发展,爆发出令人眩目的能量,其传播的信息已成为人们浏览互联网的重要内容,不仅制造了人们社交生活中激烈讨论的一个又一个热门话题,更进而吸引传统媒体争相跟进。可以说社交媒体是目前最重要的营销手段。基于社交媒体的代表性消费者行为模型有 VISAS 模型、SICAS 模型和 SIPS 模型。

VISAS 模型(图 13-9)是大元隆志提出的,他认为,在口碑传播(Viral)的作用下,人们会受其影响(Influence),产生共鸣(Sympathy),决定购买(Action),然后分享(Share)信息。该模型能够在消费者不知道或不清楚自己需求的情况下,为企业提供挖掘消费者潜在需求的方法。

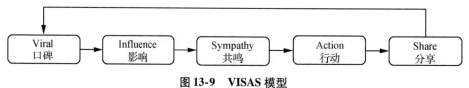

图 13-9　VISAS 模型

2011 年，DCCI 互联网数据中心提出了 SICAS 模型（图 13-10），该模型认为，数字时代下用户的接触行为和消费行为应包括五个过程：品牌与用户相互感知（Sense）、产生兴趣并形成互动（Interest & Interactive）、建立联系并交互沟通（Connect & Communicate）、购买（Action）、体验与分享（Share）。这五个过程的顺序并非一成不变，而是相互关联、相互影响。

图 13-10　SICAS 模型

SIPS 模型（图 13-11）是 2011 年电通提出的，该模型着眼于社交与共享，将消费者行为分解为 Sympathy（共鸣）、Identity（确认）、Participate（参与）、Share & Spread（分享与扩散）四个阶段。

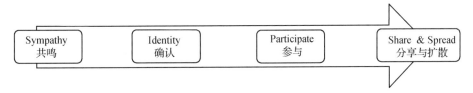

图 13-11　SIPS 模型

13.1.4　内容发现型消费者行为模型

2015 年，内藤敦之基于内容营销提出了 DECAX 模型（图 13-12）。该模型将内容营销视域下的消费者行为分为发现有价值的内容（Discovery）、与内容的发布者产生联系（Engage）、消费者确认企业的商品（Check）、消费者购买企业的商品（Action）、消费体验和共享（Experience）五个阶段。

图 13-12　DECAX 模型

2015 年，矢岛贵直和有园雄一经过多次讨论，对 AISAS 模型进行改良后提出了双 AISAS 模型。该模型将 AISAS 模型中的第一阶段"Attention"（注意）替换为"Activate"（激活），并将 Activate 分解为 I、S、A、S 四个部分：Interest（兴趣）→ Share（共享）→ Accept（接受与共鸣）→ Spread（扩散），形成二重构造的双 AISAS 模型

（图 13-13）。这一模型将单纯的信息扩散行为与伴随消费的信息扩散行为进行了区隔，意在强调信息扩散的重要性，对当下日益普遍的内容推广型数字营销活动有较强的实践指导意义。①

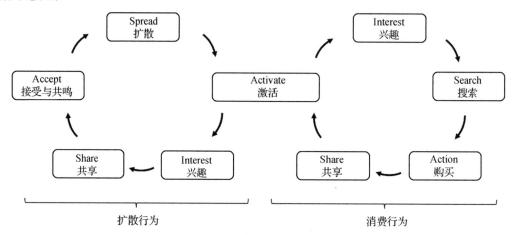

图 13-13 双 AISAS 模型

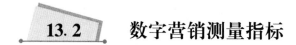

13.2 数字营销测量指标

数字营销需要精确化的营销分析与管理，但是数字营销的测量正处于发展阶段，对于多数企业而言，只注重"数字"结果，却不知道数字于营销的意义，甚至不知道如何合理地使用数字来衡量营销。

13.2.1 50 个数字营销测量指标

曹虎等总结了数字营销领域最流行的 50 个数字营销测量指标。②

Lead-to-customer conversion rate

引导客户转换率：可以判断企业的引导销售过程是否成功。

Share of voice

分享声量：用声量计算出当人们讨论企业所在的行业时，显示出企业与对手的排名甚至比例。

Cost-per-lead

单次引流成本：企业需要尽可能地提高每次引导需求的效率。

---

① 朱磊，崔瑶. 数字营销效果测评 [M]. 北京：科学出版社，2020.
② 曹虎，王赛，乔林，等. 数字时代的营销战略 [M]. 北京：机械工业出版社，2021.

Social interactions

社会互动：专注于增加企业的社会交往以建立企业的关系网络。

Social media page views

社交媒体页面浏览量：关注社会媒体对于页面浏览量的引导效果，可以明确地知道哪一个资源是企业的受众人群真正关注的。

Amplification rate

增幅比例：越高的增幅比例可以带来越长远的传播能力。

Lead volume

引导总量：知道哪一个程序是最有效的，进行实时测量。

Lead origination

引导起源：了解什么样的活动影响企业的渠道。

Follower growth by channel

渠道的追随者增长：不同的渠道有不同的增长率，企业需要关注并选择在最有效的渠道上投资。

Return on marketing investment

营销投资回报率：可以高效、有意义地测量投资成功。

Market share

市场占有率：一家企业的销量（或销售额）在市场同类产品中所占的比重。

Cost per click（CPC）

每次点击成本：衡量每一则线上广告和产生点击的内容是否有价值。

Pagerank

网页排名：当用户查找信息时，相关度最高的内容选择。

Organic search

自然搜索结果：搜索引擎优化驱动更好的有机搜索结果。

Unique visits

独特的访问者：营销人员的目标就是增加网站中独特访问者的数量，以扩大营销的范围及效果。

Time on site

网站停留时间：有可能使一个浏览者成为消费者。

Page views

页面浏览量：衡量企业的网站是否运行良好，足以让用户从一个页面到另一个页面，有足够的内容让他们浏览。

Funnel visualization

渠道可视化：可以表现出营销和销售过程中的优缺点。

Return visits

回流访问者：一个很好地表示参与程度的指标。

Unsubscribe rate

账户注销率：可以让营销人员判断客户离开的比例，以及进一步追溯离开的时间、触发事件。

Total indexed pages

总体页面索引：总体的索引数据可以给企业提供分析不同页面的索引数量占总体的比例，有针对性地找出占比高与占比低的页面索引原因。

Impressions

印象：评价广告影响力、有效程度的指标。

Referring URL

进站前链接网页：访客访问某网页之前所到的上一个网页，该次访问是访客点击了上一个网页上的超链接而造成的。URL 就是用户网络行为描述的主要数据，也造成了 URL 方向的网络广告营销。

Media coverage

媒体报道覆盖：越多的媒体能提取出企业的信息，就会有越多的观众能看到企业的信息。

Click by channel

渠道点击：因为渠道产生的点击量，可以了解访问者是通过什么知道企业的信息的，也让营销人员知道更应该聚焦哪些渠道。

Average interactions per post

每一个帖子的平均交互作用：衡量帖子的吸引度，帮助企业锐化主题的同时了解人们的兴趣点，指导将来帖子的内容信息。

Advertising value equivalency (AVE)

广告价值等量：用金钱计算广告与盈利能力的关系指标，可以帮助对营销指标不熟悉的高级管理人员直接明白广告的价值。

Marketing-qualified lead

合格的市场化引导：基于引导指标，与其他的引导动作相比，企业自己的引导作用是不是有效果，是不是有效地把驱动性的市场营销行为影响传递下去。

Keyword ranking by position

关键词排名的位置：关键词排名是一个常用的指标，可以衡量人们对于某些关键词的搜索热度和关注点；关键词排名的位置，就是体现定位，准确地知道现行营销活动中的字段是否有效。

Drop-off rate

下降率：下降率可以预示销售过程中将要停止的部分，经常可以指出一个策略中的弱点。

Customer sentiment

客户情绪：忽视消极或者积极的情绪，企业将错失关键的机会吸引消费者并建立品牌拥护者。

Subscribers

订阅者：这些人让企业知道他们想接收的内容。这些人大部分是企业的潜在客户及准客户。

Media tone

媒体语气：大多数媒体报道时应保持中立，但是企业应该尝试通过使用媒体预期将任何负面报道影响最小化。

Data quality

数据质量：数据质量管理不仅是成功的营销自动化的关键，也是客户满意度的关键。

Visitor demographics

访客的人数统计：访客的人数统计可以帮助企业创造特定于某一地区或语言的内容，如果看到高收视率，企业可以明白阅读企业内容的人来自什么区域或国家。

Marketing-influenced sales pipeline

市场影响的销售途径：一个可以衡量营销活动是否有效地影响销售途径的指标。

Acquisition rate

采集率：可以体现企业提供的信息与内容产生的影响。市场采集率越高，说明影响越大。

13.2.2 数字营销测量：虚荣指标

上面列出的指标中有太多的虚荣指标（Vanity Metrics）。虚荣指标是指营销人所用的证明客户是否喜欢上他的传播或产品的"数字"。① 它是指那些反馈表面数据的指标，它们让效果看起来很好却不能告诉营销人员具体的价值。典型的虚荣指标如点击量、下载量和曝光量，数据量级很大，让人印象深刻，但这样的数据用于广告宣传还行，用于指导公司行动就意义不大。

---

① 埃里克·莱斯. 精益创业［M］. 北京：中信出版社，2012.

数字营销中的三大"虚荣指标",你中过招吗

作为营销人员,你会喜欢你制作的广告、你设计的新登录页面或者是你写的电子邮件,就像企业家会觉得他的产品或许能让他成为下一个行业领导者一样。当你认为每个人都会喜欢上你的广告或产品,你就需要数字来证明这一点,于是"虚荣指标"就应运而生了。

网站流量、粉丝数,都是"虚荣指标"。"虚荣指标"这一概念,是 2011 年在埃里克·里斯推出的"精益创业"(Lean Startup)框架中提到的。精益创业是一种低成本运行、快速产出的创新商业模式。精益创业基于设计实验和更新迭代的理念来设计产品和建立商业模式。它的核心观念是"最小化可行产品"(Minimum Viable ProductMVP),即产品允许创业者对小客户群体进行产品测试,通过不断进行新的业务测试来降低昂贵和低效的产品发布的概率。

"精益创业"框架中的关键概念是可执行指标。可执行指标显示出特定的、可重复的行为与可观察到的结果之间的因果关系,清楚地表明要得到什么结果,必须采取什么行动。这一指标能帮助你做出明智的商业决策,使你更接近目标。

与可执行指标相对应的则是所谓的"虚荣指标",这些指标让你的产品效果看起来很好,却不能告诉你,你是在靠近营销目标还是在远离。最常见的"虚荣指标"例子是你获得的网站流量或者得到的粉丝数。"虚荣指标"很危险,因为它们自己不具有任何价值。它们只是描绘出一幅美丽的图画,让你觉得一切营销方案都进展顺利。它们唯一的目的就是让你感觉良好。你很容易随时陷入"虚荣指标"。创业者会被新开发的 APP 的注册数量所迷惑,然后忽略这样一个事实,即这些用户数的留存可能并不长久,他们来来去去。同样的,数字营销人员也很可能因为专注这些"虚荣指标"而忽视了大局。

让我们先来看看"虚荣指标"里的 Top3 吧。

Top1:CTR(点击率)——高点击率有什么意义

CTR(Click-Through-Rate):互联网广告常用的术语,指网络广告(图片广告/文字广告/关键词广告/排名广告/视频广告等)的点击到达率,即该广告的点击量(严格来说,可以是到达目标页面的数量)除以广告的浏览量。从搜索文字广告到社交广告、电子邮件营销再到搜索引擎结果页面(SERPs)的点击率,目前为止,还没有数字营销渠道不以点击率作为绩效考核指标的。从数字营销出现开始,点击率就随之产生,代代更迭,并在相当长的时间里作为唯一可用的考核指标。从积极

第13章 数字营销效果测评和伦理法规

方面而言,点击率显示了一段相对较短的时间内的人点击你的广告的比率。在一定时间内点击你广告的人数比率越高,表明越多的人参与,你的邮件、广告、营销活动的效果就越好。

然而为什么说点击率是一个"虚荣"的指标?我们来看一个虚拟场景。假设你正在运行一个脸书右栏的广告活动,你会得到一个0.8%的点击率。该栏广告的点击率的基准是0.02%。到目前为止,你似乎赢了。但是,当你进一步检查分析数据时,你得到的是通过这些广告获得的用户未来有80%的反弹幅度。再将其与另一个得到了0.05%的点击率(比全球0.07%的平均水平低20%)和45%的反弹幅度标准的显示广告投放相比,这个广告你还愿意继续投放吗?当然,你可以争辩说,在谷歌的关键词竞价广告中,好的点击率会有优势。它会帮助你以较低的价钱拿到更好的位置。确实,对目标就是前三名的广告位和不介意转化率高低的营销人员而言,点击率十分重要。但是,虽然你获得了持续的高点击率以及对你的广告感兴趣的大量用户,但他们真的是你感兴趣的用户吗?这些用户真的对你的产品感兴趣吗?

关于点击量,就像创业者可能被用户的注册数和粉丝数冲昏头脑,营销人员也会被点击量迷惑。"哦,天呐,7 000点击量了,现在看起来是不是不太寒酸了?"这要看情况。如果你通过发送两万封电子邮件获得了7 000的点击量,这个数字确实不寒酸,但是如果你是发送一百万封邮件得到7 000的点击量,这又得另说了。然而,即使是第二种情况,其实也不重要。关于点击率,你需要知道的是:什么是好的点击量,你如何去了解?如果获得了不相关的点击量,它们有什么意义?请不要说这些问题没有价值。

Top2:CPC(每点击成本)——如果回报高,成本也可以高

CPC(Cost Per Click):广告主仅为用户点击广告的行为付费,以每点击一次计费,而不再为广告的显示次数付费。这是另一个营销人员很容易掉入陷阱的"虚荣指标"。很多营销人员的目标是压低广告点击成本,当看到较高的点击成本,他们就开始担心预算。但是当广告营销活动为你带来了高回报,你还会在意为点击广告付了多少钱吗?好吧,但是你怎么才能获得高回报呢?什么指标才是有用的?让我们看看前文提到的可执行指标中的头号可执行指标:总转换率。

首先,科普一个概念,营销学上的转换率是指在一定时间内,真正购买了商品的购买者数量与进入商店的购物者总数之比。因而商家常常要通过营销活动促使这种转换的发生,让更多的进店购物者成为真正的购买者。除非你只是为了提高品牌知名度,赔本赚吆喝,否则"总转换率"应当是你要关注的头号指标。这一指标告诉你,你的数字营销方案运行得是否有亏损。然而专注于转换率这一指标,就能获得高回报了吗?我们再看一个案例假设。假设你有两个营销方案:谷歌搜索广告

方案和电子邮件营销方案，营销的产品是同一个，需要花费相同的500美元去挖掘新的消费者。谷歌方案得到45%的转换率，电子邮件方案得到60%，因此，电子邮件的营销方案获胜。然而谷歌方案虽然只有45%的转换率，带来的价值却是750美元，而电子邮件方案虽然转化率高，实际价值却只有450美元。可想而知，如果你只专注于转换率，仍然会有损失。因此，为了得到准确的总转换价值，你需要安装跟踪代码，如果不能对产品逐一进行转换率设置，至少设一个平均转换率值。

Top 3：CPA（转化率成本）——转化率低，不表示营销失败

CPA（Cost Per Conversion or Cost Per Acquisition）：根据转化率和引导数付费。转化成本=广告成本/转化次数。这是介于"虚荣指标"和可执行指标两者之间的一个指标。和CPC的目标一样，CPA也是要争取较低的转换成本。虽然这一策略并不能带来好的结果，但这并不表示你不需要去争取较低的转换成本，毕竟这是数字营销最重要的一点：关于广告、成本和效果，你应当如何去做以及如何提升。但是不要仅基于转换成本去比较营销方案。即使你的营销活动获得了较低的CPA，也并不表示它失败了。但是在两种情况下，CPA可以被当作具有执行性的指标：一个是你知道了消费者的全部价值，这些信息将告诉你，在你所能负担的情况下如何做出最优的选择。如果你的营销转换成本大于所获得的用户价值，那么这一方案最好停止；如果转换成本低于所获得用户价值，那你就赚了。第二个则是你的两个营销方案获得了相同的回报，在此情况下，你应当留下转换成本较低的那一个方案。

只跟踪"虚荣指标"会获得成功的错觉。你要深入分析才能得到真实的结果。记住，你要衡量什么，首先不要猛然跳进去设计尺子的精确度，而是要问自己：你需要什么？你的战略目的是什么？①

13.3 数字营销的绩效管理与测量

13.3.1 数字营销评估模型建立

曹虎等在《数字时代的营销战略》里结合阿维纳什·卡希克的《数字营销与测量模型》开发了数字营销评估模型建立的五步法则。基于目的设计的指标才能真正驾驭数

---

① 曹虎，王赛，乔林，等. 数字时代的营销战略 [M]. 北京：机械工业出版社，2017.

字营销战略。

步骤一：确定业务目标。为项目设置最广泛的参数，如营销方式、品牌、渠道。

步骤二：确定每个业务目标下的结果方向。为每一个业务目标确定可衡量的结果，可以按照特定方面的营销计划来评估，如在数据收集方向上，公司的数据收集工具、可用于数据分析的资源和平台。

步骤三：确定关键绩效指标。这些指标能衡量组织的性能和它能否达到目标。KPI是用来测量能力及预测结果的主要工具。

步骤四：结果指标。结果指标的理论体系来自数字参与周期模型。在该模型中，主要的关注点是客户体验。这个模型可以给结果指标提供一个良好的分类标准。

意识阶段：接收信息、媒体到达、病毒式传播、发布活动。

兴趣阶段：成为新的访问者、引荐链接、关注趋势的品牌主题、关键词。

参与阶段：投入时间、浏览过网页、参与活动、下载内容甚至提交问题意见。

承诺阶段：转换为客户的过程、转换的次数。

忠诚度：进行购物后的客户体验、回访、最近访问、访问时长和频率、满意度打分、正面评价比例。

分析宣传：内容聚合、喜欢提到相关信息、推荐、产生影响力。

冠军：客户自发性产生、社交媒体宣传、客户生成的评论和其他内容得到支持与推荐。

步骤五：业务价值指标。数字营销活动的结果是否能达到利益相关者的要求，同样有衡量的维度。

收入：产品或服务产生的项目收入。

市场份额：自己的产品或服务占据市场比例的多少。

利润：充分反映出数字营销在基础层面的影响。

品牌知名度：前景和客户测量品牌的认知度。

客户忠诚度：测量是否达到或超过客户需求，这个数据将直接关系到数字营销的二次推荐。

客户维系：保持跟踪客户。一个保持良好关系的客户，会更容易产生二次购买，并会推荐、分享给朋友，吸引更多的潜在客户；如果数据表明客户量在下降，很可能是在客户体验方面的服务、质量、物流等出了问题。

员工生产力：一个可以直接显示出效率、销售、盈利能力的数据。

可持续发展能力测量：对于长期的经济、环境、社会状况的标点调查。

13.3.2 基于社交媒体连接的测量

1. 社交媒体时代：消费者成长路径5A法则

在移动互联网的效应下，消费者由独立的个体转变为聚合的群体，因而购买行为也由传统的 B2C 形式演变为 G2G 形式（Group to Group），而社群内部的连接所产生的群体效应对消费者的成长路径产生了巨大的影响，我们将它总结为 5A 法则（图 13-14）。

认知（Aware）：这是消费者接触产品/品牌的第一步，此时，初步的认知和存在感已经建立，但这样的认知并不具备任何情感依附。

吸引（Appeal）：吸引的驱动力来自需求，当消费者发现产品/品牌满足了他们的某一个需求或者激发了他们的兴趣点时，吸引便产生了。

询问（Ask）：一旦对购买需求进行了初步的确认，消费者便会着手进行相关信息的搜索，对信息进行分析，并最终形成方案评价与购买决策。

购买（Act）：当消费者对产品的分析结果契合了购买动机时，购买意图便最终转化为购买行为。

拥护（Advocate）：购后最理想的状态、拥护的状态将通过社群内部的相互影响而被扩散和放大，并反馈至 5A 中的其他 A。

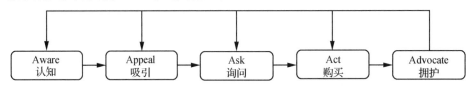

图 13-14　消费者在社交媒体下的 5A 成长路径

2. 由 5A 法则所衍生的指标

（1）购买行动比（PAR）＝购买人数/认知人数

传统时代的购买行动比保持在一个较高的水平上，因而为了扩大销售额，最好的方法就是通过广告战来提升基数——品牌认知人数。过去企业会绞尽脑汁做创意，在大众媒体投放广告以吸引更多的人知道自己的品牌，而在社交媒体的世界中，由于品牌选择多样性的爆炸式增长以及消费者媒体消费习惯的改变，购买行动比出现了大幅下降。

（2）品牌拥护比（BAR）＝拥护人数/认知人数

新媒体时代，粉丝经济逐渐成为品牌的关键词，因而 BAR 将代替 PAR 成为更重要的指标，更高的 BAR 代表更高的粉丝经济生产力。通过提高 BAR，企业把营销的部分工作交给自己的"拥趸"们，让粉丝为企业自动完成品牌传播、推广的动作。因此，企业应当更敏锐地发现、识别并最终留住自己的粉丝群，同时赋予其有效的工具来帮助他们为企业带来更多的效益，如小米的 MIUI 论坛、Sephora 的 Beauty Talk 社区。

（3）吸引指数＝吸引人数/认知人数

提高吸引指数需要借助品牌的力量，通过品牌定位及品牌差异化在消费者心中占据的独特地位，创造传播驱动力，并通过具体的营销传播来落实。移动互联网时代崛起的小众品牌就是最好的证明，知乎是小众的"高质量知识型社交网站"，豆瓣是小众的"文艺青年大本营"，《董小姐》是小众的民谣，雕爷牛腩是小众的"轻奢餐"……这些在过去被认为是"冷门"的概念或品牌通过有效的差异化,满足了消费者派生性的细分需求,并借助移动互联网和长尾的双重效应,实现了纵向深度和横向圈层的兼顾发展。

(4) 好奇指数 = 询问人数/吸引人数

提高好奇指数需要借助社群的力量,用社交媒体营销来煽动人们的好奇心,用信息的消费者背书来实现好奇指数的爆炸式增长,达到"疯传"的效果。

蓝翔的挖掘机、ALS(渐冻人)慈善的冰桶挑战、Blendtec 的"Will it Blend"视频……似乎在一夜之间,这些病毒式传播内容在我们的所有社交媒体平台被引爆,过去需要花费重金大量投放广告才能达到的效果,今天可以在极短的时间内免费完成。

(5) 认同指数 = 购买人数/询问人数

认同指数的关键在于渠道管理与销售人员管理,尽管今天我们所谈及的"渠道"在实体之外包含了更多线上的概念,但线下场所依然是非常重要的环节。以站在互联网思维风口的小米为例,其70%的销量仍然来自线下渠道。阿里、顺丰、京东"最后一公里"的争夺战,腾讯、万达、百度的联手 O2O 布局,都表明了企业 O2O 战略落地之线下渠道的关键性。

(6) 亲密指数 = 拥护人数/购买人数

亲密指数的关键词有服务蓝图、客户服务/关怀、忠诚度计划。可以看到,越来越多的品牌通过会员制度中的积分累积与兑换、等级奖励等方式,与客户形成了共同利益点,把新客户变成"回头客"。过去,会员卡是一种最为常见的忠诚度计划形式;到了移动互联网时代,APP 实现了会员卡、优惠券、积分系统等的整合,创业公司 FiveStars 甚至将这一切变得更简单,将会员认证与管理系统集成到 POS 机,用客户手机号取代会员卡,因此实现了无须实体卡片甚至无须应用程序的忠诚度管理。

社交媒体的"蝴蝶效应"影响了消费者成长路径的形状(图 13-15)。

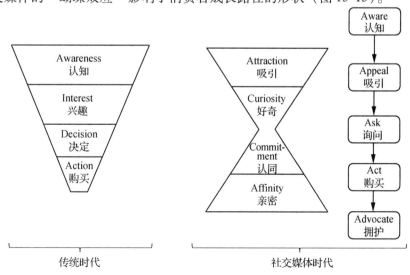

图 13-15　传统时代和社交媒体时代消费者 5A 成长路径

在社交媒体时代，理想的消费者成长路径形状应当像图 13-14 中那样呈"双漏斗"型，"认知—吸引—询问—购买—拥护"会经历一个人数下降再回升的过程，这与传统思维中递减的"漏斗"型形成了显著差异。

"认知—吸引—询问"过程中人数的下降，是社群价值观与品牌价值观之间差异性所导致的筛选结果，"询问—购买—拥护"过程中人数的回升，则归因于互联网的平等性和社交媒体的"蝴蝶效应"：每一个个体的声音和情绪都会被放大，在社群内部产生深远的影响，自下而上地建立并兴起亚文化，因而，甚至在实际购买行为发生之前，你就已经是某个品牌的拥护者了，这也解释了经营粉丝社群的重要性。

13.3.3 基于消费者购买行为的数字营销绩效测量

传统时代的消费者关系演进层级下的 AKAPPP 模型及相应指标如下（图 13-16）：

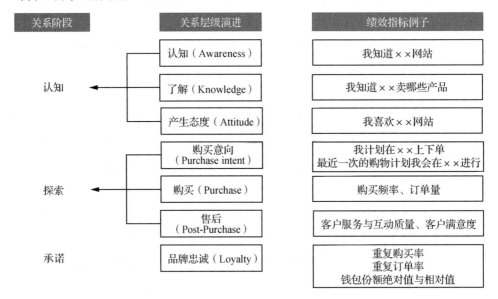

图 13-16 传统时代消费者关系演进层级图

传统时代的消费者关系层级是线性的：从认知、了解、产生态度、购买意向、购买、售后到品牌忠诚，人们曾经用"漏斗"来形象地表示在这一过程中逐渐递减的人数，而对于每个层级阶段都可以设计一些相应的绩效指标，如评估品牌忠诚度的"重复购买率""钱包份额"等。这七个阶段构成的消费者关系演进层级模型有三个重要特点：连续、线性、自上而下。品牌可以在每个阶段对消费者施加影响。

正因为"品牌认知""了解"是整条路径中不可或缺的起点，所以整个过程主要由传统广告、推广活动、促销活动等营销手段驱动，而广播式的广告则是核心驱动要素。品牌企划、大众媒体、大众市场、媒介计划与采购是传统营销推广模式中的几个关键词，覆盖率、收视率、到达率等是评估传统时代营销成效的关键。作为品牌商家，最关键的任务是把品牌成功地广而告之出去。同时，沟通也是单向性的，消费者在此关系与过程中偏向于被动地接受信息。

数字时代,品牌与消费者在社交网络、移动互联网、LBS 位置服务等新型平台上通过分布式、多触点建立动态感知网络,双方对话不受时间、地点限制。对企业来说,能实时感知到用户的体验评论和需求有着重要的意义,在此背景下,消费者关系层级发生了精简式的演变,一个强大的品牌可以大大压缩甚至直接消除消费者的考虑和评估阶段,与之对应的绩效指标也更数字化,如转化率、访问频率、客户情绪语义分析值等(图 13-17)。

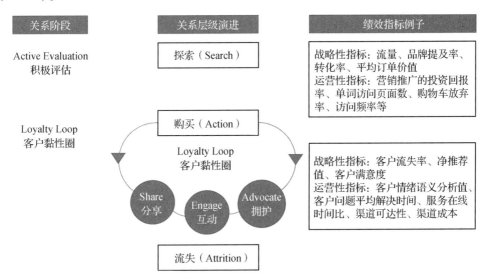

图 13-17　数字时代消费者关系演进层级图

新的模式与传统模式相比,最直观而显著的变化在于信息接收与购前决策的步骤和时间都被大大压缩,其本质原因在于数字化渠道为消费者主动获取信息提供了条件,使消费者得以从多种渠道获得详尽的相应信息,进行相对透明的消费。消费者从被动接受品牌信息、营销推广,开始逐步转变为主动获取、认知,因此在数字时代的消费者行为模式中,应更加关注消费者从对商品产生兴趣开始的信息搜集到完成购买后的体验分享以及整个购买过程中的互动。

同时,数字时代消费者与品牌之间关系演进的核心驱动是基于连接的对话,并非过去一对多、广播式的营销推广。对话、小众、部落化、利基市场、应需、深度关系、感知网络等都是数字营销的关键词。如何及时、敏锐地捕捉、感知、理解每一个消费个体并与之互动,成为提高企业营销效率的关键。

曹虎等在《数字时代的营销战略》中将数字时代的消费者关系演进层级分为两个阶段:积极评估阶段以及客户黏性圈阶段。对于积极评估阶段,企业的最终目标是获得销售、客户基数与市场份额的最大增长,因此新客户的到达与获取应当成为营销工作的重心,与之对应的战略性指标包括流量、品牌提及率、转化率、平均订单价值等;对于客户黏性圈阶段,品牌应考虑如何减少客户流失率,将已获取的客户牢牢地持续锁定于

"圈内"，同时增大客户终身价值，充分将客户资产兑现。在社交媒体的影响下，品牌只单纯增强客户忠诚度是远远不够的，还应当充分建立品牌的互动与拥护，将客户变为品牌传播的一部分，实现分享、互动、拥护的良性循环，因此此阶段所对应的指标包括客户流失率、净推荐值、客户满意度等。

13.3.4 投资反馈

投资反馈一直被认为是一种挑战，数字营销时代的投资反馈可以参考以下实践。

1. 明确的目标

通常情况下，市场营销人员都会给数字营销产生的影响设定双重评估结果，这是因为有一些结果不容易量化，如品牌亲和力，但有的相对很容易，如衡量销售的相关指标。

2. 初次点击的归因理论分析

根据 Adobe 的调查，在社会媒体 ROI 中，第一次点击的价值是最后一次点击价值的两倍。太多而没有效果的社会媒体反而会减少 ROI。

3. 购买点定位

当通过数据得到或分析后得到购买点定位时，说明通过点状的分布已经可以找到部分区域性的特征，此时是利用杠杆原理的优秀时机。

4. UGC 地图

UGC 地图是交互时代的重要指向性数据，被谈论和使用了很长时间仍不可忽视，最直接的影响就是 UGC 数据的升高一定会帮助市场 ROI 的提高。

5. 测量通道 KPI 的有效性

每个网页和社会化渠道都是动态体系，处于不断变化的状态中。通过不同方面的 KPI 测量不同的渠道有效性，可以提高整体 ROI 的良性循环。

6. 循环中每个目标阶段的情况

在数字参与周期中，使用每个阶段中的相关数据和策略持续评估市场 ROI。

13.4 数字营销伦理法规

随着信息技术、移动互联网技术以及大数据、人工智能技术的发展，数字营销已经渗透到人们生活的方方面面。数字营销不仅为企业带来了精细化准确营销的可能性，也为消费者带来了极大的方便。数字营销通过大数据算法和技术采集大量用户信息并进行分析，实现实时互动、精准投放和动态效果反馈，为企业带来巨大好处和无限可能的同时,也带来了数据安全与隐私保护等新的伦理问题。

13.4.1 数字营销理论

1. 数字营销伦理困境的表现①

(1) 一味博眼球缺失人文关怀。人文关怀在于肯定人性和人的价值,它要求尊重人的理性思考,关怀人的精神生活。在企业的营销活动中,不乏企业忽视人文关怀而导致自身陷入危机的案例。

(2) 低俗事件营销挑战社会公序良俗。我们通常所说的低俗内容包含宣扬暴力、凶杀、恶意谩骂、侮辱诽谤他人的信息,容易诱发青少年不良思想行为和干扰青少年正常学习的内容,如使用具有挑逗性或侮辱性的图片、音视频等,散布色情交易、不正当交友等信息。

(3) 虚假营销减弱社会信任。当前,我国的社会信任危机已经逐步渗透进了社会生活的方方面面,民众已经由理性的、依赖证据的不信任转变为情绪性的、不自觉的、无条件的不信任。尤其在市场经济环境中,债务纠纷、合同欺骗、贷款诈骗等现象层出不穷,严重破坏了本应合理有序的市场经济秩序。

(4) 大数据"杀熟"。消费者常常出于节省成本的心理提高对某一产品的使用频率,有学者研究发现消费者习惯是对重复消费行为影响最大的因素,商家就可以利用这种消费习惯捕捉到基本全面的个人信息。在长期的交易活动中,商家在应用平台上积累了大量的用户信息,并据此精准地分析出用户的消费心理和消费习惯,从而制定出相应的营销策略,这就为企业进行大数据"杀熟"提供了优势。

2. 数字营销面临的五重伦理失范挑战②

第一,数字营销效果造假。不同类型的数字营销组织会有不同的造假形式:科技类数字营销公司,会用价值较低的营销时间空间替换原契约中价值较高的营销时间空间,以把原价值较高的营销时间空间转售给付费更高的广告主,或减少数字作品展示的时间空间,以在特定的时间空间里中增加更多广告主的作品;专业类数字营销公司,会使用低成本的实习生拖延时间;综合类数字营销公司,则不仅有类似于专业类数字营销公司的行为,而且在选择下游代理人时优先考虑成本低的科技类及专业类数字营销公司或其代理的传统媒介;等等。这些不同形式的伦理风险有一个共同的目标指向:实现数字营销组织的利益极大化,或增加其直接收益,或降低其经营成本,这些均不可避免地导致广告主利益受损。数字营销效果造假现象有多重危害:既降低广告主利益,又损害广告业健康发展,必然会产生更多的危害,包括误导市场行为、扰乱市场秩序,增加和浪费

---

① 李浩文,赵鹏,姚子龙,等. 数字化营销伦理困境的表现及危害 [J]. 魅力中国, 2021 (50):18-19.
② 创新教练刘博士. 数字营销伦理面临着五重挑战[EB/OL]. [2022-03-06]. https://baijiahao.baidu.com/s?id=17265319263077 54033&wfr=spider&for=pc.

广告主的广告投资;抑制数字营销创新,降低代理服务水平,影响广告主的营销收益;增加交易成本,抑制交易。

第二,数字营销信息安全缺失。(1)信息泄露指未经信息主体的授权或同意,营销者使用不正当手段,将信息直接泄露给第三方甚至是广泛传播的行为。这些被泄露的信息包括信息主体不愿公开的敏感信息、隐私信息或涉及某个群体甚至国家安全利益的机密信息。(2)信息破坏。一是信息完整性被破坏,致使在未经信息主体授权的情况下被恶意添加、删除、修改或销毁,不再具备完整的价值。二是信息失窃,在未经信息主体许可的情况下信息被恶意盗窃。这两种破坏形式均会极大威胁到信息的安全。(3)信息侵权。侵权对象包括著作权、专利权和商标权,也涵盖网络中的信息、数据库、域名访问等。

第三,竞争企业网络语言暴力。这是指企业或企业雇佣的第三方以文案或者对话的形式污蔑或诋毁竞争企业,使其企业形象、产品或服务产生负面影响的言语交际行为。该行为利用网络平台发酵,随着网络参与者和传播者的增多而迅速扩大负面影响。文案类语言暴力是指出现于网络、报纸、论坛等各个领域的固定下来的文本形式;对话是竞争者直接在数字传播领域进行的言语攻击。竞争企业网络语言暴力产生的主因包括竞争企业片面追求经济利益、网络平台价值导向、网民个人不当追求以及法律法规的不健全。其后果有三:企业利益受损,消费者利益受损,网络价值受损。

第四,数字营销平台垄断。在数字营销服务市场中,数据资源和算法是互联网平台获取市场势力的核心。由于信息的可复制性和非竞争性,保护数据资源对于维持数据产业运营非常重要。互联网平台对于数据资源的垄断很大程度上来自政府对于知识产权的保护,拥有大规模数据资源的互联网平台更是采取各种手段来限制竞争对手获取其数据资源。数据资源本身具有一定的规模经济特征,垄断使得这些平台的市场势力进一步加强。数据资源垄断就为数字营销平台建立垄断市场地位奠定了基础。数字营销平台的垄断可能造成消费者和广告主的福利损失,不利于数字营销业务的健康发展。

第五,数字营销多元伦理冲突。数字营销伦理与传统营销伦理相比呈现出多元化、多层次的特点和趋势。数字营销伦理因生产关系的多层次性而存在不同形式,但每一个特定社会都只有一种伦理居于主导地位,其他伦理只能处于从属的、被支配的地位。不同国家或地区之间不同的信仰和习俗使得数字营销国际化出现越来越多的冲突和矛盾。

13.4.2 数字营销法规①

促进数字经济高质量发展,必须坚持总体国家安全观,统筹数字经济的发展和安全,构建维护数字经济安全的法律保障体系。2021年和2022年的《政府工作报告》均

---

① 王春晖. 维护数字经济安全的三大法治基石[N]. 人民邮电报,2022-03-11.

强调,"强化(加强)网络安全、数据安全和个人信息保护"。

"三法 N 规"逐步落地,监管趋严。"三法"是指《中华人民共和国网络安全法》(以下简称《网络安全法》)、《中华人民共和国数据安全法》(以下简称《数据安全法》)和《中华人民共和国个人信息保护法》(以下简称《个人信息保护法》),"N 规"则是其他数量庞大的法规统称,简称"三法 N 规",目前处在一个逐步落地的阶段。

2017 年 6 月 1 日,《网络安全法》正式施行,这是我国首部网络安全领域的基础性立法。我国《"十四五"规划和2035 年远景目标纲要》提出,加快推进数据安全、个人信息保护等领域基础性立法,强化数据资源全生命周期安全保护,《数据安全法》和《个人信息保护法》分别于 2021 年 9 月 1 日和 2021 年 11 月 1 日起施行。《网络安全法》《数据安全法》《个人信息保护法》为数字经济的安全与发展提供了坚实的基础性法律保障,是维护数字经济安全的三大法治基石。

1. 巩固数字经济安全底座

数字经济以现代信息网络为主要载体,信息网络已经深刻融入经济社会生活的各个方面,网络安全已经成为关系国家安全和发展、关系广大人民群众切身利益的重大问题,网络安全的威胁正在向经济社会的各个层面渗透。实践表明,我国《网络安全法》为维护数字经济安全、社会公共利益,保护公民、法人和其他组织的合法权益提供了坚实的法律保障。

《网络安全法》确定了十大法律制度:一是确立了维护网络空间主权法律制度;二是明确了网络安全标准体系法律制度;三是完善了网络安全等级保护法律制度;四是明确了网络运营者安全义务法律制度;五是构建了个人信息保护法律制度;六是建立了关键信息基础设施安全保护法律制度;七是确定了培养网络安全人才法律制度;八是确立了关键信息基础设施重要数据跨境传输法律制度;九是建立了监测预警与应急处置法律制度;十是确立了网络通信管制法律制度。

现代信息网络安全的核心是维护关键信息基础设施的安全,这是数字经济安全的底座。2021 年 7 月 30 日,国务院发布的《关键信息基础设施安全保护条例》(以下简称《条例》)明确了"关键信息基础设施"的定义,即"关键信息基础设施,是指公共通信和信息服务、能源、交通、水利、金融、公共服务、电子政务、国防科技工业等重要行业和领域的,以及其他一旦遭到破坏、丧失功能或者数据泄露,可能严重危害国家安全、国计民生、公共利益的重要网络设施和信息系统等"。

我国《"十四五"规划和 2035 年远景目标纲要》明确提出,要建立健全关键信息基础设施保护体系,提升安全防护和维护政治安全能力。目前,围绕《网络安全法》的基本框架,国家网信办、工信部、公安部、国家市场监督管理总局、中国人民银行以及国家标准化管理委员会等部门相继发布了多部与《网络安全法》配套的规定和标准,但是《条例》是所有配套规定中法律效力位阶最高的一部国务院行政法规,"网络安全"

一词在这部《条例》中就出现了63次。

2. 保障数据依法有序自由流动

数字经济以数据资源为关键生产要素，数字经济安全的核心是数据安全，数据要素的保护与治理不仅关乎数据本身作为数字经济的重要生产要素的安全与利用问题，而且与国家主权、国家安全、社会秩序、公共利益等休戚相关。《数据安全法》体现了总体国家安全观的立法目标，聚焦数据安全领域的突出问题，确立了数据分类分级管理制度，建立了数据安全风险评估、监测预警、应急处置制度，构建了数据安全审查等基本制度，规范了数据采集、传输、存储、处理、共享、销毁全生命周期管理，推动数据使用者落实数据安全保护责任。这是我国首部有关数据安全的基础性法律。

《数据安全法》明确提出："国家保护个人、组织与数据有关的权益，鼓励数据依法合理有效利用，保障数据依法有序自由流动，促进以数据为关键要素的数字经济发展。"该条在明确了国家对个人、组织与数据有关权益保护的基础上，鼓励数据的依法合理有效利用，特别是首次在国家法律层面确立了"促进以数据为关键要素的数字经济发展"。

3. 保障个人信息合法权益

2021年11月1日正式施行的《个人信息保护法》，是我国第一部个人信息保护领域的基础性、综合性立法，该部法律对于保障个人信息权益、推动数字经济发展、促进网络文明建设将产生重大和积极作用。

我国高度重视个人信息保护的立法，早在2012年，第十一届全国人民代表大会常务委员会第三十次会议通过的《全国人民代表大会常务委员会关于加强网络信息保护的决定》就明确了个人信息保护的法律制度，2017年实施的《网络安全法》专章设定了个人信息保护制度，2021年实施的《民法典》人格权编和《数据安全法》也先后确定了涉及个人信息保护的法律制度。

《个人信息保护法》是社会关注度极高的一部法律，该部法律总体上坚持了"以人民为中心"的法治理念，突出了国家尊重和保障人权的宪法原则，规范了个人信息处理的规则，强化了对个人敏感信息的保护，充分保障了个人信息权益的行使，强化个人信息处理者的义务等，抓住了当前个人信息保护的主要矛盾和平衡点，是我国个人信息保护领域的一部重要基础性法律。

国务院发布的《"十四五"数字经济发展规划》强调，要重点规范个人身份信息、隐私信息、生物特征信息的采集、传输和使用，加强对收集使用个人信息的安全监管能力。在学习和贯彻《个人信息保护法》时，建议重点把握以下七大要点：一是个人信息保护应遵循的基本原则，尤其是处理个人信息应当遵循合法、正当、必要和诚实信用以及"最小方式"和"最小范围"原则；二是个人信息处理的规则体系，重点掌握个人信息处理的核心规则"告知—知情—同意"，保证自动化决策的透明度和公平性，严格禁止"大数据杀熟",尤其是强化对敏感个人信息和未成年人个人信息的保护,以及规范国家机关的个人信息处理活动等;三是个人信息跨境提供的规则,重点掌握关键信息基础设施运营者以及处理个人信息达到规定数量的个人信息处理者,应当将在中国境内收集和产生的个人信息存储在境内,向境外提供的,应当接受国家的安全评估;四是保障个人信息权利的行使,包括知情权、决定权、查阅与复制权、个人信息可携带权以及个人信息的更正、补充和删除权等;五是个人信息处理者的义务,重点关注对个人信息保护影响的评估机制和大型网络平台的主体责任;六是个人信息保护的工作机制,熟悉和了解国家网信部门统筹协调下的个人信息保护工作机制与相关监督管理工作;七是对不履行个人信息保护义务应承担的法律责任,重点把握对企业的董事、监事、高级管理人员和个人信息保护负责人的法律责任,以及个人信息处理者侵权责任的过错推定等。

【案例】

个人信息保护法来了,对数字营销影响几何

中国版 GDPR(通用数据保护条例)终于来了!2021 年 8 月 20 日消息,十三届全国人大常委会第三十次会议表决通过《中华人民共和国个人信息保护法》(以下简称《个人信息保护法》),明确《个人信息保护法》自 2021 年 11 月 1 日起施行。

一、《个人信息保护法》正式落地

《个人信息保护法》明确规定:① 通过自动化决策方式向个人进行信息推送、商业营销,应提供不针对其个人特征的选项或提供便捷的拒绝方式;② 处理生物识别、医疗健康、金融账户、行踪轨迹等敏感个人信息,应取得个人的单独同意;③ 对违法处理个人信息的应用程序,责令暂停或者终止提供服务。《个人信息保护法》是中国在对个人用户信息保护上的进步,以后个人信息被滥用、非法使用的情况将极大改善。那么,《个人信息保护法》对整个数字营销行业会有哪些影响呢?

随着移动智能手机的普及,中国互联网总人数达到了 9.8 亿,互联网普及率为 70.4%,移动端占据主要形式。艾瑞咨询发布的报告显示:中国网络广告市场规模在 2019 年达到 6 641 亿元、2020 年达 7 932 亿元、2021 年达 9 832 亿元,2022 年达 10 065 亿元,预计 2023 年市场规模可达 11 368 亿元。从传统广告到数字广告,最大的改变是互联网在线广告的程序化、精准性,而达到精准的过程是基于用户大数据、标签、位置、内容喜好等维度,以此为依据推送千人千面的广告内容,提高最终 ROI。

二、对数字营销行业的影响

《个人信息保护法》的正式实施,可能在以下四个方面对数字营销行业产生深远影响。

1. 基于用户兴趣的广告推荐

我们常常有过这样的场景，刚刚在与朋友聊天过程中提到的商品，在刷朋友圈时就能看到该商品的广告，或者打开淘宝、京东等购物软件，首页就会出现该商品，我们的谈话究竟被谁"偷听"了？还有一些内容平台会根据用户的兴趣偏好，建立清晰的用户画像，以此让广告变得更加精准。它们肆无忌惮地获取我们手机中的各种信息，通讯录、位置、好友关系等，都是没有经过严格授权的。以后对于这类信息，用户有权利选择"NO"。比如苹果公司在最新的 iOS14 系统中，更新了 IDFA（广告标识符）政策，增加了"反追踪用户隐私"功能。

2. 大数据"杀熟"问题

自 2018 年开始，"大数据杀熟"受到广泛关注和报道，互联网平台根据用户的消费习惯、不同的地点、不同的设备，对新老用户会有不同的价格。特别是在外卖餐饮、住宿、高铁、机票等领域，经常会出现价格不同的情况，而且消费者取证投诉还相当困难。根据北京市消协的一项调查显示，约 56.92% 的受访者表示，曾有过被大数据"杀熟"的经历。在对 14 个 APP 或网站进行的 57 组模拟消费体验样本中，有 23 组样本中新老账户的价格不完全一致，占比达 40.35%。随着《个人信息保护法》落地，这些互联网服务平台将受到执法机构的严格监督。

3. 用户个人信息归属权问题

你在网上的个人信息还是你的吗？看似一句废话的问题，在现实中恰恰是"你的信息未必是你的"。前几年，腾讯和华为起了争执，原因是腾讯认为华为手机收集了用户的微信聊天记录，这属于抢夺了腾讯的数据，而华为认为所有的用户数据属于用户，并不属于腾讯和其他企业。

相似的事还发生在 2019 年，腾讯公司向天津滨海新区法院提交申请，认为通过微信/QQ 开放平台注册登录抖音的用户，其用户头像/昵称等数据是腾讯开展经营活动、进行商业竞争的核心资源。围绕用户数据的归属问题，巨头之间不断发生争端，原因就是用户数据的商业价值，用户数据往往决定业务的发展情况，所以其归属权、使用权，需要进一步确立主体责任。

4. 数字产业相关企业在海外上市需更加谨慎

互联网企业最重要的资产就是"数据"，特别是一些国内的互联网企业会选择美国上市，而海外上市将带来这些事关国家安全的数据有泄露危险。国家互联网信息办公室发布的《网络安全审查办法（修订草案征求意见稿）》，要求"掌握超过 100 万用户个人信息的运营者赴国外上市，必须向网络安全审查办公室申报网络安全审查"。

据此，《个人信息保护法》与《网络安全法》和《数据安全法》将一起成为构建中国数据主权、数据安全、网络安全和个人信息保护法律框架的三根重要支柱，对于个人和国家数据安全的发展影响深远。

参考文献

[1] 埃里克·莱斯. 精益创业 [M]. 北京：中信出版社, 2012.

[2] 曹虎, 王赛, 乔林, 等. 数字时代的营销战略 [M]. 北京：机械工业出版社, 2017.

[3] 陈达远. 微信视频号、公众号、小程序、朋友圈运营一本通 [M]. 北京：清华大学出版社, 2021.

[4] 冯平, 刘焱飞, 朱中域. 私域流量 [M]. 北京：机械工业出版社, 2019.

[5] 李浩文, 赵鹏, 姚子龙, 等. 数字化营销伦理困境的表现及危害 [J]. 魅力中国, 2021 (50)：18-19.

[6] 李凯, 邓智文, 严建援. 搜索引擎营销研究综述及展望 [J]. 外国经济与管理, 2014, 36 (10)：13-21.

[7] 李永平, 董彦峰, 黄海平. 数字营销 [M]. 北京：清华大学出版社, 2021.

[8] 陆弢. 阿里巴巴：全域营销 Uni Marketing [J]. 成功营销, 2018 (Z1)：28-29.

[9] 阮卫华. 搜索引擎优化技术的研究与实现 [J]. 软件, 2014, 35 (7)：72-77.

[10] 王春晖. 维护数字经济安全的三大法治基石 [N]. 人民邮电报, 2022-03-11.

[11] 西蒙·金斯诺思. 数字营销战略：在线营销的整合方法 [M]. 2版. 北京：清华大学出版社, 2021.

[12] 阳翼. 数字营销 [M]. 2版. 北京：中国人民大学出版社, 2019.

[13] 余来文, 张立群, 梁龙, 等. 直播带货2.0：营销新红利 [M]. 北京：企业管理出版社, 2022.

[14] 周茂君. 数字营销概论 [M]. 北京：科学出版社, 2019.

[15] 朱磊, 崔瑶. 数字营销效果测评 [M]. 北京：科学出版社, 2020.